なぜ女はメルカリに、男はヤフオクに惹かれるのか？

アマゾンに勝つ！ 日本企業のすごいマーケティング

田中道昭　牛窪恵

光文社新書

はじめに

牛窪　恵

「マーケティングの楽しさを、もっと多くの方々に知ってもらいたい！」

それが、この本のスタートライン、そして田中道昭先生と私・牛窪恵の熱い思いでした。

あえて「先生」と呼ばせていただいたのは、私が「学び直し（リカレント教育）」の一環で大学院に通っていたとき、田中先生の生徒だったから。実は、40代半ばを過ぎて「どうしてもMBA（経営学の修士）を取得したい！」と考え、立教大学大学院・ビジネスデザイン研究科に在学していたのですが（博士課程前期、2017年4月〜19年3月）、そのとき田中先生の「サービス・マーケティング」の授業を受講し、大いに刺激を受けたのです。

私は、マーケティングライター。「おひとりさま（マーケット）」や「草食系（男子）」を世に広めた存在として紹介されることも多いのですが、本業は、マーケティング会社（インフィニティ）の経営です。とくに数あるマーケティング調査の中でも、個人による発言や行動などの「定性調査」が強み。私やスタッフは日々、街中やコミュニティに入り込み、老若男女のナマの声や「行動観察（エスノグラフィ）」、あるいはちょっとした機械で視線の動きを測る「アイトラッキング」等によって、消費者を洞察（インサイト）し、企業との商品・サービス開発などに活かしています。

いわば、現場の「フィールドリサーチ」によるマーケティングが、私や弊社の強みです。対する田中先生は、立教大学大学院・ビジネスデザイン研究科教授として、担当する6科目のうち3科目でマーケティングを担当されています。教鞭をとるのと同時に、上場企業取締役や経営コンサルタントもつとめられ、書籍・新聞・雑誌・オンラインメディア等で積極的に発信もするなど、ご活躍。最近では、『GAFA×BATH　米中メガテックの競争戦略』（日本経済新聞出版社）、『アマゾン銀行が誕生する日　2025年の次世代金融シナリオ』（日経BP社）といった著作も話題になっています。企業戦略やマーケティング戦略の専門家であり、上場企業を中心にコンサルティングを提供する実務家でもあります。

「日本は、企業でも社会でも、マーケティングという非常に重要な仕事が、なかなか注目されない」

２０１４年、経産省のある研究会でお会いした某大企業の社長は、そう嘆いていました。彼は海外でＭＢＡを取得し、外資系企業のトップをつとめた人物。このとき例に挙げたのは、「欧米において、マーケティングの最高責任者、いわゆる『ＣＭＯ（Chief Marketing Officer）』か、それに近い役員が存在する企業は、トップ企業５００社のうち62％にのぼる」という、経産省による調査結果（13年）です。これに対し、日本における時価総額の上位３００社でＣＭＯを任命する企業は、わずか０・３％（当時）しかありませんでした。

もちろん欧米と日本の代表企業とでは、企業の組織構造が違い、マーケティング部署の位置づけも異なります。一律に語るのは難しいでしょう。

ただ、「そもそもマーケティングって、何をするの？」や「何のためにあるの？」ということが、日本では多くの方々に理解されていない。

就職活動中の大学生に聞いても、「なんとなくだけど、ビッグデータを分析することでは？」「統計の数値から、次に売れる商品を予測することかな？」といった声が主流です。多くは、難しく考えすぎていたり、ただ漠然と「マーケティング＝データ収集・分析」だと捉えたりしていて、これほど身近で、ワクワクする〝マーケティングのリアル〟が理解されていない。

この現状に、田中先生も私も、忸怩《じくじ》たる思いを抱いていました。

そこで、私たちは考えたのです。「二人の得意分野を一つに結集すれば、マーケティングの楽しさや重要性を、より多くの方々にわかってもらえるはずだ」と。そして実現したのが本書です。

まず、最終章を除くほぼすべての章は、次のような流れで構成しました。

前半…最新のフィールドリサーチによるデータと分析（牛窪）
後半…マーケティング分析の手法と実際（田中）

従来マーケティングとは無縁だった学生や主婦、あるいはシニアの方々は、おもに前半部分を、企業の商品開発やマーケティング関連部署の方々は、おもに後半部分をお読みいただくだけで、「なるほど、そうか！」と目から鱗の視点が得られるはずだと自負しています。

また取り上げる事例も、できるだけわかりやすく、知名度や勢いがあり、かつマーケティング上ユニークな企業やサービスを取り上げました。

たとえば、メルカリやヤフオク!、LINE、スタディサプリ、エアークローゼット、オイシックスなど。田中先生がご専門のアマゾンについては最終章で、海外事情も含めた最新情報と分析をたっぷりご紹介します。ご期待ください。

さらに、登場するマーケティングの概念も、話題の「シェアリングエコノミー」「サブスクリプション」から、男女の世代論、あるいは「カスタマー・エクスペリエンス」や「プライシング」など、「知っているようで知らない」「今さら聞けない」テーマを、ギュッと凝縮しました。田中先生と私の筆の勢いが止まらず、当初は400ページを優に超えてしまいそうなところ、なんとか390ページほどに収まりました。

「マーケティングとは、私たちの生活や人生を豊かにするためにある」。――これが、私の持論です。それだけに、実はとても身近で、日々発見や刺激にあふれ、ワクワク好奇心が尽きることがない。ぜひ皆さんにも、肩の力を抜いて胸躍らせながら、楽しくページをめくっていただければと願っています。間もなく始まる、新たなマーケティングの世界へ、ようこそ!

本書の取材から出版までにあたっては、各章で取材に応じてくださった企業各社をはじめ、定性のインタビュー調査にご協力くださった男女の皆さまや、取材・校正に手腕を発揮してくれた、弊社の船本彰子さん、木内アキさん、平澤良子さん、田所祐子さん、堀越邦子さん、大岡美由紀さん、南香奈子さんに、多大なるご協力をいただきました。この場を借りて、深くお礼申し上げます。

2019年　8月

なぜ女はメルカリに、男はヤフオクに惹かれるのか？

目次

「女性の社会進出」と「バブル崩壊」
これからの「おひとりさま」はシニア女性中心
「パラサイト・シングル」を狙った積水ハウス
「鍋は家族みんなで」という先入観
新たなマーケットを通して見えてきた「不満」
パッション、そしてミッション
あるジャーナリストの言葉
マーケティングは「魔法使い」である

2 マーケティング分析編　文・田中道昭

「世代論」とは何か
「世代論」はマーケティングにどう役立つか
「一人ひとり」の理解の助けにも
重要なのは年齢よりも「ライフコース」
「モラトリアムおじさん」の時代
「劣化したオッサン」にならないために
オッサンの「喪失」
共感、優しさ、そして強さのマーケティング

図表作成／デザイン・プレイス・デマンド
編集協力／東雄介〈第1章～第6章（マーケティング分析編）、最終章〉

第1章——なぜ女はメルカリに、男はヤフオクに惹かれるのか？

1　リサーチ編

文・牛窪　恵

日本人の2人に1人以上が利用するほど人気

皆さんは、〝フリマアプリ〟の「メルカリ」をご存じですか?

フリマとはフリーマーケット、いわゆる不用品を売り買いする「蚤《のみ》の市」のこと。それをスマートフォン等のアプリで行えるサービスが、メルカリです。

使ったことがない方も、名前だけはご存じではないでしょうか。2018年7月現在、メルカリの国内ダウンロード数は、7100万件を突破。単純に1人が一つの端末のみで使っているとすれば、日本国民(約1億2623万人)の2人に1人以上が利用しているほどの人気です。また同社は18年6月に「東証マザーズ(東京証券取引所に開設されたベンチャー企業向け株式市場)」に上場を果たしました。一時は「売りを大幅に上回る多数の買い注文が入った」と大々的に報道されたので、知名度に拍車がかかったはずです。

メルカリがサービスを開始したのは、２０１３年7月。創業者の山田進太郎・代表取締役会長兼ＣＥＯは、早稲田大学在学中にインターンとして楽天で仕事をし、楽天オークションの立ち上げ等を経験したのち起業。数々のインターネット・サービス立ち上げや世界一周旅行等の経験を経て、新たな会社コウゾウ（のちに株式会社メルカリに商号変更）を起こしました。

サービス開始直後から、私の周りで「牛窪さん、メルカリって便利ですよ！」と声をあげ始めたのは、おもに20～30代の女性たちです。

念のためお伝えしておきますね。「はじめに」でも触れましたが、私が経営するマーケティング会社・インフィニティでは、定量調査より「定性調査」を強みにしています。インターネット等を通じたアンケート調査や膨大なビッグデータを収集・分析することで、消費者の傾向を見るのが、定量調査。対する「定性調査」は、対象者本人から発せられる生きた言葉や行動を〝深掘り〟することによって、まだ言動に表れていない潜在的なニーズまでどんどん引き出していく手法です。

代表的なのは、インタビュールーム等に5、6人を呼んで話を伺う「グループインタビュー」や、インタビューアと対象者が一対一で行う「デプスインタビュー」。定量調査ほどサンプル数は必要とされませんが、1回あたり1・5時間～2時間以上を要する、手間のかかる手法です。でも皆さんのナマの声や行動を直接見聞きできるので、とっても面白い！

グループインタビューの様子

話を戻しましょう。私がメルカリの登場（2013年）直後に、「牛窪さん、便利ですよ！」と20～30代女性から聞いたのは、いずれも業務時間外のことでした。でも仕事柄、「え？ どうして？」「どこが便利なの？」とつい〝深掘り〟したくてたまらなくなったのです。

そのうちの一人、A子さん（20代後半）は、友人の結婚式に着ていくボレロが欲しくて、初めてメルカリを使ってみたと言います。「知らない女性から中古のボレロを、2000円で買ったんです。あのブランドなら、新品で8000円ぐらいじゃないかな。二度と着ないかなと思って式が終わってすぐ売りに出したら、別の女性に1800円で売れたんですよ」

ということは、彼女が1回のボレロ着用に使った金額は、「2000円－1800円」で、実質わずか200円。正確には売れた後、購入者宛に発送するのに宅急便代（約600円）

がかかったそうですが、それでも出費は約８００円で済んだ計算です。彼女いわく、一般的なレンタルサービスを利用するよりずっと安いし、自宅にいながら売買できたので便利とのこと。

今や、中古の洋服やバッグ（ブランド品）を売買する「ブランディア」（デファクトスタンダード）等のサイトが、軒並み「試着サービス」（おもに有料）を展開しています。利用者は、「数千円支払って試着して、買うほどでなければ返却する」と、レンタルに近い感覚を口にしますが、Ａ子さんのメルカリ利用も、それに近かったのでしょう。

一方、１歳の娘がいるＢ子さん（30代半ば）は、目を輝かせて言いました。

「聞いてください。メルカリで中古のベビーカーを売ったお金で、女友達とホテルでランチできたんです」

彼女がベビーカーと引き換えに手にした金額は、４７８０円。子連れでホテルに行けること自体が久しぶりで、本当にいい経験になったと言います。

「子どもは成長が早いから、洋服や玩具もすぐ使えなくなる。でも私にとってはいらないモノでも、別の誰かが必要としてくれることがわかったから、それが嬉しかった！」

たしかに納得です。それにしても４７８０円とは、ちょっと半端な金額。なぜその価格に設定したのかと聞くと「初めは5000円で出品したのに、購入希望者から『もう少し安くならないか』と値切られた」とB子さん。ただ、元値は2万円近くしたお気に入りのベビーカーで、心理的に4500円までは下げたくなかったとのこと。結局、間をとって「4780円でいかがですか」と持ちかけ、落ち着いたと言います。

シェアリングエコノミーのメリット・デメリット

A子さん、B子さんが売買に用いたメルカリは、スマートフォンやタブレットのアプリ、あるいはパソコン等の端末で、誰でも無料で利用できます。しかも売買が成立するまでは、本名や住所をメルカリ以外の第三者に明かす必要はない。ニックネーム同士でやり取りが進み、場合によってはB子さんの取引相手のように、価格を値切ることもできます。

つまり売る側と買う側が、知らない同士でも直接つながることができ、関係を育み、さらに取引価格まで両者で決め合えるシステム。消費者と消費者、いわゆるC2C（Consumer to Consumer）の間で直接行われる電子商取引です。言い換えれば、「シェアリングエコノミー」、すなわちモノやサービス、場所などを、多くの人と共有・交換して利用する社会的な仕組みの一つ、とも言えるでしょう。

C2Cの取引と、一般的なB2C（Business to Consumer）の取引の違いでよく言われるのは、卸売や小売（スーパー、百貨店）等の「中間業者」が不要になり、いわゆる「中抜き」が起こること、そして「価格の自由化」です。中抜き可能だからこそ、スピーディーに契約が成立し、街中のお店で買うより安い値段で手に入れやすくなる。しかも買う側と売る側の直接取引で、原理的には値切りや価格交渉も可能、ゆえに両者が納得した価格で取引成立となる確率が高くなります。

ただし、中間業者がいないがゆえのデメリットもあります。A子さんやB子さんからメルカリの話を聞いたとき、私は「ちょっと怖いな」と思いました。交渉段階では実名や住所がわからなくても、契約が成立して発送となった段階で、それらの個人情報が販売者に伝わると考えたからです。また当時は中古品を買うことにも、ためらいがありました。見知らぬ誰かが使ったモノには、なんとなく抵抗を感じる。しかも、仮に「マックスマーラのコートです」と出品されていても、そのブランド名が嘘かもしれない。もしかしたら出品者がズルい人で、似て非なる商品が届くリスクもあるでしょう。

これは経済学でいう、「取引コスト」の概念です。通常、私たちが買い物をする際には、商品の購入代金以外にも、さまざまな取引コストがかかっています。たとえば、膨大な情報の中からその商品を探す際にかかる手間暇や、相手がどんな人かを確認して諸条件をやり取りするコスト、すなわち「情報探索コスト」の他、値切るなど取引条件を決定（交渉・意思決定）する際のコスト、そして合意した契約内容が正しく履行されるか、そのための監視等を行う（契約締結・履行確保）際のコストなどです。

一般的なC2C取引、あるいはメルカリのようなシェアリングエコノミーの場合、価格決定等の自由度が比較的高い一方で、まず「本当に妥当な値段なのか？」と他のサイトと比較したり、「出品者の言う通り、本当にマックスマーラのブランドなのか？」と出品時のブランドタグを画像で確認したりするでしょう。これらが情報探索コストです。

また、「この人（出品者、購入希望者）が言うことを信用して大丈夫なのか？」「住所等の個人情報を渡して、安心できる人なのか？」との不安も頭をよぎるかもしれません。その際、一つの目安になるのが「評価システム」、過去の取引でどのような評価を受けたかを可視化する仕組みです。たとえば宿泊施設や「民泊（一般家庭等の空き部屋を旅行者に有料で提供すること）」の貸し借りを仲介する「Airbnb」（Airbnb Japan）や、自動車の配車サービス「Uber」（UberJapan）は、取引が成立し契約が履行された（終了した）時点で、サービス利用者と提供者が双方を評価します。

メルカリも取引の最後に、売り手と買い手、各々が「良い」「普通」「悪い」の３段階で評価。何かを売りたい人は、不安になれば「買いたい」と名乗り出た人の過去を、逆に買いたい人は、「売りたい」と出品している人の過去を、それぞれ従来の評価等でチェックします。

私も、以前はドキドキしながら過去の取引を凝視する「チェックマン」でした。ところが今となっては、大のメルカリ・ヘビーユーザー。普段使いの洋服からテレビ出演で着る衣装、さらには買いそびれた限定品のコスメに至るまで、さまざまな商品を購入しています。

なぜ当初感じた「怖い」という警戒心が解けたのでしょうか。それはメルカリに、想定リスクを上回るだけの大きな喜びや感動があったから。そしてのちほどご紹介しますが、メルカリが顧客の懸念やリスクを回避すべく、サービスを改良してきたからです。

子どもが拾った「どんぐり」が売れた

２０１８年8月、メルカリは同年度6月期の連結決算を発表しました。これによると、国内売上高（単独）は３３４億円。数字だけ見れば、「その程度か」と思われるかもしれませんが、決算を公開し始めた創業3年目（15年夏／14年7月～15年6月）の時点で、売上高は約42億円でした。そこからわずか３年の間に、売上高は8倍近くに増えたのです。

そもそもメルカリは、何を元に儲けているのでしょう。シェアリングエコノミー関連のビジネスのほとんどがそうであるように、収益の主軸は、マッチングシステム提供に関わる「手数料収入」（メルカリの場合、通常は購入時のキャリア決済やコンビニ／ATM払いの手数料100円、販売時は売れた金額の10％）です。先ほどのA子さん、B子さんの話には登場しませんでしたが、正確には彼女たちも、商品を買ったときに100円、売ったときに10％の売買手数料を、メルカリサイドに支払っているはずです。

ということはメルカリ側に立てば、販売と購入の成約件数が多いほど、あるいは売買する商品の単価が高いほど、手数料収入が増え、収益も上がります。一般には「こんなモノ、誰が買うんだろう？」と多くの人が価値を疑うモノよりは、誰でも欲しくなる定番商品のほうが、取引が成立する確率は高いはずですよね。ということは、認知度が高い高級ブランドや、幅広い年代層に愛される定番ブランド・商品を売買してもらえるほうが、メルカリにとっては商売上、「おいしい」と言えます。

現実に、創業から5年間（2018年7月現在）で最も多く取引されたブランドは、愛用者が老若男女に広く及ぶ「ユニクロ」とのこと。また最も高く売れたモノは、1粒315万円のダイヤモンド（5カラット）だそうです。ちなみにメルカリでは、300円から999

万９９９９円までの値付けが可能ですが、「エルメスのバッグやメルセデス・ベンツなど、高額商品の取り扱いもある」と、メルカリ・プロダクトPR担当の志和あかねさん。

ただし、それ以上に注目すべきことがあります。それはメルカリを通じて、アッと驚くようなモノ・コトが多数、取引されてきたことです。

たとえば、創業以来5年間で最も「いいね！」が押されたのは、意外にも「どんぐり」。1542件もの共感を呼んだ背景には、あるストーリーがありました。それは、5歳の男の子の「仮面ライダーカードを買いたい」との思い。お母さんがメルカリを使っているのを見て、男の子は自分が公園で集めたどんぐりなどを「ママ、これを売ってお金にしてよ」と手渡したのだそうです。お母さんが、わが子がライダーカードを欲しがる心情を書いて、メルカリに300円で出品すると、「ほっこりする」などとSNS中心に拡散され、「いいね！」が集中。最終的には、お子さん好きな第三者によって落札されたと言います。

また私がレギュラー出演する、あるテレビ番組（NHK総合「所さん！大変ですよ」）で、「今やこんなモノまで売れる」として扱ったメルカリの事例では、使い切ったトイレットペーパーやサランラップの芯（いずれも5～6本）が、500～700円程度で取引されていました。前者は子どもの宿題の工作材料に、後者はおもにダイエット中の男女が足裏やふくらはぎをマッサージするアイテムとして、それぞれ需要があったとのこと。

私が時々購入する「使いかけの限定品コスメ」も含め、いわば普通なら捨ててしまうようなモノに、メルカリが「新たな価値」を生み出した、とも言えるでしょう。実はここがマーケティング上、一つのポイントでもあります。のちほど詳しくお話ししますね。

ヤフオクにハマる男性心理

ここまで読んで、「不要になったモノを売り買いできるアプリは、メルカリだけじゃないよね」とお感じの方々も多いはず。たしかにその通り。２０１８年４月現在、フリマアプリの市場規模は約４８３５億円にものぼります（経済産業省調べ）。その代表とされるのは、メルカリ以外にも、「ラクマ」（楽天）、「モバオク！」（株式会社モバオク）、「ジモティー」（株式会社ジモティー）など、複数存在するのです。

今でこそメルカリは同市場のトップランナーですが、フリマアプリとして２０１２年７月、最初にサービスをリリースしたのは、10〜20代女性を中心に人気を得た「フリル」（Fablic／18年、楽天の「ラクマ」と統合し「ラクマ」に名称変更）でした。以来、13年、14年に続々と市場参入するライバル企業に対し、メルカリは14年5月以降、大々的にテレビＣＭを打つことで、知名度の向上に努めました。12～14年にかけてはマーケティング上、フリマアプリという新たな市場が誕生し、起動に乗るまでの助走期間、いわゆる「黎明期《れいめい》」から一気に「成長期」へと階段を駆け上がった時期、と言えるでしょう。

一方、利用者数で、メルカリとほぼ同数（１８００万人前後）の人気を誇るのが、１９９９年に日本で登場した「Ｙａｈｏｏ！・オークション」（ヤフージャパン）、通称「ヤフオク！（以下、「ヤフオク」と表記）」。正確にはフリマアプリというより「オークション（競売）サイト」ですが、２０１６年６月以降はメルカリや先の「ラクマ」「モバオク！」等と同じく、「即決（早い者勝ち）」を選べる機能も追加され、中古品を瞬時に売買できるようになりました。さらに、19年秋からは、フリマアプリ「ＰａｙＰａｙ（ペイペイ）フリマ」の提供を始める予定で、ここでも一部、ヤフオクで出品されている商品の購入が可能になるそうです。

それでも、古くからのヤフオクユーザーの一人、Ｃ男さん（現40代）は言います。

「ヤフオクの醍醐味は、競り合い。なかなか手に入らない『（マニアックな）お宝系』のモノほど、制限時間ギリギリに高値をつけてライバルに勝つ快感が大きい。それを即決で買っちゃったら、楽しみが半減しますよ」

彼は私が、２００６年に『独身王子に聞け！』（日本経済新聞社）という本で取材した男性の一人です。今も趣味は、いわゆる「ガンプラ」（バンダイ）、すなわち「機動戦士ガンダム」ほか、ガンダムシリーズ関連のプラモデルを組み上げることと、手のひらサイズのミニカー、「トミカ」（タカラトミー）を集めること。後者は１９７０年の発売以降、新たなモデルや車種の生産が続くロングセラー商品で、今も常に１４０種類がラインナップされていますが、中には実車のフルモデルチェンジに伴い、発売されなくなる「幻のトミカ」が多数存在するのです。

興奮ぎみに、C男さんは教えてくれました。「牛窪さん、知ってます？　何年か前、『ヘリテイジ（幻の）トミカ』が、ヤフオクで１８０万円で落札されたんですよ」……もちろん恥ずかしながら、知りませんでした。すぐさま調べてみると、たしかに！　それまでマニアの間で「幻」とされていた「トヨタ　クラウンタクシー」のトミカが、２０１５年に約１８０万円で落札されたようです。開始時の価格は１０００円、それがのべ２９６人に入札され、最終的に驚くほどの高値にまで競り上がっていった。さすがにC男さんは、そこに割って入るまでの勇気はなかったそうですが、「当時は競り合う様子を見ているだけで、楽しかった。みんな熱くなってるな、オレと同じように、トミカに〝命かけてる〟ヤツがこんなにいるんだなって」。

私が２００６年前後に取材したヤフオクユーザーの男性（おもに当時の30代、現40代）は、皆さん同じような視点でした。すなわち、「誰かと競う刺激がたまらない」、あるいは「マニアックなモノを、なんとか手に入れようと躍起になる仲間を見るのが楽しい」といった声。あえて誤解を恐れずに言いますが、当時私は、「極めて男性的な価値観だな」と感じました。

「癒しスポット」と「戦場」の違い

というのも生物学的に、男性には「狩りに出て食糧を調達する」という原始古来の役割、いわゆる「狩猟本能」が備わっている、とも言われます。すなわち狩場でライバルと獲物を競い合い、そこで勝利した者だけがお目当てを手に入れられる。そこに必要とされるのは、放出された数億個の精子からたった一つのみが卵子にたどり着き結合できるという、男性の精子が持つ「精子競争」の能力である、と見る研究者も少なくありません。

けれど日本人女性の場合、こうした感覚は弱いようです。少なくとも私がこれまでに取材した数千人の女性たちから、「ヤフオクで誰かと競うのが楽しい」といった声があがったことは、ただの一度もありませんでした。

百聞は一見にしかず。実は私も他のフリマアプリと比較するうえで、ヤフオクを２年前から利用しています。大抵は即決でなくオークション機能を用いますが、終了時間が近づくといつもドキドキ。間際になって価格を吊り上げ、首尾よく落札できれば、たしかに「やった！」との快感が多少なりとも押し寄せます。でもそれ以上に、「私に負けて落札できなかった人に悪いな」との思いが、頭をよぎることもしばしば。せっかく落札したにもかかわらず、なんとなく後味が悪いまま、商品の到着を待つことになります。

今回の取材でも、メルカリとヤフオクを次のように評する女性が目立ちました。

「ヤフオクは、（競争する）相手との駆け引きがイヤ。終了時間までシーンとしてる（動きがない）クセして、ギリギリになって値上げして、相手を蹴落とそうといった攻防が続く。人間のズルい一面を見ちゃうので、人間不信になりそう」（20代女性）

一方、「ヤフオクは戦場、メルカリは癒しスポット」だと言い切るのは、30代のD子さん。

「メルカリは、夜お風呂やベッドの上でなんとなく覗きに行って、出品者さんとやり取りして、ポチッと『購入（のボタン）』を押せた瞬間、ほっと癒される。でもヤフオクは、いつも終了時間直前にアプリを開いて、誰か自分より高値をつけていないかと冷や冷やしなきゃいけない。戦場の見張り役の兵士みたいで、落ち着かないんです」

先のC男さんの声とは、だいぶ違いますよね。一般に、ヤフオクは「出品時のルールや手数料の概念が、メルカリより複雑」とも言われますが、C男さんいわく「慣れちゃえばラク。それよりメルカリみたいに、売り手とあれこれやり取りするほうが手間ですよ」とのこと。たしかにヤフオクの場合、基本的に価格競争に勝つことさえできれば、欲しい商品を入手できます。メルカリのように、購入前から「着丈はどのぐらいですか？」など売り手に質問したり、「もう少し安くなりませんか？」と価格交渉する手間は、あまり発生しません。

他方、私も含め、対話好きな女性にとっては、C男さんが「面倒」だとする売り手と買い手のコミュニケーションこそが、メルカリの「醍醐味や楽しさ」であることも多いもの。当然ではあるのですが、利用する人が男性か女性か、あるいは年齢や利用目的、ライフスタイルがどのようなものか、すなわちターゲットの属性や価値観によって、同じ機能やサービスでも「便利」「楽しい」と感じる部分と、「面倒」「手間」と感じる部分に違いがあります。商品やサービスを展開する企業は、まずここに注意しなければなりません。

またビジネスとして売上規模を考えたとき、メルカリのように巨大なトップランナーに対抗するうえで、後発組や競合他社は「似て非なる概念」や「別の市場」「ニッチなターゲット」を狙っていく必然性もあります。たとえば先に挙げた「ジモティー」は、ターゲットの基準を「地元（地域）の男女」とし、不要になった家具・家電の引き受け手を簡単に募集、発送業者を介さずに直接引き渡しできることなどを強みにしています。また、2012年7月に開設された「ココナラ」（株式会社ココナラ）は、「知識・スキル」を売り買いできるマーケットプレイス。「モノ」ではなく翻訳や似顔絵書きなど「コト（知識等）」を売り買いしたい人を対象にすることで、メルカリほかライバルとの差別化に成功しています。

メルカリとヤフオクの差異も、サービスの機能自体に着目すると、女性に馴染みやすいのは、「競う」刺激を提供するヤフオクより、「対話・共感する」楽しさを伝えるメルカリのほうだと言えるかもしれません。というのも、男性の「狩猟」「競争」といった本能に対し、女性寄りの本能は、「調和（対話）」と「共感」。元来、農耕民族である日本人女性には、一族や集落との調和をはかりつつ、集団で子育てしたり木の実を採集したりといった役割が課せられていました。ゆえに女性は、特定のコミュニティ内でいかに関係を円滑にするかという視点で、周りに同調・共感しようと努める能力が備わっている、とされます。イギリスの発達心理学者、バロン・コーエンも、女性の共感性の高さを、実験で明らかにしています。

「草食系」か「肉食系」か

現実にも、ヤフオクとメルカリは、対象とする「メインターゲット」がかなり異なります。

ヤフオクはどちらかといえば「男性」寄り、メルカリは「女性」寄りです。

１９９０年代後半にスタートした「ヤフオク」は、当初から利用者の中心層が、パソコンやインターネットに強い30代男性（当時）だったとされています。ニールセンデジタルが、ヤフオクとメルカリの利用者数・利用率を性別、性年代別で集計した調査（２０１７年）を見ても、ヤフオクのみを利用する人は圧倒的に男性に多く、とくに30代、40代、50代ではいずれも2割前後と顕著に多い。ここには少なからず、C男さんのようなスタート当初からの利用者も含まれるはずです。これに対し、13年にスマホのアプリとしてサービスを始めた「メルカリ」だけを利用する人は、女性の18～29歳で3割以上、30代で2割以上。想像通り、若い世代の女性に多い様子が見てとれます。

もちろん、中心層が「ＰＣ世代（おもに現40、50代）」か、「スマホ世代（おもに現10～20代）」かの違いもありますが、それだけではないでしょう。もともとオークションサイトからスタートしたヤフオクでは、買い手がハンターのごとく終了時間ギリギリまで注意を巡らし、競合に勝たねばなりません。システムからしても、男性的な「肉食系」だと言えます。

対するメルカリは「売る側」が出品価格を設定したうえで、そこに賛同する人が手を挙げ、基本的には早い者勝ちで購入者が決まるシステム。よって、買い手同士が価格を競り合う必要がないうえ、時として「あ、○○さんが先にコメントしていたんですね。ならば私は諦めましょうか」「そんなそんな、私のほうが諦めますよ」など、買い手間で譲り合いが発生することもあります。ヤフオクに比べれば女性寄り、情緒的なコミュニケーションを楽しむ傾向が強く、肉食よりは「草食系」と言えるのではないでしょうか。

そこで再度、先の利用者層を見ると……、若い20代では「男性」でもメルカリのみを利用する人のほうが多いことがわかります。ちょっと意外かもしれませんが、彼らは私が「草食系男子」と呼ぶような、競争嫌いで女性的な感性を持つ男性が多い世代。今回の取材でも、20代男性からは、「メルカリの（購入側の）リピーターさんと、自然と友達になった」や、「やり取りが楽しすぎて、ついハマる」といった声が複数あがりました。彼らにとっては、メルカリのコミュニケーションが「面倒」ではないのかもしれません。

現代の消費者は、年齢も性別も、極めて「ボーダレス」に近づいています。マーケティングリサーチや仮想ターゲットを設定する段階では、多くの企業が、「20代女性」をさらに細分化して、「東京の○○界隈に住み、××近辺で働く25歳前後の女性」などと、より具体的にセグメントするはずで、それ自体は重要なことです。

ですが、仮想ターゲットと同じような志向を持った男女は、別の層にもいます。もともと似た感性を持った20代男性、あるいは「妻と一緒に使いたい」と考えて購入する、40〜50代男性もいるでしょう。だからこそ、たとえば商品・サービスのネーミングや広告宣伝媒体、流通・販売の場などを考える際には、仮想ターゲットの条件設定だけに捉われない、男女の行動や志向も含めた幅広い視点が必要。これもまた、マーケティングの醍醐味です。

「捨てる」をなくす意義

今回、メルカリの取締役社長兼COO・小泉文明さんにも、直接お話を伺うことができました。「我々のマーケットプレイスのキーワードは、『〝捨てる〟をなくす』です」と小泉社長。すなわち出品者本人にとっては、今はさほど価値がない、でもそれまでに育んできた何らかの愛着や「ただ捨ててしまうのは惜しい」といった思い入れがある。だからこそ、「もしこれをフリマアプリに出品したら、誰かが価値を感じて買ってくれるかもしれない」と、ドキドキワクワク、胸躍らせながら出品するのでしょう。

ただ、この部分だけなら、ヤフオクや他のフリマアプリも同じかもしれません。

ところが小泉社長は、別のことを口にしました。それが「メルカリの楽しさの半分は、誰かに認めてほしい、あるいは認めてくれるといった『承認欲求』にあるのではないか」との視点。先のどんぐりのケースや、「ベビーカーが必要とされて嬉しかった」と話していたB子さんの事例も、まさにそうですよね。メルカリのサービス立ち上げ当初から事業に関わった小泉社長も、「当時ヤフオクとの差別化は、当然意識した」とも言います。

実際にメルカリユーザーに聞いた「メルカリを使う理由ランキング」（２０１８年）を見ても、１位こそ「賢くお小遣い稼ぎができる」（34・２％）ですが、僅差の２位（33・２％）は「捨てようと思っていたものが売れて得した気分になる」、そして5位が「あらゆるモノに価値がつく」（22・０％）。その根底には、「こんなモノが売れるんだ！」といった驚き、あるいは自身の承認欲求が満たされたことへの満足感が見え隠れしていますよね。

まずこの点が、他のフリマアプリとの大きな違いだと感じる方も多いようです。今回の取材でも、「メルカリは、少しデザインが古くなった服や靴も『レトロで可愛い！』と褒めてくれるユーザーさんが多くて嬉しい」（30代女性）など、やはり承認欲求が満たされた喜びを口にする女性が、複数見受けられました。

また小泉社長いわく、最近はいわゆる「終活（人生の終わりに向けた活動）」の一環として、メルカリを利用する、シニア層も増えているそうです。長年、趣味で集めてきた切手を「価値がわかるコレクターに引き継いでほしい」と出品するシニア男性もいる、とのこと。

私も過去に「自分の着物を、メルカリに出した（出品した）」と話す60代のE子さんに、インタビューしたことがあります。彼女いわく、「自分の死によって、大切にしてきた着物の命まで失われるのは哀しかった」「丁寧に仕立ててくれた、着物職人さんや呉服屋さんにも申し訳ないと思った」とのこと。そこには承認欲求とともに、一つのモノを大切に世に残していきたいとする「サステナブル（持続可能）」な欲求もあるように感じました。

ちなみに売った着物は3着、いずれも購入時点で100万円以上したそうですが、売値は「1500円」に設定したと言います。そう、目的はお金ではなかったのです。

一般に、メルカリが人気を呼んだ理由は、ユーザビリティ、すなわち使い勝手のよさや、不要品がお金に変わる金銭的メリットにあると思われがちです。これらはマーケティング用語で言うと、「機能価値」。もちろんこの部分も大切ですが、機能価値だけを提供する企業は、競争に弱いとも言われます。なぜなら、たとえメルカリのように特定分野の「イノベーター（革新者）」でも、機能だけならすぐ他社に真似されてしまうからです。

では企業は、それ以外にどんな価値を提供すればよいのでしょうか。それが、先の「承認欲求」やサステナブルな欲求に応え得る価値、すなわち「情緒価値」や「精神（社会的）価値」と呼ばれるものです。

精神的な価値への昇華

少しわかりにくいので、「ノートパソコン」を例にお話ししますね。

通常、皆さんがノートパソコンを選ぶ際には、CPUやメモリの容量、あるいは画面のサイズや重さなど、まず機能面に着目するはずですが、それだけではないでしょう。たとえば、キーボードのタッチが軽いので、静かなカフェで仕事しても「邪魔にならない」、あるいは社内でサッと抱えて移動できるので、周りにも「スタイリッシュな外観を披露できる」など、モノがもたらす精神的な側面（利点）についても、イメージするのでは？

こうした感性や感情に働きかけるのが、いわゆる「情緒価値」。昨今ブランディングに成功している企業は、必ずと言っていいほどこの部分を顧客に提供しています。私も企業の商品開発をお手伝いする際は、その商品やサービスを「どのようなシーンで」「どのような心理で」顧客が利用したいのか、必ず具体的に思い浮かべるようにしています。ベビーカーを売ったB子さんの承認欲求、すなわち自身が大切に思うことを他の人にも認めてほしい、との感性的な欲求も、まさに機能を超えた「情緒価値」でしょう。

そしてもう一つ、自分にとって不要になったからとただ捨てるのではなく、まだ使えるものなら命をつないでいきたい、世の中の役に立ってほしいといった、先のE子さんさながらのサステナブルな欲求は、「精神（社会的）価値」とも呼ばれるものです。

パソコンであれば、「不要になった後も、工場で地球環境に優しい○○に生まれ変わります」と銘打ってあるほうが、一代限りでポイ捨てされて終わるパソコンより、価値が高いように思えますよね。同時に、不要になった後のことまで考える企業に対し、「このメーカーなら信用できる」とも感じるのではないでしょうか。これこそが、「精神価値」です。

「もしドラ」（『もし高校野球の女子マネージャーがドラッカーの『マネジメント』を読んだら』ダイヤモンド社）で知られる、かの世界的な経済学者ピーター・ドラッカーも、次のような名言を残しました。

「今社会は、物質的な世界に意味を与えるために、精神的な価値への回帰を必要としている」

物質的に豊かな社会、いわゆる飽食の時代になると、人はモノそのものへの欲求（物欲）を感じにくくなる。でもそこに精神価値、たとえば自分自身の存在意義や社会貢献、あるいは共感すべき企業文化などが伴えば、人は「積極的に関わってみよう」と考え、時として消費も生まれるでしょう。最近でいうと、フィリップ・コトラーらが提唱した「消費者や利用者自身だけでなく〝世界〟をよりよい場所にする」という〝価値主導〟のマーケティング

（マーケティング３・０）も、この延長線上にあります。

「マーケティング３・０」の例としてよく挙がるのは、ナチュラルミネラルウォーター「ボルヴィック」の、「1L for 10L（ワンリッター フォー テンリッター）」プログラム。ボルヴィックとユニセフが２００５年から共同で取り組むプログラムで、顧客がミネラルウォーターを購入するごとに、アフリカ・マリ共和国での井戸の新設や修理に充てられるお金が「寄付」されます。具体的には、１リットルのボルヴィックを買うことで、マリに清潔で安全な水が10リットル生まれるという、いわば「社会貢献」の仕組みです。

かつて私が取材した、当時20代半ば前後（現30代半ば〜後半）の男性たちも、このプログラムに強く共感していました。普段は「いかに１円でも安くモノを買うか」に注力し、「ルミネ（JR東日本グループが運営する商業施設）の10％オフのセールの日は、有休（有給休暇）取って服買いに行きます」とまで言う男の子たちが、「ボルヴィックの水なら、多少高くても買う」と口々に話していました。

なぜなら、「自分が『ちょっといいこと』をした気になれる」から。

すなわち自分がその水を買うことで、貧しい地域の人たちに安全な水が提供され、彼らが笑顔になれるのではないか、と想像できるから。だからこそ１本のペットボトルの水に多少高いお金を支払っても、損ではなく得した気になれると彼らは考えていました。

まさにこれが、コトラーらが言う「〝世界〟をよりよい場所にする」との視点。先の「Airbnb」や「Uber」も、単に「宿やクルマを安く利用できる」という機能価値だけを提供しているのではありません。近年、実証実験を行ううえで、Airbnbは「7軒に1軒とも言われる深刻な『空き家問題』を解決する一助になれないか」と、またUberは「タクシーが少ない過疎地で、お年寄りの足代わりにクルマを配車できないか」と、それぞれ考えてきました。まさに先の「世界（社会）をよりよくする」という精神価値ですよね。

こうした価値に対して利用者の共感が得られれば、その後の継続利用や他社との差別化につながります。とくにシェアリングエコノミーでは、これが非常に重要だと言われるのです。

メルカリで着物を売ったE子さんは、「大切にしてきた着物の『命』を、後世につなぎたい」と考えていました。そこにあったのは、着物を丁寧に仕立ててくれた、着物職人さんや呉服屋さんの技や思いを、自分一代で無にしたくない、後世にも役立てたいとの「社会貢献」にも似た感情。それを「メルカリが叶えてくれた」と精神価値が満たされたのでしょう。

「釣った魚」にも餌をあげ続ける

そんなメルカリも、上場から8カ月後の2019年2月、「赤字決算」を公表しました。具体的には、18年7〜12月期の連結決算で、最終損益が44億円の赤字であったとのこと。

同2月7日付の日本経済新聞は、赤字の大きな要因を「広告宣伝費がかさんだため」と報道していますが、それ以外にも、こうしたアプリやネット系のサービスは、定期的なバージョンアップやメンテナンスに相当な費用がかかります。しかも変化が激しい業界だけに、「今どんなモノやサービスが求められているか」といった、節目節目でのチェックやマーケティング調査も必要になってくる。お金はもちろん、手間もかかるのです。

バージョンアップしたサービスの一例に、2015年と17年に始めた、匿名配送サービス「らくらく／ゆうゆうメルカリ便」があります。売る側と買う側の住所・氏名は、クロネコヤマトや郵便局の「QRコード」や「バーコード」に入っていて、各々が個人情報を明かすことなくやり取りできる仕組み。18年11月からは、受け取りに加えて発送も、自宅のみならず「宅配ロッカー（PUDOステーション）」経由で行えるようになりました。

また、2019年2月からは、子会社のメルペイを通じたスマホ決済サービス「メルペイ」をスタート。三井住友カードと提携したことで、顧客はメルカリ上の取引で得た売上金を、全国のｉＤ（非接触決済サービス）加盟店でも利用できるようになりました。

こうしたサービスは、利用者にとって「自宅の住所を知られずに済む」や「メルカリ以外の場でも、売上金が使える」など、メリットが大きいですよね。当然ながらメルカリ側も、競合との差別化や顧客データの拡大につながるはずです。でも半面、新たなサービスを始めるとなれば、それを動かすＩＴ系のシステム開発・改良やマンパワー、他者とのアライアンス強化など、さまざまな手間や費用がかかる。決してバカにはならないでしょう。

けれど、市場は「生き物」です。新たな競合が現れることもあれば、法律や規定の改正、あるいは人口動態や流通、販売の変化や情報を得るメディアの進化など、さまざまな外部環境も時々刻々と変化する。もちろん、顧客の心理や信頼関係も同様でしょう。だからこそ日々、外部環境の変化に敏感でなければいけないのです。

メルカリも、３カ月ごとに「ＫＰＩ（Key Performance Indicator）」、すなわち自社の「業績評価」のキー（重要）となる指標を設定し、目標達成へのプロセスが適切に実行されているかを検証しています。またカスタマーサポートも「内製」にこだわり、東京・仙台・福岡の３拠点で日々、顧客から直接届く問い合わせや要望を吸い上げているそうです。

一般に、企業の多くは「新発売」「新サービス発表」の時点で、競合の動向や市場規模を徹底的に調査します。でもいざスタートしてしまうと、その後は「自分たちが顧客にどう見られているか」や「どんな不具合が潜んでいるか」をさほど調査しようとしない。

語弊を恐れずにいうと、この姿勢は「残念な異性」に似ています。すなわち、まだ交際前の段階では、あの手、この手で真剣に「どうすれば喜んでもらえるか」「自分が選ばれるか」を考える。でも一旦、交際や結婚に至ってしまえば、「相手にどう思われているか」にはあまり注意を払わない。いわば「釣った魚には餌をやらない」態度で、これではおのずと、顧客との気持ちも離れていってしまいます。

でもメルカリのように、消費者の声や環境変化に敏感であろうとすれば、顧客の「浮気」を防ぐことができるはず。新たなお客さまの開拓やビジネスチャンスの拡大につながる「種」も、ナマの声の裏側に隠れているかもしれない。本来、ワクワクする作業なのです。

また日々のニュースや報道にも、その「種」は見え隠れします。

たとえば2018年、社会問題にもなったのが、メルカリへの「宿題代行サービス」の出品。おもに夏休みの自由工作や読書感想文に悩む子どもたちに、大学生らがアルバイト感覚で「代わりに書いて（作って）あげます」と呼びかけたものでした。私も調べてみましたが、感想文の場合、多くは1件につき500円～1000円程度の売値。実際に「利用してみたい」と話していたあるお母さんに理由を聞くと、こんな答えが返ってきました。

「私は共働きで、息子（小学3年生）の宿題をちゃんと見てあげられる時間がない。だからメルカリで代行サービスを見つけたとき、『息子の手助けになるかも』と喜んだんです」

市場には顧客（子どもと母親）のニーズがあった。他方、悩める人を助けたい、あるいは自分のスキルと引き換えに金銭的報酬を得たいと考える、提供者側（おもに学生）のニーズもあった。だからこそ、メルカリのアプリ上に宿題代行が出品され、複数のC2C取引が行われたのですが……、これがのちに教育上の観点から、「夏休みの宿題は本来、子ども自身が悩みながら完成させることに意味があるのでは？」と物議をかもし、文部科学省もこの点を指摘しました。結果的に同8月、メルカリと楽天、ヤフーの3社は、自社が運営するネットオークションやフリマアプリで、読書感想文や自由研究など「宿題の完成品」を出品することを禁止する、と宣言したのです。

ですが、先のお母さんの「共働きで、息子の宿題を見てあげられない」「（代行サービスが）息子の手助けになるかも」との思いには、共感する人も多いはず。先に挙げた「情緒価値」や、場合によっては「精神価値」につながる可能性もありますよね。

一般に、「コト（サービス）」のやり取りは可視化しにくいため、メルカリのような大手が扱ううえではリスクも大きい。でもだからこそ、先の中堅アプリ「ココナラ」のように、今後は知恵やスキルをC2Cでやり取りするビジネスが発展していく可能性もあるでしょう。

そう、日々のニュースや報道、あるいは身の回りの人たちのナマの声にも、今後のビジネスのヒントとなる「種」は隠れています。だからこそ顧客の声を聞き、その人たちの視点に立って「なるほど」「そういう見方があったのか」と共感する姿勢こそが、マーケティングの第一歩。慣れないと面倒に感じるかもしれませんが、逆にそこを楽しめるようになると、通勤・通学時、会社の昼休みや休憩時に、周りの男女が「マジすか？」「楽しそう！」「行ってみたいです～」などと話す会話の内容が俄然、面白く聞こえてくるはずですよ。

2　マーケティング分析編

文・田中道昭

メルカリで学ぶマーケティングの基礎知識

牛窪さんならではの緻密なフィールドワーク、ありがとうございました！

私の役割は、そこから浮かび上がってきた企業の独自性を、私の専門の一つである「ストラテジー＆マーケティング」の文脈から捉え直すこと、マーケティング解釈していくことです。このプロセスを通じて、各企業のマーケティング戦略をより深く理解しつつ、またマーケティングをより身近に感じていただけるよう、心がけたいと思います。マーケティングの本質は決して小難しいものではありません。それは私たちの暮らしを便利にしてくれる身近なサービスの中に潜んでいるもの。何より、牛窪さんが書いているように「とっても面白い！」ものです。本書を通じて、マーケティングの本質を楽しく学んでいただけるなら、共著者として幸いです。

アマゾンに対抗できる可能性がある企業

さて、第1章では「メルカリ」が題材となりました。本稿のイントロダクションとして、これから私が論じる内容を少し、先出ししておきたいと思います。

「不要になったモノを売り買いできる」アプリは、たしかにメルカリだけではありません。特に1999年に登場したオークションサイト「ヤフオク！」は、メルカリとほぼ同数のユーザーを集めています。メルカリとヤフオク、一見すると似たようなサービスです。しかし、二つのサービスを、これから本章でわかりやすく解説していく「STP分析」（詳細は後述）してみれば、両社が「似て非なるもの」であることが、よくわかるのです。

また「シェアリングエコノミーのプラットフォーム」としてのメルカリについても議論を進めましょう。「C2C」企業（詳細は後述）として見られることが多いメルカリですが、私は従来から、その本質は「P2P」（Peer to Peer）プラットフォーム企業であると指摘してきました。牛窪さんの原稿にもあったように、C2Cとは消費者対消費者取引のこと。ただし「消費者」という捉え方だけでは一人ひとりの個性まで見えてくることはありません。

ヤフオクのようなオークションサイトはＣ２Ｃにあたると言えます。これに対してＰ２Ｐとは、「対等な仲間同士がつながる」という意味を含んだ、大きな広がりと可能性に満ちた概念です。「メルカリ経済圏」が、アマゾンにすら対抗できる可能性を秘めた存在として注目されている理由も、ここに隠されています。

本稿では、シェアリングエコノミーの文脈においてメルカリがもたらした変化も整理したいと思います。ここで重要なのは、メルカリの細かいサービス内容ではなく、メルカリが提示している「シェア」という新しい価値観です。今、モノや場所、時間、経験といった、かつては「誰かの所有物」だったものを誰かと分かち合うことによって経済的にも精神的にも潤う仕組みが、あちこちで誕生しています。シェアの影響力は、ビジネスの範疇《はんちゅう》に収まるものではありません。

今日、この「シェア」という考えそのものが、消費スタイルの変化だけではなく、経済のあり方、社会のあり方、そして私たちの生き方そのものを変えようとしています。

（石山アンジュ著『シェアライフ』クロスメディア・パブリッシング）

メルカリの小泉社長とも近く、内閣官房シェアリングエコノミー伝道師でもある石山さんの著作には、シェアを肌感覚で理解するためのヒントが満載であり、本章でもいろいろと引用させていただきます。

上場前に「創業4年で時価総額1000億円以上」という表現が代名詞でもあった事実をあらためて持ち出すまでもなく、メルカリが大きな経済的インパクトをもたらすものであるのは自明のこと。しかし本稿において指摘したいのは、新しい時代、新しい生き方、新しい価値観を担う経済圏としてのメルカリです。

マーケティングの基本「STP」

メルカリとヤフオクの違いを考えるにあたっては、「STP分析」の知識が助けになります。

STPとは、セグメンテーション（Segmentation）、ターゲティング（Targeting）、ポジショニング（Positioning）の頭文字を取ったものです。マーケティングで最も大切なことの一つは、ターゲットを決めること。商品を「誰に」売るのか、相手を絞り込まないままでは、有効な策を講じることはできません。それは、商品を「誰に」売るのかによって、同じ

図表1-1　マーケティング戦略の全体構図

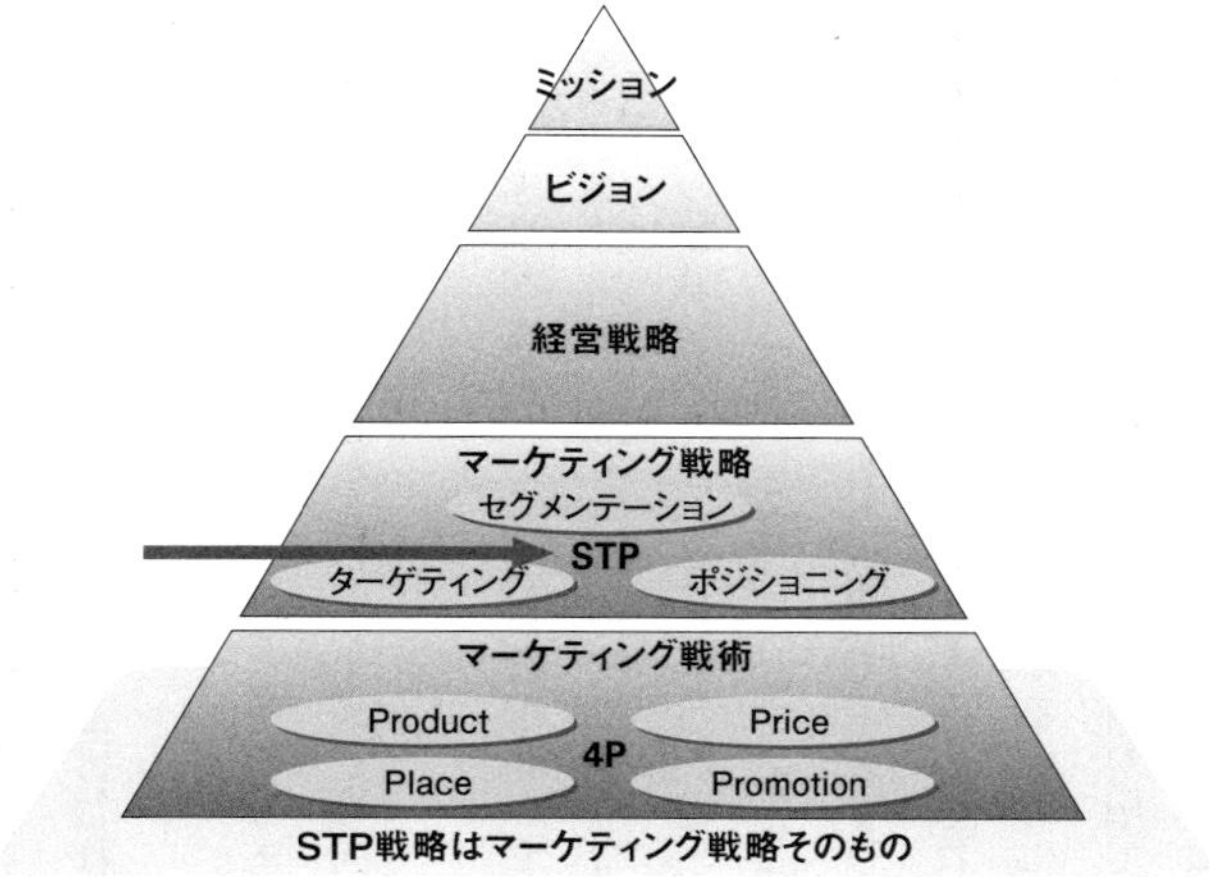

商品カテゴリーのものでも、その人が求める商品性、価格、サービスなどがまったく異なってくるからです。だからこそSTP分析は基本中の基本なのであり、マーケティングでも最初に学ぶべきものなのです。以下、STP分析の考え方を、ざっくりとつかんでおきましょう。

上の**図表1-1**は、マーケティングの全体構造を示したピラミッドです。まずは会社の存在意義を示すミッション、会社の未来の姿を描くビジョンが上位概念となります。ピラミッドの階層を降りていくにつれてマーケティングの詳細をつめていくことになります。経営戦略がミッションやビジョンを支え、そして経営戦略を先ほど述べたマーケティング戦略（STP）と、後に詳しく説明するマーケティング戦術（4P）が支えます。中でもSTPは、狭義のマーケティング戦略と言われるほどに、マーケティングの中核を占めるフレームワークです。

セグメンテーション（S）とは、そのままでは規模が大きすぎる市場や顧客を、何らかの切り口をヒントに、同じようなニーズ、傾向を持ったセグメントへと、細かく分解することです。

ターゲティング（T）とは、自社が狙うセグメントを定めることとです。当然ながら、競合が少ないセグメントのほうが魅力的です。また、セグメントの規模や成長性、さらには自社の強みやミッションとマッチしているかどうかも、ポイントになります。

ポジショニング（P）とは、ターゲットに対し、自社を差別化できるポジションを見つけることとです。それも、企業の論理で「こうしたい」と押し付けるのではなく、顧客の頭の中をイメージし、そこで独自の地位を占められるよう自社を差別化する必要があります。このとき、自社のポジションを明確にするために、ポジショニングマップを描きます。

さっそくマーケティングの専門用語が出てきましたが、一つひとつ、押さえていけば、そんなに難しいものではありません。試しに「もしもセグメンテーション、ターゲティング、ポジショニングをしなかったら？」と考えてみましょう。

どれだけのヒト、モノ、カネに恵まれた大企業でも、市場全体を相手にするにはリソースがまったく足りません。また、どんなセグメントを相手にするか明らかにしないままでは打ち手も万人受けのものにならざるを得ず、ユーザーの心をつかむようなインパクトを発揮できないことでしょう。そこで、大きな市場を「切り分ける」のがセグメンテーションです。切り分けたセグメントから一つに「絞り込む」のがターゲティング。絞り込んだターゲットをどう「攻略する」のか考えるのがポジショニング。まずは、そのように理解しておきましょう。

セグメンテーション：市場を「切り分ける」

セグメンテーションのポイントは「切り口」です。市場を細分化するには、細分化するための軸となるものがいるのです。その軸とは、行動変数、サイコ変数、デモグラフィック変数です。

行動変数は、商品やサービスの利用頻度や購買状況、求めるベネフィットなどです。

サイコ変数は、消費者のライフスタイルや価値観、性格、趣味嗜好、購買動機などです。

デモグラフィック変数は、性別、年齢、学歴、職業、家族構成、所得水準など。いわゆる人口動態変数とも呼ばれます。

このうち、従来データを取得しやすかったのはデモグラフィック変数です。一方で、消費者の行動変数、サイコ変数は、わざわざアンケートを行わなければ集められないものとされてきました。しかし、マーケティングにおける有用性を考えるなら、行動変数＞サイコ変数＞デモグラフィック変数という順位に。その理由は、ターゲティングについて考えるとわかります。

ターゲティング：攻める市場を「絞り込む」

たとえば、「20代の女性」は、セグメンテーションといえるでしょうか？　少なくとも、マーケティングにおいては、使えるものではありません。セグメンテーションは「同じようなニーズや傾向を持つ」集団であるのが条件です。ところが、20代の女性といっても、たとえば21歳の学生、子どもを抱える29歳の主婦、24歳のＯＬとでは、ライフスタイルも収入も価値観もまるで違うはず。それを「20代の女性」としてひとくくりにターゲットにするのは、乱暴というものです。

牛窪さんが指摘したように、メルカリのメインターゲットは女性、ヤフオクのメインターゲットは男性、という違いがあります。これはデモグラフィック変数によるセグメンテーションだと言えます。

しかし、より価値があるのは、行動変数です。幸いにして、ビッグデータの登場以降、行動変数や心理変数についてのデータも比較的容易に取得できるようになりました。典型的な成功例は、最終章でも触れることになるアマゾンです。ＥＣサイトにおけるアクセス回数、購入履歴データ、行動履歴などに始まり、キンドルやアマゾン・アレクサ、アマゾン・ゴーなどを集積装置として、ありとあらゆるデータを集めています。このデータをＡＩによる分析にかけることで、アマゾンは通常のセグメンテーションよりもはるかに細かく、「ユーザー一人ひとり」を対象に、サービスを最適化しているのです。

一方、牛窪さんはデータもフルに活用しながらも、インタビューによる深掘りを繰り返すことで、貴重な「ナマの声」を集めてくれました。そこには、メルカリとヤフオクユーザーの行動パターン、心理パターンがはっきりと表れています。

メルカリは、夜お風呂やベッドの上でなんとなく覗きに行って、出品者さんとやり取り

して、ポチッと「購入（のボタン）」を押せた瞬間、ほっと癒される。でもヤフオクは、いつも終了時間直前にアプリを開いて、誰か自分より高値をつけていないかと冷や冷やしなきゃいけない。戦場の見張り役の兵士みたいで、落ち着かないんです。

（第1章前編より）

牛窪さん自身、「競う刺激を提供するヤフオク」「対話・共感する楽しさを伝えるメルカリ」と表現しています。これこそ、有用なセグメンテーションです。

ポジショニング：ポジショニングマップを描く

「顧客のハートとマインドとスピリットの中に、自社や自社製品、サービスを描く」

私は、ポジショニングをこのように定義しています。企業側の論理ではなく、あくまで消費者の論理に従い、「消費者の頭の中で」独自の地位を占めるよう、ポジショニングマップを描かなければなりません。そのプロセスは、まるで実際にその商品を購入した顧客の頭の中を描くようなものです。

具体的には、「機能性とファッション性」などといった二つの軸を選び、自社の立ち位置をプロットします。二つの軸はお互いに相関性のない、独立したものにします。もう一つ大切なのは、自社がマップの「右上」に位置できるような2軸を探すこと。人間には万国共通で「右上にあるもの」をよしとする意識があります。鮮魚店でも「魚は頭を左にして置きなさい」が鉄則。頭を左にすると魚体が右上がりの曲線を描き、安定して見えるのです。そうして完成した優れたポジショニングマップは、そのまま文章化したらコピーとして使えるくらい、シンプルにして明快です。たとえば「美味しい」のに「カロリー控えめ」、「早く」て「安い」、……商品のポジショニングが、たった2語で見事に表現されています。それでは、メルカリとヤフオクは、どのようにポジショニングできるでしょうか？

メルカリとヤフオクをＳＴＰ分析する

メルカリとヤフオクをＳＴＰ分析したものが、次ページの**図表１‐２**です。文章化すると、こうなります。

メルカリ

売り手：「共感×捨てずに活かす」（共感してくれる相手に売って、捨てずに活かした

図表1-2　メルカリとヤフオクのセグメンテーション・ターゲティング・ポジショニング分析

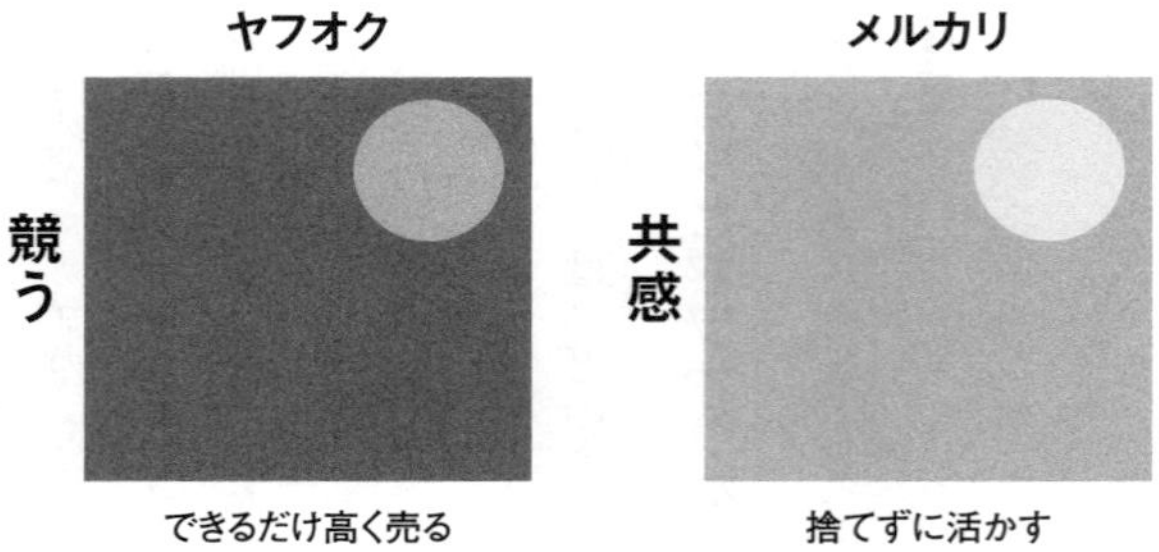

い）

買い手：「安心・納得して×買いたい」（安心・納得して買いたい）

ヤフオク

売り手：「競う×できるだけ高く売る」（競い合わせながら、できるだけ高く売りたい）

買い手：「競う×買いたい」（競い合いながら、欲しいものを買いたい）

「不要になったモノを売り買いできる」という機能は、メルカリもヤフオクも共通しています。また、「高く売れたら嬉しく思う」のも、人間の常として、共通していることでしょう。しかし、牛窪さんのご指摘のように、メルカリには競争心や「高く売りた

図表1-3　女性脳的な心理と男性脳的な心理の違い

	女性脳的な心理	男性脳的な心理
価値観	共感が大切	プライドが大切
存在感	かけがえのない存在でいたい	独立した存在でいたい
関係性	フラットにつながっていたい	順位や序列が重要
感情の表現	感情や弱みを見せる	弱みはあまり見せたくない
つながり方	話すことでつながる	活動することでつながる
力の発現	他の人を助けることで発揮	他の人より優位に立つことで発揮
話のポイント	相手の細かい点にまで関心	相手の細かい点は退屈
「相談」	「聞いてほしい」	「教えてほしい」
競うこと	競うことはストレス	競うことが好き
協力	協力することは楽しい	協力は目標達成の手段

い」気持ちよりも、共感できる人に売りたい、安心・納得して買いたいというユーザーが集まっています。対照的にヤフオクは、できるだけ高く売りたい側と、できるだけ安く買いたい側、どちらも競争心がポイントになっています。この違いを、ポジショニングマップ上に描くことができました。

これはそのまま、「女性的な」メルカリ、「男性的な」ヤフオクという対比として見ることもできるでしょう。上の**図表1-3**をご覧ください。

一般的に、「男性は競うことを好み、女性は共感を好む」と言われます。牛窪さんのフィールドワークも、それを裏付けてくれました。ヤフオクはできるだけ高く売るというゲーム性を楽しむものであり、競い合うことや争いごとが好きな男性心理に訴えるもの。対照的にメルカリは、女性心理に訴えるもの。牛窪さんが「元来、農耕民族である日本人女性には、一族や集落との調和をはかりつつ、集団で子育てしたり木の実を採集したりといった役割が課せられていました。ゆえに女性は、特定のコミュニティ内でいかに関係を円滑にするか、との視点で、周りに同調・共感しようと努める能力が備わっている」と書いていますが、それならば女性とメルカリの相性のよさも納得できます。

もっとも、女性心理と男性心理の違いといっても、そのバランスは百人百様です。女性的な心理傾向の強い男性もいれば、男性的な心理傾向の強い女性もいます。ここでの男性心理、女性心理は、心理学などで指摘されている一般論であることをお断りしておきます。だからこそ、あえてここでは、「女性的な」メルカリ、「男性的な」ヤフオクという表現を使っているのです。さらにはここでは、「女性脳的な」メルカリと「男性脳的な」ヤフオクという表現でまとめておきたいと思います。

「お下がり」のメルカリ、「競り」のヤフオク

あらためて、メルカリとヤフオクを一つのポジショニングマップ上に描いたものが上の**図**

図表１-４　ポジショニングマップ

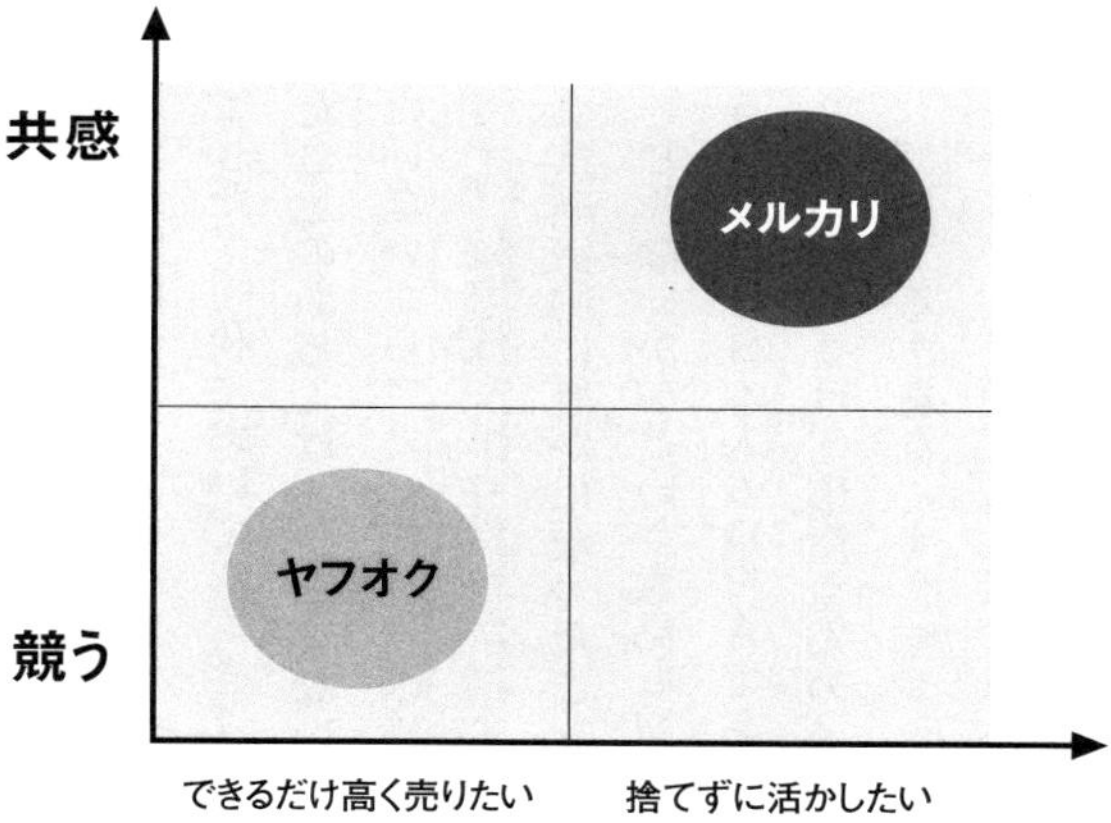

表１‐４です。縦軸に「共感」「競う」という対比を、横軸に「できるだけ高く売りたい」「捨てずに活かしたい」という対比をとることで、一つのマップ上に整理することができました。

この図から、一つのインサイト（マーケティング上の洞察）が得られるのではないかと思います。それは、メルカリには「お下がり」に、ヤフオクは「競り」にルーツがある、という大胆な仮説です。テクノロジーの進化によって生まれた二つのサービスですが、そこには意外にも温故知新の精神が潜んでいるのではないでしょうか。

昨今のシェアリングエコノミーの隆盛を待たなくても、日本には古くからシェアの習慣が根付いていました。それが「お下がり」です。

今よりモノがなかった時代。たとえば、江戸時代には、長屋の一つ屋根の下、薄い壁一枚で仕切られたお隣同士、井戸やトイレ、衣服や家具、調味料と、衣食住の多くを共有して暮らしていました。現代においても、きょうだいや親戚から衣服やおもちゃなどのお下がりを譲り受けたことのある人は、少なくないことでしょう。日本人はこれまで長い間、「捨てるのはもったいないから」と、親しい関係にある誰かに譲ることでモノを活かす習慣とともにあったのです。核家族や単身世帯が増える昨今、お下がりの習慣は消えつつあるのかもしれません。また経済的に豊かになったことで、「わざわざお下がりをもらわなくても、新品を買えばいいじゃないか」という意見も増えているはずです。しかし、それでも「もったいない」という感覚は、日本人のＤＮＡであるかのように生き続けています。

メルカリの小泉社長は、牛窪さんのインタビューに、「我々のマーケットプレイスのキーワードは、『「捨てる」をなくす』です」と答えています。それではなぜ『捨てる』をなくす」というキーワードが、ここまで日本人の心に響いたのか。仮説ではありますが、現代版「お下がり」というメルカリのポジショニングが、日本人のＤＮＡに訴えたからではないか。私にはそう思えてなりません。

一方でヤフオクは、端的に「競り」を思わせます。身近なところでは「せどり」があります。せどりとは、古書や中古ＤＶＤなどを安く仕入れて高く転売し、その差額を利益とするもの。せどりで稼いでいる人の多くが男性で、そのかなりがプロ化しています。典型は、ブックオフなどの中古ショップで値付けが甘い品を仕入れて、それをアマゾンマーケットプレイスやヤフオクで高く販売する、という手法。そこには「できるだけ安く仕入れ、できるだけ高く売る」というゲーム性、そして競い合うことや「競り」を見ることができます。

メルカリとヤフオクの違い、おわかりいただけましたでしょうか。不用品を簡単に出品できる、という点では同じかもしれませんが、その中身は、似て非なるもの。ＳＴＰ分析を行うと、ユーザー層も違えば、ユーザーの心理パターンや行動パターンも大きく違うことが、整理できるのです。

メルカリがもたらしたシェアリング革命

メルカリは、「モノやサービス、場所などを、多くの人と共有・交換して利用する社会的な仕組みの一つ」と、牛窪さんは書いています。これは、そのまま「シェアリングエコノミー」の定義としても、成立するものです。

内閣官房シェアリングエコノミー伝道師として、日本におけるシェアリングエコノミーの普及をミッションとしている石山アンジュさんは、「シェア＝分かち合うこと」と定義したうえで、次のように書いています。

それは、私的所有や経済的な利益を追求する社会（資本主義社会）が限界を迎え、お金の価値や社会的ステータスなど、これまでの豊かさの物差しが揺らぐ時代になってきた中で、「個人と個人が共感や信頼を物差しとして、あらゆるものをシェアしながら〝つながり〟を前提に生きていく」という新しい生き方（後略）

（石山アンジュ著『シェアライフ』クロスメディア・パブリッシング）

こうしたシェアを成立させるための仕組みがシェアリングエコノミーです。

従来のビジネスは、企業が材料を仕入れ、モノを生産し、消費者となる私たちにサービスを提供する「ＢｔｏＣ（Buisiness to Consumer）」のモデルが一般的でした。私たちの生活は、基本的には、企業がつくったものを買い、所有し、消費することで成り立ってきました。これに対して、シェアリングエコノミーは、「ＣｔｏＣ（Consumer to Consumer）」というモデルを可能にしました。個人が使っていないモノやスペース、時間や知識、スキルまで、あらゆるものが商品になり、私たち個人がサービスの提供者となることができます。さらに、自分たちで値段を決めたり、あるいは無償で譲り合ったりと、企業ではなく個人の裁量にもとづいてやり取りできるのです。（同書より）

今、シェアリングエコノミーのプラットフォームが、急速に広まりつつあります。たとえば、ライドシェアは１台の自動車を多くの人たちで「シェア」する仕組み。一般人が自分の空き時間を活用して、移動したい人を運ぶことも含まれています。従来の、モノを個人が所有する世界においては、クルマの利用は所有者に限定されるため、クルマの稼働率も限定的でした。しかしモノをシェアする世界では、クルマの利用者は不特定多数にのぼり、稼働率も上昇します。あるいはホームシェアリングです。日本では「民泊」の呼び名で浸透しているためにそう意識されることがないかもしれませんが、「寝泊まりする場所を貸してもいい人と、借りたい人を結びつけるプラットフォーム」という発想はシェアリングエコノミーそのものだと言えます。

もっとも、ここで着目したいのはサービス自体より、そこで掲げられている新しい価値観です。シェアリングサービスのプレイヤーは、その価値観自体をシェアすることで共感を生み出し、ユーザーを増やし、また強く結びつけています。

たとえば、アメリカのライドシェア大手のリフト。彼らはミッション・ステートメントに「私たちのミッションは、トランスポーテーションによって人々をもう一度結びつけ、地域を一つにつなげていくことです」と語っています。シェアリングサービスは数ありますが、独自の新しい価値観を打ち出し、社会的な使命感を掲げている点で共通しています。

メルカリも、こうした潮流の中に位置するプレイヤーであることは、間違いありません。メルカリのようなサービスは、卸売や小売などの中間業者がいないため、消費者と消費者が直接取引します。そして、そこでは「自分にとって不要になったからといってただ捨てるのではなく、まだ使えるものなら命をつないでいきたい、世の中の役に立ってほしい」といった思いが共有されているのです。

形式的にはフリマアプリとみなされていますが、その実態は、シェアリングエコノミーのプラットフォーム。それがメルカリです。

変わる消費行動

さて、新しい価値観は、新しい消費行動の登場を促します。事実、メルカリの登場以前と以後で、人々の消費行動は大きく変わりました。

こんな買い物が象徴的です。あるとき、Ａさんが欲しい服が１万円で売られていました。服が１着１万円、Ａさんにとって安い買い物ではありません。そこでＡさんはメルカリをチェック。すると同じ服が７０００円で売られているのを発見しました。新品が１万円でも、あとで７０００円で売れるなら実質負担は３０００円のみ。Ａさんは安心して１万円の服を購入しました。これなら、１～２回着ただけでタンスの奥にしまい込むようなこともなさそうです――。

おわかりでしょうか。そこで売買が行われているのはたしかです。しかし「服を所有する」という概念はすっかり希薄になっている。

むしろ自分の都合に合わせてメルカリから服を借りている、つまり「メルカリを通じて服をシェアしている」と見ることができないでしょうか。ライドシェアがクルマ、ホームシェアが家なら、メルカリは衣服をはじめとする日用品をシェアするプラットフォームです。

メルカリのシェアリングエコノミーがもたらした7つの変化

メルカリのシェアリングエコノミーがもたらした変化は「服のシェア」だけではありません。本章の最後に、さらに7つの変化を指摘したいと思います（**図表1－5**）。

①「資産」の定義を変える

牛窪さんも紹介しているように、数年前、メルカリにトイレットペーパーの芯が販売され、話題になりました。多くの人の目には「ただのゴミ」であるはずのものが売りに出され、しかも買い手がつく。そんなことは、メルカリ登場以前には考えられなかったことです。改めて種明かしをすると、トイレットペーパーの芯は「小学生の夏休みの工作の材料」として、お母さんたちが購入したものです。

一見何の役にも立たないようなものに価値があると感じる人とつながるためのプラットフォーム。これも、メルカリが果たしている役割の一つです。トイレットペーパーの芯はこれまで、いわば「非資産」でした。誰もそこに価値を見出しませんでした。しかしメルカリのプラットフォームが誕生したことで値段がつくようになり、トイレットペーパーの芯は資産

図表1-5　メルカリのシェアリングエコノミーがもたらした7つの変化

①「資産」の定義を変える
②「価格の決定権」をシフトする
③「評価方法」を変える
④「買い物の仕方」を変える
⑤「プロセルシューマー」を生み出す
⑥ファッションにおける「イノベーションのジレンマ」を解決する
⑦「ファッションは出会い」を再現する

に変わった。ここでは、資産の定義そのものが変化しています。

かつて、資産といえば、不動産や自動車、ブランド品など、高価なモノが中心でした。どれも市場が存在しており、ビジネスが成立していました。しかし、よくよく考えてみると、不思議なことがあります。1億円の住宅があれば資産として認められ、銀行も相応の担保でお金を貸してくれるのに、1億円分の服を持っていても、資産とは認められません。一体、何が違うのでしょうか？

違いは、「資産価格が算出できるかどうか」にあります。住宅には仲介業者がいて、需要と供給のマッチングが行われます。「この家は7000万円で売れる」といったように、資産価格が算出できるのはそのため。資産価格が算出できるからこそ、不動産は資産として認められ、銀行でお金を借りるための担保にもなります。一方、洋服には従来仲介業者が存在せず、したがって需給のマッチングができないために、資産価格も算出できませんでした。だから、売れない。一度着られなくなった洋服は、誰に売られることもなく、タンスの奥にしまい込まれるか、ゴミとして捨てられる運命でした。

メルカリの革新は、そんな常識を一瞬で過去のものとしました。

服だけではありません。あらゆる中古品のマッチングが可能になったことで、あらゆるものに値段がつき、その結果、あらゆるものが資産になった。「あなたにとっての不用品が、誰かにとっての宝物」になる時代の到来です。

②「価格の決定権」をシフトする

今、モノの値段は、それを製造したり販売したりする企業が決めているケースがほとんどです。とくに日本では、新興国の商店街のように「値切る」文化もないため、消費者は店頭価格に従って商品を購入します。もちろん「高い、安い」といった感情は生じるにせよ、自分が価格決定に関われないからといって、そこに疑問を感じることはありませんでした。

メルカリは、その価格の決定権を、消費者側にシフトさせる力を持っています。というのも、メルカリの登場で「その商品にいくらの価値があるか」が瞬時にわかるようになりました。メルカリには中古品だけでなく、未使用の新品も出品されています。そこには、消費者が「買ってもいい」と思う値段も、ダイレクトに表示されています。

２０１７年12月、メルカリで、ある女性ジュエリーブランドのアクセサリーが大量に出品されたことが話題になりました。男性からすれば悲しいばかりの話ですが、女性にクリスマスプレゼントとして渡したアクセサリーが、直後にメルカリに出品されていたということです。しかも販売価格は店頭よりも３割ほど安いものもあり、同ブランドのアクセサリーが欲しい人にとっては格段に「お買い得」でした。

この事実は、企業にも少なからず影響を与えるでしょう。たとえば、百貨店では１万円で売られているジュエリーが、メルカリでは６０００円で売られているとしたらどうなるか。同じ新品がメルカリで６０００円ならわざわざ百貨店で１万円を払う人は多くないでしょう。その結果、百貨店でジュエリーが売れず、ジュエリーブランドも販売価格を下げざるを得なくなる、というわけです。「一人の消費者が価格の決定権を握っている」とまでは言いませんん。しかし、メルカリのプラットフォーム上で行われている値付けを、企業が無視することはできないはずです。

③「評価方法」を変える

商品や在庫、不動産などの価値を算出するにあたっては、従来、将来見込まれるキャッシュフローを現在価値に換算する「ディスカウントキャッシュフロー」や、貸借対照表の純資産額を用いる「純資産方式」などがありました。メルカリの登場は「メルカリならいくらで売れるか?」という考え方、つまり処分価格によって評価する手法を、一般的なものにしました。

④「買い物の仕方」を変える

すでに紹介したように、新品を購入するにあたって、「メルカリで中古品の値段を確認してから買う」という消費行動が一般的になりました。

⑤「プロセルシューマー」を生み出す

「プロセルシューマー」というのは筆者の造語です。アメリカの未来学者アルビン・トフラーは、1980年に発表した『第三の波』(日本放送出版協会)で、生産者(プロデューサー）と消費者（コンシューマー）が融合する「プロシューマー」の出現を指摘しました。生産の主体である企業に対して、個人が企業の生産企画に参画することで、新たな商品を生み出す消費者が生まれるというものでした。

メルカリはこの「プロシューマー」を進化させようとしているように見えます。すなわち、みずからからモノを生産する消費者、プロセルシューマーへ。さらにメルカリはＣ２Ｃのプラットフォームでもあるため、モノを販売する多数の「セル（sell）シューマー」も登場しています。今やプロシューマーであり、なおかつセルシューマーでもある消費者は、みずから生産し、みずから販売するプロセルシューマーへと進化を遂げているのです。

⑥　ファッションにおける「イノベーションのジレンマ」を解決する

「イノベーションのジレンマ」とは、ハーバードビジネススクールのクレイトン・クリステンセン教授が提唱した概念です。たとえば、携帯電話です。スマートフォンというイノベーションが起きて以降も、新機能が追加され続けていますが、実のところ、普通の消費者はそこまで高機能なスマホを必要としていないかもしれません。よかれと思ったイノベーションが、ユーザーが本当に望む需要から乖離《かいり》して、新たな市場への参入が遅れてしまう現象、それがイノベーションのジレンマです。

ファッション業界でも同じことが起きています。シーズンが変わるたびに新しい服を発表し、トレンドを作り出そうとするものの、毎回のトレンドをキャッチアップしようとする感度の高い消費者は数として限られています。マジョリティは新しい服よりも、自分の価値観やライフスタイルに合った服を買いたい、という人たちでしょう。

そこでメルカリです。メルカリの小泉社長が「最初は売れると思わなかった」と語っているものに、ファストファッションがあります。ファストファッションは一般的に値段が安く、トレンドのアイテムが揃っていることが特徴。シーズンが変わると店頭から消えてしまうアイテムも多いのですが、メルカリならば手に入ります。新しい服はいらない、むしろ自分のライフスタイルや価値観に合った服が欲しい。そんな消費者の声に応えるプラットフォームをメルカリは提供しているのです。

⑦「ファッションは出会い」を再現する

メルカリのトップ画面には、出品されているアイテムが新着順に表示されています。もちろんジャンルを絞ることはできますし、目的のアイテムがあるなら直接検索することも可能です。しかし「グチャグチャに並んでいる」というところが、一つの演出になっています。買い物には、目的の品が決まっているときもあれば、目的なしにブラブラとウインドウショッピングを楽しみたいときもあります。メルカリが担うのは後者です。意外なアイテムに心惹かれ、衝動買いしてしまうといった買い物の楽しさを、小さなスマホ画面上に再現しています。

本章では、狭義のマーケティング戦略でもある「ＳＴＰ分析」について、メルカリを事例として説明してきました。そして、今や若い世代においては、一過性のトレンドなどではなく、普通の価値観となってきている「シェア」についてもメルカリで説明してきました。マーケティングとしての基礎知識を学んだ読者の方には、もう一度牛窪さんのパートをお読みいただくことをおすすめいたします。

本章の最後に、日本からアマゾンを超えるようなプラットフォームやそれを運営する企業が誕生することを期待して、「ＷＩＲＥＤ」創刊編集長でアメリカのテクノロジー業界に大きな影響力を持つケヴィン・ケリーによる以下の文章を引用したいと思います。

これからの30年を考えると、最大の富の源泉――そして最も面白い文化的イノベーション――はこの方向の延長線上にある。2050年に最も大きく、最速で成長し、一番稼いでいる会社は、いまはまだ目に見えず評価もされていない新しいシェアの形を見つけた会社だろう。シェア可能なもの――思想や感情、金銭、健康、時間――は何でも、正しい条件が揃い、ちゃんとした恩恵があればシェアされる。

（『〈インターネット〉の次に来るもの　未来を決める12の法則』ＮＨＫ出版）

第2章 なぜLINEは日本人の心をつかんだのか？

1　リサーチ編

文・牛窪　恵

LINEの普及と「東日本大震災」

「え？　部長、LINEやってないんスか？　……最低ッスねー」

先日、20代の部下にこんな言われ方をしたと、ある40代男性から〝怒りの相談〟を受けました。「これだから、イマドキの若い子には頭にくるんですよ！」と彼。たしかに、「最低ッスねー」との言い方は、冗談でも失礼ですよね。

一方で、冒頭の若い部下の言い分も、少しはわかります。というのも、実は私もちょっとした理由から、まだLINEをやっていません。ゆえに、周りからは「なんでLINEやってないんですか？」「えー？　じゃあ連絡は、いちいちメールしなきゃダメなんですか？」と、しょっちゅう嫌がられています。それほどLINEが便利なサービスで、もはや誰もが使って当たり前という「社会インフラ」にまで成長した証しでしょう。

一体どれぐらいの人が、ＬＩＮＥを使っていると思いますか？　総務省の「平成30年版情報通信白書」（２０１８年）を見ると、日本でＬＩＮＥをまったく使わない人は、41・8％のみ。裏を返せば、赤ちゃんからシニアまで含めた全国民の約6割が、閲覧や書き込み、情報発信など何らかの形でＬＩＮＥを利用していることになります。これはフェイスブック（約41％）やツイッター（約40％）、インスタグラム（約28％）と比べても、圧倒的に多い割合です。

改めて言うまでもないかもしれませんが、ここで念のため「ＬＩＮＥ」と、運営するＬＩＮＥ株式会社について簡単にご紹介しますね。まず、会社の創業は２０００年。韓国最大のインターネットサービス会社・ネイバー（ＮＡＶＥＲ／１９９９年設立）の１００％子会社として、「ＮＨＮ Ｊａｐａｎ」の名で設立された企業が、ＬＩＮＥの前身です。コミュニケーションアプリ「ＬＩＮＥ」の登場は、そこから10年以上経った11年6月のこと。つまり、アプリ自体はまだ10年弱しか歴史がありません。にもかかわらず、16年7月には東証一部に上場を果たし、今や年間の収益は約２４００億円、営業利益が約１６０億円（いずれも連結決算）で、社員数も２０００人規模にまで成長しました（18年12月現在）。

コミュニケーションアプリとしてのLINEは、友達や家族とのトーク（チャット）や音声通話、ビデオ通話が〝無料で〟できることが、最大の特徴でしょう。13年8月付の「東洋経済オンライン」によれば、LINEのアプリが具体的な開発段階に入ったのは、11年4月末。そこからわずか2カ月弱でリリースにまで漕ぎ着けたのですから、驚くべき速さです。

記事によると、プロジェクトの立ち上げ当初（10年の年末）に浮上した開発の方向性は、二つあったそう。一つが、メッセージを送り合う「メッセージング」、もう一つが「写真共有サービス」。結果的にメッセージングに注力したきっかけは、開発着手の前月、11年3月に日本列島を襲った、最大マグニチュード9・0の「東日本大震災」だったとされています。

皆さんも記憶に残っているでしょう。家族の安否がわからず、なかなか通じない電話で、あるいはメールやツイッターで、必死に連絡し続ける人たちの姿を。

これを見たプロジェクトチームは、「今、日本で求められているのは、（安否確認など）瞬時にメッセージを送り合えるアプリだ！」と直感、まずは文字だけをチャットに近い形でやり取りできるアプリの開発を急いだそうです。スマホの普及が、目の前に迫っていたせいもあるでしょう。この判断が功を奏し、サービス開始から半年で、LINEは1000万件ものダウンロードを達成しました。

ただしそんなＬＩＮＥも、先の記事を読むと「最初から大成功したわけではない」ことがわかります。私も２０１６年12月、日本経済新聞主催の女性フォーラムで、同社執行役員の稲垣あゆみさんとご一緒したのですが、そのときも彼女は「立ち上げ当初は、どこにＬＩＮＥの売りがあるのか、社内でも大いに迷いがあった」とおっしゃっていました。

ではなぜ、ここまで爆発的に広がったのでしょうか？

イノベーションは時間を要する

その前に……。皆さんは「イノベーション」という言葉を聞いたことがありますか？最近はビジネス誌などで、「日本にもイノベーションが必要だ！」といった特集をよく見かけますが、一言でいうと、従来になかったまったく新しい製品やサービスを生み出すこと。そのことによって人々の生活が劇的に変わったり、予想もしなかった大きな市場・消費が生まれたりすることを言います。

近年の好例は、「スマートフォン」や、ユニクロなどの「ファストファッション」、ロボット掃除機の「ルンバ」（アイロボット）、そして「ＬＩＮＥ」などでしょう。

ちなみに、ＬＩＮＥは「従来のコミュニケーションの概念を大きく変えた」との観点から、イノベーションとされることが多いようです。すなわち、親しい仲間とすぐにクローズドなコミュニティを作れ、そこでチャット形式の瞬時のやり取りを無料で行うことができる。このことは、かつて「有料が当たり前」だった電話や、「多少の時間差があって当たり前」だったメールの概念を、大きく一変させました。

もっとも、LINEのように画期的な商品やサービスは、登場するまで、ほとんどの人が発想しないようなモノ（コト）であるだけに、通常は普及までに、一定の時間を要します。

たとえば、皆さんが住む街のご近所に、メニューやお店の外観が斬新で、画期的なニュータイプのレストランがオープンしたとします。このレストランが、ここでいうイノベーション予備軍。皆さんはオープン情報を広告で知り、「行ってもいいかな」と思う。でも同時に、迷いもあるでしょう。「本当に美味しいのかな」、あるいは「ちょっと遠いな」というような。

ところがそんななかで、早々に「行ってきたわよ！」と声をあげる人が登場します。仮にF子さんとしますね。すると周りにいた、仲良しグループの人たちが、「どうだった？」と彼女を取り囲み、根掘り葉掘り聞き出して「じゃあ行ってみようかしら」と興味を示す。

翌日、さっそく「面白そう」だと行ってみたG子さんは、意気揚々と口コミします。「見たこともない独創的なメニューが出てきた！」、あるいは「イケメンのシェフがいた！」など。

それを聞いたH子とI子さんも、「行こうかな」と心動かされます。でも、二人ともすぐには行きません。というのも、そのレストランのランチメニューは豪華ながらもちょっと風変わりなうえ、一人2500円からと決して安くはないから。「失敗したくないな」と思うからこそ、ネットで口コミ情報を調べたり、改めてG子さんに「イケメンシェフって、俳優で言うと誰に似てるの？」など質問したりします。迷いは尽きません。

するとその間に、「行ってきた！」とグループ内の別の女性たちが、自慢を始めます。H子さんは「みんながいいって言うなら」とようやく重い腰を上げる。I子さんも、「だったら来月行こうかな？」と考えますが、なんとなくズルズル先送りしてしまいます。

それから数カ月が経過。I子さんが、ふとグループ内を見渡すと、行っていないのはもはや自分ともう一人だけ。I子さんは焦ります。「ヤバい、予約を入れなきゃ！」。そして……、よくあるシチュエーションですよね。私が同じ立場でも、たぶんI子さんのように「そろそろ行かないと」と焦るはず。自分が「最後の一人」にはなりたくないからです。

このように、「イノベーション」と呼ばれるような画期的な発明（店）は、一気に世の中に広がることはまずありません。人々が今までに見たことがなく、「何これ？」と少し奇異にさえ感じるものだからこそ、多くの人は「大丈夫かな?」と半ば慎重になり、初めは様子見する。でも中には、先のF子さんのように冒険気質のチャレンジャーもいて、そこから→G子さん→H子さん→I子さんと、じわじわ社会全体に浸透していくのが通例です。

イノベーターとアーリーアダプター

イノベーションの普及・浸透の過程を、早いほうから順に5段階で表現したのが、アメリカの社会学者、エヴェリット・ロジャース。彼はF子さんのように「怖いもの知らず」な男女を、イノベーションの普及過程でトップバッターを飾る「イノベーター(革新者)」と呼びました。

具体的な普及の5段階は、下記の通り。皆さん自身も、「自分はどれに当てはまるかな?」とイメージしながらご覧ください。

①イノベーター(革新者)……冒険心にあふれ、新しいモノを真っ先に進んで採用する人。先のF子さん。市場全体の2・5%

②アーリーアダプター(初期採用者)……流行に敏感で、情報収集をみずから行い、判断す

る人。別名オピニオンリーダー。先のG子さん。市場全体の13・5％

③アーリーマジョリティ（前期追随者）……比較的慎重派だが、周りの声を聞き、平均よりは早い段階で新しいモノを取り入れる。先のH子さん。市場全体の34％

④レイトマジョリティ（後期追随者）……何かと懐疑的な人。周りの大多数が利用する状況になって初めて、自分も同じ選択をする。先のI子さん。市場全体の34％

⑤ラガード（遅滞者）……最も保守的な人。世の中のトレンドや状況に関心が薄く、「わが道を行く」タイプ。市場全体の16％。

トップバッターである①「イノベーター」は、たとえばiＰｈｏｎｅやＡＩスピーカーなど、デジタル系の画期的な新商品を、真っ先に買い求める人たち。皆さんの周りにもいますよね。

続く②「アーリーアダプター」、またの名を「オピニオンリーダー」が、先のG子さんです。たぶん私もこのタイプ。よくいえば新しいモノ好きで情報感度が高い、悪くいうと「腰も口も軽い」人で、ネットやＳＮＳ、井戸端会議で盛んに口コミする傾向があります。

ロジャースはこの①と②に当たる人たち、割合でいうと「2・5％＋13・5％＝16％」の男女に注目して、「普及率16%の論理」を提示しました。すなわち、冒険心の高いF子さんのようなイノベーターと、それに続くG子さんのようなアーリーアダプター（オピニオンリーダー）は、新しいモノ好きなだけでなく、強い口コミ力を持っている。よって、とくに後者を捉えることができれば、それ以降の人たちにまで需要が拡大して、ヒットを呼ぶだろう……。

ゆえに、画期的な新商品がその先、市場に浸透して「イノベーション」となるか否かは、①と②、イノベーターとアーリーアダプター次第である、という考え方です。

ムーアの「キャズム理論」

反面、ここで疑問も湧いてきます。わずか16%の男女に受け入れられただけで、画期的な新商品が「その先、ヒットする」と言い切れるのか？　「いや、たぶんそうは言えない」と疑問を呈したのが、アメリカのマーケティング・コンサルタント、ジェフリー・ムーアでした。

彼が示したのは、「キャズム（溝）」と呼ばれる理論です。簡単にいうと、先の②と③、すなわちアーリーアダプターとアーリーマジョリティの間には、大きな「溝」があり、この溝を越えて初めて「イノベーション」と呼ぶにふさわしいヒット商品となる。ちょっと複雑ですが、先ほどのレストランの例で考えると、わかりやすいと思います。

再度、思い出してみてください。トップバッターを飾る冒険家のF子さんと、②のアーリーアダプター、すなわち流行に敏感なG子さん。二人が「行ってみたい！」と感じた理由は、「新しいタイプのお店」で「面白そう」だからでした。

でも③（アーリーマジョリティ）のH子さんや、④（レイトマジョリティ）のI子さんは、慎重派。彼女たちが重い腰を上げたのは、お店の素晴らしさより何より、グループ内の「みんな」がすでに行っていたから。H子さんは「みんながいいって言うのなら」とようやく決意し、I子さんは「みんなから取り残されたらどうしよう」という危機感、いわゆる「取り残され不安」を感じて初めて、行動に移しました。

つまり、①、②のF、G子さんと、③、④のH、I子さんが店に行った理由は、大きく違います。②と③、アーリーアダプターとアーリーマジョリティとの間には、利用や購買の動機やモチベーションに、大きな違いや隔たり、あるいは「溝」がある。

ムーアは、その「溝＝キャズム」を越えてこそ、つまり①と②の合計（16％）に、さらにアーリーマジョリティ（34％）をプラスした「約50％」の男女にまで浸透・普及してこそ、その新商品をイノベーションと呼べる、と説きました。

逆に、②と③を分断する大きな溝を越えられなければ、どれほど画期的なモノであろうと、市場のメインストリームでブレイクすることはない。初期の小さな市場で「知る人ぞ知る」程度に盛り上がり、やがてひっそり消えていく運命だと言います。皆さんも目を閉じると、過去のそうした〝残念な〟事例、たとえば失礼ながら、かつてのマニアックなお笑い芸人さんなど「今どうしているだろう?」という実例が、思い浮かぶのではないでしょうか?

AKBがキャズムを越えた瞬間

ムーアの「キャズム越え」の理論は、私たちマーケターの間で、時としてアイドルグループの「AKB48」にたとえられることもあります。どういうことか、ご紹介しましょう。

AKB48はご存じの通り、「抜群のマーケティングセンスを併せ持つ」とされる音楽プロデューサー・秋元康さんのプロデュースによって生まれた大人気グループ。アイドルでありながらも「遠い憧れ」ではなく「会いに行ける(身近な)アイドル」であることが最大の特徴です。また、一人のファンが同じCDを何枚も買うなどして、彼女たちと直接触れ合える「握手会」への参加権や、次のシングルの選抜メンバーを選ぶ「選抜総選挙」の投票権を得られる、といった画期的なシステムも採用。このシステムは、海外にまで波及しました。

このことから、「音楽（アイドル）界にイノベーションを起こした」とも言われます。

ＡＫＢ48は、２００５年の12月８日にデビューしました。もっともこの日、東京・秋葉原の「現ＡＫＢ48劇場」（ドン・キホーテ秋葉原店８階）で初公演を行った際の入場者数（一般客）は、わずか７人だったそうです。このときから応援していたファンは、「イノベーター中のイノベーター」ですよね。

翌２００６年２月には、初のシングル「桜の花びらたち」でインディーズデビュー。翌07年の年末には「第58回ＮＨＫ紅白歌合戦」にも特別出場したのですが……。

「当時はまだ、『アキバ（秋葉原）のオタク男子たちが応援してるだけでしょ』といった反応で、世間の目は冷たかったですよ」とＪ男さん。彼は私が、２０１２年に出版した『「ゆるオタ君」と結婚しよう！』（講談社）で取材させてもらった、大のＡＫＢ48ファンの一人です。

ところが２００８年１月、地上波（テレビ）初の冠番組『ＡＫＢ１じ59ふん！』（日本テレビ系）の放映がスタートし、10枚目のシングル（「大声ダイヤモンド」）が発売されたころから、潮目が変わり始めます。徐々にＣＤが売れ始め、「ＡＫＢ48劇場」に通い詰めるような①イノベーターだけでなく、②アーリーアダプターの男女にも「ＡＫＢ48って、頑張ってるから応援したくなるよね」などと、ネット上で口コミを呼ぶようになったのです。

そして②から③へと移る局面、すなわち「キャズム越え」の契機になったとされるのが、2009年に発売された14枚目のシングル「RIVER」。

この曲に登場する「RIVER（川）」は、ムーアが言う「キャズム（溝）」さながらの位置づけでした。その歌詞は、「自分たちの前に横たわる大きな川を越えて、向こう岸へと渡れ」、すなわち「まだマイナーな自分たちは、今キャズムを越えてメジャーにならなければ！」と、まさにAKB48自身を鼓舞するような内容だったのです。

結果的に、この「RIVER」のヒットによって、彼女たちは念願だった初の「オリコン1位（週間）」を獲得しました。以後、「桜の栞《しおり》」「ポニーテールとシュシュ」も次々とトップに輝き、2009～10年にかけて、テレビや雑誌には連日、「AKB現象」「国民的アイドル」といった文字が躍るように。そして10年8月発売の17枚目シングル「ヘビーローテーション」の大ヒットで、押しも押されもせぬ大スターへの階段を一気に駆け上がったのです。

この「RIVER」を作詞したのも、秋元康さん本人。彼は動画や音楽のネット配信が始まったばかりの2000年、日本経済新聞のインタビューに対し、すでに次のように発言していました。

大多数の支持がヒットにつながる「最大公約数の時代」は終わった。これからはインターネットのように「最小公倍数の原理」が支配するパーソナルなメディアが流行の拠点になる。こだわりを持つ少数が面白いと思うものが核になり、それに共感する人々の輪がドミノ倒しのように広がっていくような現象が主流になっていくだろう。

（「日本経済新聞」２０００年1月29日付）

ここでいう「こだわりを持つ少数」は、①のイノベーターや②のアーリーアダプター、そして「それに共感する人々」が、③のアーリーマジョリティ以下の人たちでしょう。つまり、秋元さんは２０００年の時点で、すでにＳＮＳ浸透後の未来を言い当てていた。テレビが全盛だった昭和の時代は「マス（最大公約数）」からアイドルが生まれたけれど、ネットやＳＮＳへと向かう１９９８年以降は、「ニッチ（最小公倍数）」が口コミなどで徐々に基盤を作り、そこからドドドッと一気に大スターになる時代が来るだろうと、的確に予見していたのです。

「仲間はずれになりたくない」行動心理

では肝心のLINEは、いつ「キャズム」を越え、メジャーな存在、いわゆるイノベーションとして認知され始めたのでしょうか?

ロジャースとムーアの定義に戻ると、キャズムは②と③の間、すなわちアーリーアダプターとアーリーマジョリティの間に存在する大きな溝です。キャズムの手前の二者、すなわち①と②の合計は「16%」ですから、全体の16%超、17%に普及した段階で、「キャズムを越えた」と見ることができます。

2019年6月時点で、日本の総人口は約1億2623万人。その17%は、約2150万人です。つまり利用者数がこの人数に達した時点で、LINEは「キャズム越え」を果たしたことになる。そこで、LINEの過去のプレスリリース(企業や官庁等が、報道関係者に向けて発表する資料)を見てみると、発売から約1年後(12年7月)に発表したリリースに、「国内ユーザーが2000万人を突破(2100万人)」とあります。

ということは、LINEは発売から1年強が経ったころ、すでに「キャズム越え」を果たし、メジャーへの道を着実に歩んでいたわけです。まさに驚異的なスピードですよね。でも逆にいえば、人々が初めは「何コレ?・」と疑心暗鬼になりがちな、画期的な新サービスであるにもかかわらず、なぜＬＩＮＥはこんなにも速く普及したのでしょうか？

最大の秘密は、「クローズド」なコミュニケーションアプリというＬＩＮＥの特性と、日本人特有の「みんなと同じだと安心」という行動心理にあると私は思います。

というのも、人は誰にでも開かれた大きな都市にいるよりは、閉鎖的な小さな村にいるほうが「みんなに乗り遅れまい」「仲間はずれになりたくない」と考えやすいもの。「みんなが〇〇している」という状況も、クローズドな環境のほうが感知しやすいでしょう。ということは、最初から大きなオープン市場を一気に狙うより、大きな市場の中にクローズドな小規模グループをいくつも作り、その中で同時多発的に「みんなが〇〇している」「仲間はずれになりたくない」と感じさせてキャズムを越えさせるほうが、早く普及する可能性があることになります。

ＬＩＮＥが日本でサービスを開始したのは、２０１１年6月。この少し前、いわゆるＳＮＳの世界では、すでに「ミクシィ」や「ツイッター」「フェイスブック」が、それぞれ大規模なユーザーを獲得していました。具体的には11年3月の時点で、ミクシィの利用者が約１３２０万人、ツイッターが約１７６０万人、フェイスブックが約７６６万人。これらトップ

3の特徴は、「知らない人」とも、オープンにSNS上で知り合えること。だからこそ急速にユーザーを増やすことができたと見られていました。

でもLINEは、トップ3と差別化をはかるためにも、あえてオープンではなく「クローズド」な環境にこだわった。注目したのは、皆さんのケータイにも山ほど登録されているであろう「アドレス帳（電話番号やメールアドレスの一覧）」との同期。私も2012年の夏ごろから、LINEを利用し始めた知人たちに、何度も「友達になりませんか?」と呼びかけられました。当時は「面倒だな」とも感じましたが、実はここもLINEのすごいところです。

というのも、スマホのアドレス帳にさえ登録されていれば、相手がまだLINEを始めていなくても、ショートメールなどで相手をLINEに「招待」することができる。さらに、アドレス帳に登録されているLINEユーザーの知人と〝瞬時に〟つながりたいときは、「友だち自動追加」の設定をオンにするだけでOK。相手が拒否しない限り、アドレス帳の知人たちが「LINE仲間」として、自動的にどんどん追加される仕組みを展開したのです。

この他、当時は新鮮だった「知り合いかも」と表示される機能も、アドレス帳の友達同士がLINEでも容易につながることを後押ししました。そして今や、相手の電話番号やメールアドレスを知らなくても、アッという間にＬＩＮＥのＩＤをゲットできる時代です。

たとえば、「ふるふる」と「ＱＲコード」。前者は、ＬＩＮＥでつながりたい二人が、近づいてスマホを前後左右に「振る」ことで、スマホ搭載の加速度センサーが反応。ＧＰＳで互いの位置情報をＬＩＮＥのサーバーに送信し、相手のＩＤを「友だち」リストに自動で追加できます。他方の「ＱＲコード」は、もっと簡単。ＬＩＮＥの全ユーザーに与えられたＱＲコードを、相手がスマホ上に表示すれば、それをカメラで読み取るだけで「友だち」に追加できる。まさに一瞬にしてつながれる、しかも撮ったり振ったりというアクティブな行動でつながれるので、連絡先の交換を身構えがちな合コンなどでも、よく使われていますよね。

インフォメーションからエモーションへ

そしてもう一つ、ＬＩＮＥの新規ユーザー獲得と収益の確保に、多大なる貢献を果たしたのがスマホ特有のサービス「スタンプ」です。

ＬＩＮＥが登場する以前、いわゆる「ガラケー（二つ折りケータイなどのフィーチャーフォン）」が主流だった時代から、絵文字や装飾を施した「デコメ（デコレーションメール）」は存在しました。ですが、ケータイの機種によってうまく表示されなかったり、ちゃんと相手に届かなかったりといったトラブルもありましたし、「小さすぎてよく見えない」との声もよく聞かれました。

そんななかで登場したＬＩＮＥのスタンプは、「感情」を気軽に、ワンプッシュで伝えられるとたちまち評判に。これを『『インフォメーション（情報）』でなく『エモーション（感情・気持ち）』を伝える、画期的な発明だ」と見る識者も大勢います。

ＬＩＮＥスタンプの始まりは、２０１１年10月。サービス開始から3カ月後です。当時、私は30～40代の主婦に調査を行っていました。彼女たちから聞こえてきたのは、こんな声です。

「ママ友（ママ仲間）から、ＬＩＮＥの有料スタンプが送られてきたんです。私も何か、新しいの（スタンプ）を買って、送り返さないと悪いかなと思って……」

「パート先の友達が、ＬＩＮＥの有料スタンプをプレゼントしてくれた。それがすっごく可愛いんですよ。今お返しに、どのスタンプを贈るべきかって迷ってます」

ＬＩＮＥのスタンプには、有料と無料の二種があります。有料スタンプは購入すれば半永久的に使用できるうえ、友達にプレゼントすることも可能。一方の無料スタンプは、おもに企業が広告効果を狙って提供しているため、数や種類が限られるほか、「期間限定」で消えてしまうものも多々あります。

よってユーザーの多くは、先の主婦のように、有料のスタンプをＬＩＮＥのアプリ内で購入、自分のスマホ上に保存したり、ＬＩＮＥ友達に送信したり、あるいは友達にプレゼントしたりもします。ある情報サイトによると、ＬＩＮＥの１ユーザーあたりのスタンプ購入額は、年間平均で１３２円だそう（２０１６年７月「東京カレンダーＷＥＢ」）。

一人ひとりは大した出費の実感がなくても、ＬＩＮＥ側の売上はバカになりません。仮に国内８０００万人のユーザーが、毎年１３２円ずつスタンプを買うとすれば、その額はなんと、年に約１０６億円！　すべてがＬＩＮＥ側に残るわけではありませんが、仮にそのうち３割しか手元に残らないとしても、スタンプだけで毎年約32億円の利益を確保できます。

その後に登場した、ゲームのアイテム（おもにゲームを有利に進めるために必要な武器やパワーなど）も同じ。取材した主婦や若者からは、「この前、ＬＩＮＥゲームのアイテムをもらっちゃったから、私からも買って返さなきゃ」といった声や、「一方的に、こっちばっかりがゲームアイテムもらいっぱなしってわけにいかないし」といった声があがりました。

なぜ彼らは「送り返さないと悪いかな」と感じたり、「お返しに、スタンプやゲームアイテムを買おう」と考えるのでしょうか？　理由の一つは、マーケティングや行動心理学で言われる「返報性の原理」にあるのではないか、と考えられます。

たとえば、皆さんが今から2カ月前、ある異性と交際を始めたとします。初回のデートは、お洒落なイタリアンレストランで、相手が全額ご馳走してくれた。皆さんはおそらく「悪いな」と思い、「次はこちらが奢《おご》るべきかな?」と迷うのではないでしょうか?

これこそが「返報性の原理」です。人は、誰かに何らかの施しを受けた際、「自分もお返しをしなければ」とつい感じてしまう。よく例にあがるのは、スーパーや百貨店のデパ地下で行われる「試食・試飲」や、通販の「サンプル無料プレゼント」。売る側が、タダで何かを提供したり、してあげたりすることで、相手に「悪いな」「お返しに何かしなきゃ」と感じさせ、「一度ぐらい買ってあげようか」と購買を誘う手法です。

LINEでも、相手から有料のスタンプが送られてきたり、プレゼントされたりすれば、「知り合いのあの人が、私のために尽力・出費してくれたのだから、自分もすべきでは?」と考えやすい。しかも、やり取りするのがクローズドな環境なので、「周りのみんなが有料のスタンプを送り合っているのに、自分だけが送らなければ『失礼』だし『仲間はずれ』になるかもしれない」……。それぐらいならと、時として有料のスタンプも買うでしょう。

ちなみにこれは、デートでも同じ。男性に、「牛窪さん、初デートから公平にワリカンでいいですよね」と相談を受けることも多いのですが、私はよくこう答えます。

「うーん、悪くはないけど、次のデートにつながる可能性は低くなりますよ」

なぜなら、初デートで奢ってあげれば、返報性の原理によって、相手は少なからず「次は、私が奢るべきかな」と考えやすい。奢られた女性は、おのずと次のデートを「断りにくく」なるのです。

便利に慣れると「止められない」

もっともＬＩＮＥも、いいことずくめではありません。これまで、第三者にアカウントが「のっとられる」といった事件が起きたほか、クローズドなコミュニティならではの、いくつかの社会問題が指摘されてきました。たとえば、「ＬＩＮＥいじめ」や「既読スルー」です。

後者は２０１４年に流行語として広まり、女子中高生の間では「ＫＳ」の略称でも呼ばれました。「既読」は、ＬＩＮＥでメッセージを送信すると、相手に読まれた時点で送信者の画面に表示される「既読」の文字のこと。

他にも似た機能を持つアプリはありますが、ＬＩＮＥはとくに「チャット」感覚なので、送ったほうは「既読」表示後にしばらく返信が来ないと、ついイライラ。送られたほうも、「メッセージを読むと『既読』がつくから、早くレス（レスポンス）しなきゃ」と焦ります。

ＬＩＮＥ上のグループでも同じ。みんながメッセージをやり取りするなかで、自分だけが「既読」と表示されながらレスしないままだと、どうもバツが悪い。でも常に「即レス（即時的にレスポンスする）」しようとして、メッセージの通知音をオンにしておくと、しょっちゅう「ピンポーン」などとスマホから鳴り響き、そのたびにドキッとして心臓に悪い。次第に「面倒」「ストレス」と感じる男女が増え、一時は「ＬＩＮＥ疲れ」も流行語になりました。

そこで若者たちは、「裏ワザ」を編み出したのです。私も女子高生たちから、「知ってます？『機内モード』にしたまま読むと、その間は既読がつかないんですよ」や「送られたメッセージ画面を『長押し』したまま内容を読むと、既読がつかないみたい」など、あの手この手の裏ワザを聞かされました。ただし彼女たちは、裏でこうも嘆いていました。

「読む間、ずっと画面を押し続けてなきゃいけないから、腱鞘炎になりそう」

「『そこまでＫＳが怖いんだ、私』と思うと、気分が萎えちゃうときもあるんです」

私のようにＬＩＮＥを利用しない人は、往々にして「だったら、止めればいいのでは？」

と考えます。でも、若者たちは言うのです。

「今さら止められない」

止めてしまったら、グループの皆が当たり前のように得ている情報が、自分にだけ入ってこなくなる。これは若者に限りません。今や仕事上の飲み会や子どもの習い事、マンションの自治会連絡も、ＬＩＮＥ経由でやり取りするケースが増えています。「当たり前」と思って享受してきたその情報を突然、自分だけが得られなくなれば、かなり渇望感を感じるでしょう。朝起きたらなぜか、自分の家だけ蛇口から水が出なくなっていた、というのと同じ。便利に慣れると、人はなかなか途中で止められないのです。

近年は、さらに「ＬＩＮＥを止めにくい」状況が拡がりました。最大の理由は、２０１２年７月から始まった、ＬＩＮＥの「プラットフォーム化」。すなわち、ＬＩＮＥが単なるコミュニケーションアプリの枠を超え、外部のさまざまなコンテンツを展開する広場になったこと。

いわば、「八百屋」を本業としてスタートした小さな店が、やがて面積をドンと増やし、書店や衣料品店、雑貨店、飲食店など複数の業種が入居する「ショッピングモール」へと拡大したようなイメージです。アップルも、今や「App Store」や「iTunes」において、自社製品だけでなく他社のアプリやコンテンツ（音楽や動画など）を販売していますよね。

ＬＩＮＥも同じ。２０１２年に「プラットフォーム宣言」をした後は、友達や知人同士で、ゲームや占い、音楽、クーポンなどのサービスをともに利用できるようにしたほか、アーティストのライブ配信を無料で視聴できる「ＬＩＮＥ ＬＩＶＥ」やＬＩＮＥ経由でショッピングすることでポイントが貯まる「ＬＩＮＥショッピング」など、さまざまな外部パートナーとの提携を推進してきました。これらを日常的に利用していれば、ますますその「モール（ＬＩＮＥ）」から離れられなくなるはずです。

さらに強力なサービスが、２０１４年12月にリリースした、モバイル送金・決済の「ＬＩＮＥ Ｐａｙ」。ＬＩＮＥのアプリを通じ、ユーザー間での送金・割り勘機能や、提携店舗などでの決済を簡単に行えるサービスです。18年12月の時点で、すでに国内登録ユーザーの数は３０００万人を超えています。今後、日本でも急速に電子決済が進むなかで、ＬＩＮＥ Ｐａｙをより日常的に利用する男女が増えれば、従来以上に「今さらＬＩＮＥを止められない」状況になるでしょう。

恋もビジネスも「外部環境」が重要

ＬＩＮＥほど画期的なイノベーションは、「10〜20年に一つ登場するかどうか」だと考える識者も大勢います。というのも、この爆発的ヒットは「ＬＩＮＥだけの力」でなし得たものとは言い切れないからです。

もう一度、ＬＩＮＥがいつ登場し、いつキャズムを越え、今後はどうなりそうか、考えてみましょう。繰り返しになりますが、登場は２０１１年６月。この３カ月前に「東日本大震災」が起きていました。また、キャズム越えを果たしたと見られる12年には、日本のスマートフォンの世帯普及率が約５割（49・５％）に達しています（17年総務省調べ）。そして19年10月、消費税増税のタイミングから９カ月の間は、政府が「キャッシュレス決済」を行った消費者に、購入額の５％（一部２％）をポイント還元する予定です。ポイント還元は、クレジットカードや電子マネー、そして「ＬＩＮＥ Ｐａｙ」のようにスマホを使った決済、つまり現金以外での決済が対象です。

「震災」はもちろんですが、「スマホの普及」「消費増税」も、ＬＩＮＥ側がコントロールできることではありません。ただ、これらがＬＩＮＥの普及に、多大なる貢献を果たした（果たす）と考えられますよね。

そう、ＬＩＮＥのような画期的なサービスが社会に浸透していくうえでは、必ずしも自助努力だけでは足りません。震災のように大きな事件が起きた直後、消費者は何を考え、何に困っていそうか。あるいはポイント還元のように、自社の新たなサービスを後押ししてくれそうな制度は、この先いつからいつまで実施される見込みなのか。そして肝心のスマホは、どのぐらいのスピードで普及しそうか。世の中のさまざまな「外部環境」にも思いを巡らし、「いつごろ、どんな部分にフォーカスして自社の商品やサービスを市場に投入すれば社会に浸透するか」、そのタイミングをじっくり考えることも重要なのです。

私自身もそうですが、人は悲しいかな、何かに夢中になるほど、周りが見えにくくなる生き物です。よく「恋は盲目」と言いますが、「あの人素敵だな」と、誰かにすっかり心奪われてしまうと、「いつが告白すべきタイミングなのか」といったことに、なかなか思いが至りません。あるいは開発中の新商品に対し、「これは絶対にヒットする！」と思い入れがあればあるほど、つい「多少景気が落ちても、トレンドが変わっても、こんなに魅力的なんだから売れるはずだ」と考える。そうなると、一歩引いて冷静に周りを見る目を失ってしまいます。

でも現実には、恋愛もビジネスも、環境要因に大きく左右されます。本章でご紹介したLINEも、もし登場した直後に、震災やスマホの普及がなければ、これほどヒットしたかどうかはわかりませんよね。相手の状況ありきという意味では、恋愛も同じでしょう。

もちろん、開発中の新商品や新サービスをわが子のように愛し、「イケる!」と自信を持つことは大切です。でも同時に、一呼吸置いて「ところで、周りはどうなっているのかな?」と外部環境に思いを馳せることも、同じぐらい重要なこと。そうした状況判断に長けた開発者が増えれば、きっと「第二、第三のLINE」の誕生も、夢ではないと思うのです。

2　マーケティング分析編

文・田中道昭

キャズムの溝には死屍累々

牛窪さん、ありがとうございました。「従来のコミュニケーションの概念を大きく変えた」ＬＩＮＥのイノベーションを、丁寧に描いてくれました。これを受けて私が深掘りしたいのは、その「イノベーション」です。この理論を理解することで、「キャズム＝溝」を越える方法を、見出すことができるからです。

あらためて指摘しておくと、キャズムとは、アメリカのマーケティング・コンサルタント、ジェフリー・ムーアが提唱したことで広まったフレームワークです。彼は、著書『キャズムＶｅｒ．２』（翔泳社）で次のように述べています。

本当に革新的なハイテク製品というものは、例外なく「一時的な流行」から始まる。その製品には既存の市場価値もなければ、用途も確立されていない。あるのは、一部のアーリー・アダプターだけが認めた「何かすごい機能」だけである。これが初期市場なのだ。

次に、この製品でいったい何ができるのかと注目されはするが、製品が売れない時期がやってくる。これがキャズムである。現実にこの製品の有効性が証明されれば、つまり、製品の価値が顧客に理解され、妥当な価格で安定供給されることが実証されれば、メインストリーム市場の中で新たなセグメントが形成されることになる。そして、このセグメントの形成は短期間で行われることが多く、パイオニアは莫大な先行者利益を手にすることができる。

ここで成否の分かれ目になるのはただ一点。キャズムを越えられるかどうかである。さらに言えば、キャズムを越えて、メインストリーム市場を出現させるための楔《くさび》を打ち込めるかどうかである。

ムーア自身が書いているように、キャズム理論は基本的にハイテク産業を対象にしたものです。しかし現在、他産業のマーケティングにおいてもキャズム理論が援用されるようになっているという事実が、ここでは重要です。「キャズム越え」は、あらゆるプレイヤーにとっての、切なる願いなのです。

それは、多くのプレイヤーが次のようなプロセスを体験し、苦しんでいることの裏返しでもあります。

大きな期待を背負った製品やサービスがローンチされ、まずはイノベーターやアーリーアダプターの間での「一時的な流行」が始まる。これをさらに広く大衆化し、「大ヒット」に育てようと目論《もくろ》むものの、マーケティングの甲斐なく、キャズムの手前で勢いが止まってしまう……。

多くの場合、牛窪さんが書くように、「初期の小さな市場で『知る人ぞ知る』程度に盛り上がり、やがてひっそり」と消えていきます。オピニオンリーダーとアーリーマジョリティの間にある溝、すなわちキャズムを越えられなかったのです。キャズムの溝には、「大ヒット」をものにできず、市場から退出していった製品やサービスが死屍累々《ししるいるい》としている状況です。

その製品やサービスに大きな期待がかかればかかるほど、担当者は考えずにはいられないのです。「どうしたらキャズムを越えられるのか？」――と。

「類似化」戦略と「差別化」戦略

ムーアのキャズム理論は、厳密には14のステージに細かく別れています。しかし、実務においてよく用いられているのは、先にあるようにイノベーター、アーリーアダプター、アーリーマジョリティ、レイトマジョリティ、ラガードからなる五つのステージです。私は次ページの**図表２-１**のように、さらにシンプルに、キャズムの前後を「初期市場」「メインストリーム市場」の二つに分け、経営コンサルティングに活用しています。これにより、キャズム越えの条件を、大づかみに理解することができるからです。

結論から申し上げるなら、イノベーターとアーリーアダプターからなる小さな初期市場においては、「差別化」戦略が重要になります。これに対して、アーリーマジョリティ、レイトマジョリティ、ラガードからなる巨大なメインストリーム市場に参入するには、「類似化（標準化）」戦略が不可欠です。ここでいう差別化とは、他社にはない差別化ポイントを作ること、それによりユーザーの予想期待を超える価値を提供すること。また類似化とは、事業者として当たり前に提供しなければならないポイントをきちんと押さえ、ユーザーの予想期

図表2-1　キャズムの全体構造

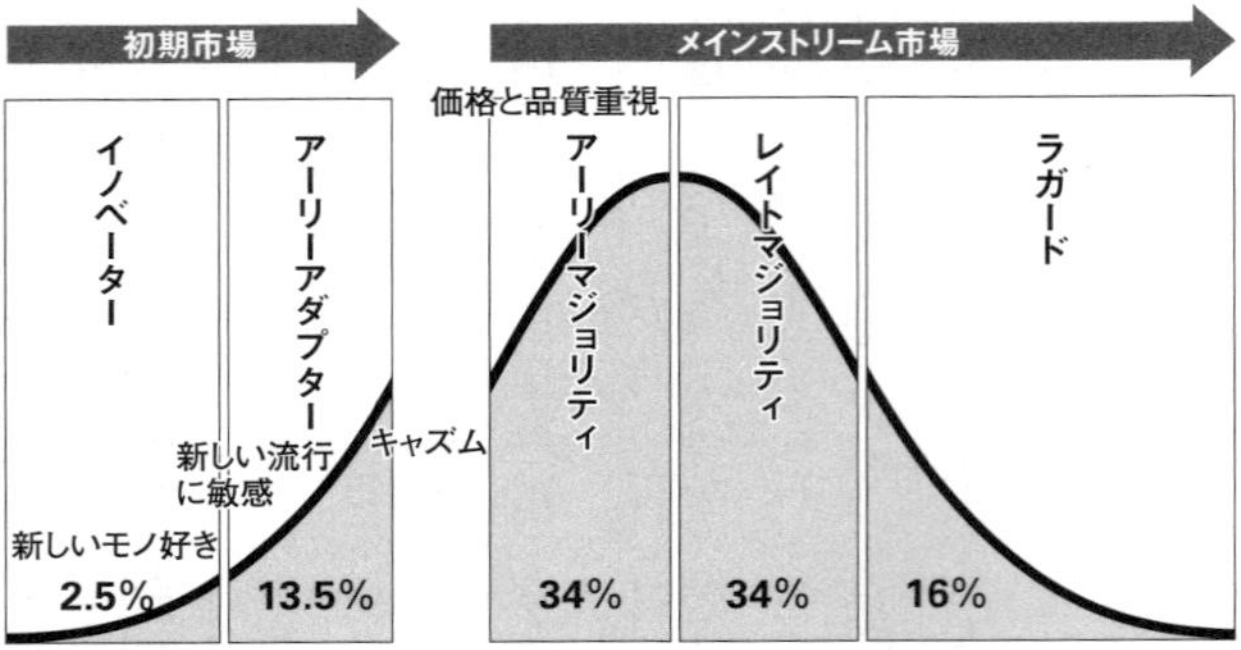

差別化が重要

- 情報収集やリサーチが得意で好き
- イノベーションや新奇性が重要
- 手間隙はかけても構わない
- 商品選択にこだわりたい
- 不便な点は自分の創意工夫で解消
- 価格はそれほど重要ではない

類似化（標準化）が重要

- 商品選択で悩みたくない
- 実利面を重要視（目に見える成果を重要視）
- 面倒や手間はかけたくない（自分で創意工夫はしたくない）
- わかりやすいことが重要（直感的にもわかることが重要）
- 標準化サービスや標準インフラがあることが重要
- 品質や品質の安定性が重要
- より高い信頼性を重視
- 価格がリーズナブルであることを重視

待を十全に満たすことです。

　こうした戦略の違いは、初期市場を構成するユーザーと、メインストリーム市場を構成するユーザーの違いと、彼らが抱くニーズの違いに基づいています。

　初期市場を形成するイノベーターとアーリーアダプターは、次のような特徴を持っています。情報収集やリサーチが得意で好き、イノベーションや新規性が重要で、商品選択にもこだわりがあります。多少不便な点があったとしても、手間暇を厭《いと》わず、自分の創意工夫で解決してしまいます。価格もそれほど重要ではなく、自分が欲しいと思えば高くても購入します。端的にいえば、新しいモノが好きで、新しい流行に敏感という人たちです。

メインストリーム市場になると、これが反転します。アーリーマジョリティ、レイトマジョリティ、ラガードといった人たちのニーズはいかにも保守的で、わざわざ自分から新しいモノを手にしたいとまでは思っていません。商品選択で悩みたくない、実利面を重視する（目に見える成果を重要視）、面倒や手間をかけたくない（自分で創意工夫したくない）、情報収集やリサーチは得意でもないし好きではない。また、わかりやすさ（直感的にわかること）、標準化されたサービスやインフラ、品質や品質の安定性、より高い信頼性、リーズナブルな価格が重要だと、彼らは考えるのです。

加えていうなら、イノベーター、アーリーアダプター、アーリーマジョリティ、レイトマジョリティ、ラガードの五つからなるキャズム理論は、マズローの欲求5段階説とも重ねることができる、と私は考えています。

マズローの欲求5段階説とは、人間の欲求を5段階で理論化したものです。

食べたい、飲みたい、眠りたいといった「生理的欲求」に始まり、経済面や健康面などで安全な環境にいたいという「安全の欲求」、家族や会社などに所属していたいという「社会的欲求」、自分の存在価値を認められたいという「承認の欲求」、そして自分が持つ可能性を最大限に発揮したいという「自己実現の欲求」へと、人間の欲求は段階的に成長していくという考え方です。これにならうなら、イノベーターを突き動かしているのは、自己実現の欲求でしょう。「自分はこうありたい」「自分の価値を高めたい」といった欲求から、新しいものに手を伸ばしています。アーリーアダプターにあるのは、承認の欲求です。新しいものを使うことで「褒められたい、認められたい」という気持ちがあるのです。そしてこれがキャズムを越えると、「皆と同じものを使いたい」という所属の欲求、「使わないといけない」といった安心安全や生存の欲求が強くなります。以上の見方はマズローやムーアが語っていることではありませんが、キャズムの前後におけるニーズの違いを理解するうえで参考になると考え、しばしば援用するものです。

キャズムの前後でこれほどニーズに違いがあるならば、必然的にマーケティング戦略も大きく変えざるを得ません。キャズム越えの要諦は、ここにあります。製品・サービスがどのステージにあるのかを見極め、そのステージにおける利用者のニーズを正しく満たしていくことです。私が経営コンサルティングを行う場合も、顧客企業の各商品・サービスがイノベーター、アーリーアダプター、アーリーマジョリティ、レイトマジョリティ、ラガードのどこに訴求している段階なのかをマッピングし、それぞれに必要なマーケティング戦略を整理することから始めるのです。

たとえば、初期市場においては、イノベーターやアーリーアダプターが好む、新しさや珍しさを打ち出すマーケティング施策が有効です。場合によっては商品の完成度を上げるよりも、ウェブサービスであればベータ版をリリースしてもよいでしょう。

しかしメインストリーム市場においては、商品・サービスの安心、安全性や多機能・高機能であること、価格がリーズブルであることなどが求められているため、新しさを打ち出す施策はかえって逆効果になりかねません。またメインストリーム市場の大半を占める保守的なユーザーに対しては、製品・サービスの価値そのものを伝えるのみならず、「周りが皆使っている」「使わないでいるほうが恥ずかしい」といった、「取り残され不安」に訴える打ち出しも有効です。

近年キャズム越えを果たし、イノベーションとして認知されたネット系スタートアップの事例にメルカリとラクスルがあります。両社とも、２０１４年のテレビＣＭがキャズム越えにおいて重要な役割を果たしました。一般的に、初期市場まではオンライン広告で訴求できる時代とされています。初期市場を構成するイノベーターやアーリーアダプターは、ネット検索など自力での情報収集を好む人たちだからです。しかしキャズムを越えてメインストリーム市場に訴えるには、テレビCMがいまだ有効です。もちろんコストは格段にかさみますが、「わざわざ検索しない」アーリーマジョリティ以降の層に届ける手法としてテレビCMは強力です。

しかし、その決断のタイミングをはかるのは容易なことではありません。これについて、メルカリの小泉文明社長とラクスルの松本恭攝《やすかね》社長は次のように語っています。

小泉：お客様の満足度が低くてリテンション（既存顧客の維持）できていないのにテレビCMに踏み込みすぎると、穴の開いたバケツに水を放り込むような悲惨な状況になってしまう。一方、遅すぎてトレンドが終わってしまった、機を逃してしまったというケースもよく見かけます。

僕たちの目安は200万ダウンロード。100万未満だと名前さえあまり知られていない。200万を超えてくると、メディアで見たことがあるとか、知り合いで使っている人がいて、「気になる」という状況になってくる。そこでテレビCMを打って一気に認知を取りにいきました。

松本：ラクスルは、バジェット（予算）でタイミングを決めました。当時はオンライン広告はリスティング広告が中心。検索クエリ数に限界があり、14年にはその上限が見えてきた。成長の速度を緩めずに伸び続けるためには、マーケティングバジェットの拡大が必要。そこで、より大きなマーケティングチャネルとしてテレビCMを選び、14年から放送を開始しました。

（「Ｆｏｒｂｅｓ　ＪＡＰＡＮ」２０１８年10月30日）

興味深いのは、メルカリはダウンロード数こそ２００万を達成していたものの、課金する前のタイミングだった、ということです。つまり、テレビＣＭを打った段階では売上ゼロ。小泉社長は「これくらいの規模のお客様が集まって、手数料を10％取れればこれくらいの売り上げになるという試算はしていました。初期のテレビＣＭの前にはファイナンスを回して、リスクをヘッジしてからアクションを起こしています」と語っていますが、大きな決断であったことがわかります。しかし、テレビＣＭとは、それほどの効果を期待できるものであること、そしてキャズム越えとは、それほどの高い壁であるということを伝えるエピソードです。

LINEがキャズムを越えるまで

ここからは、キャズム理論をLINEに当てはめてみましょう。コミュニケーションアプリとしてのLINEは、2011年6月にスタートしています。その普及速度はめざましく、サービス開始から半年でダウンロード数は1000万を突破。また利用率も、12年には20・3%、13年には44・0%、15年には60・6%に達しました。そして現在は、18年12月期決算において月間アクティブユーザーが1億6400億人、日本国内に限っても7900万人に達していると発表されています（総務省情報通信政策研究所「情報通信メディアの利用時間と情報行動に関する調査」）。

これほどの爆発的な広がりをもたらしたものは、一体何なのでしょうか。もちろん、外部環境もあります。一つには牛窪さんも挙げているように、東日本大震災です。「Twitterなどの SNSの台頭によって、趣味嗜好を共有する『見知らぬ仲間』とネット上でつながる動きが広まり始めていた一方、肝心の家族やリアルな友人知人とつながる手立てが実は限られていたことに皆が気付いたきっかけだったと思います」（「type」2018年3月

29日記事より　ＬＩＮＥ株式会社ＬＩＮＥ開発1室・熊井隆一氏)。そう考えると、時に疎ましく思われる「既読」機能も、「万が一のときの安否確認に」というきっかけで生まれたサービスであることがわかり、納得がいくのではないでしょうか。

もう一つ、外部環境としてスマホ自体の普及を挙げないわけにはいきません。アップルのｉＰｈｏｎｅは２００７年、グーグルのアンドロイドを搭載したスマホは08年に誕生しました。この08年をスマホ時代の始まりとしましょう。現在のスマホ普及率は約８割。総務省の「通信利用動向調査」によると11年時点の国内のスマホ個人保有率は14・６％に過ぎませんでした。これが16年には56・８％と、５年間で約４倍に上昇しています。このとき、ＬＩＮＥは競合に先駆けていち早くスマホに対応。これが奏功し、ＬＩＮＥはスマホと足並みを揃えるようにして普及率を急速に高めたのです。結果、スマホ所持者はほぼ全員ＬＩＮＥをインストールしている今日の状況が生まれました。

しかし、外部環境の後押しのみでは、キャズム越えを果たすことはできません。リリースからわずか1年強というスピードでのキャズム越えの背景には、ＬＩＮＥによる周到な差別化戦略と類似化戦略がありました。

「無料で文字と写真を送れるメッセージングサービス」というだけなら、同じ携帯キャリア間で実現していたのです。その意味で、ＬＩＮＥは圧倒的な先行者というわけではありませんでした。しかしスマホアプリによって、キャリアを越えて実現させたことが、まずは差別化要因になりました。また、スカイプなど無料で通話できるＰＣサービスがあったなか、いち早く「アプリさえインストールすればいい」というシンプルな形でスマホ対応したことも、ＬＩＮＥの普及を後押ししました。

そしてスタンプ機能です。今では当たり前になっているスタンプ機能も、当時は「インフォメーション（情報）でなく、エモーション（感情）を伝える画期的な発明」とされました。

さらには、ミクシィやツイッター、フェイスブックら競合トップ３とは違い、オープンではなく「クローズド」な環境であったこと。これは差別化要因ではありますが、結果的に、メインストリーム市場が望む「周りが皆使っている」「使わないでいるほうが恥ずかしい」といった「取り残され不安」を誘う環境作りにも貢献しました。また、クローズドと言いながら「ふるふる」や「ＱＲコード」によって瞬時につながることができる機能も、面倒が嫌われるメインストリーム市場に訴えるものだと言えるでしょう。

近年の動きに目を転じれば、２０１６年からＬＩＮＥが掲げている「スマートポータル構想」は、類似化戦略に位置づけられるものだと考えられます。これは、コミュニケーションアプリとしてのＬＩＮＥを入り口とし、音楽や動画、マンガなどのコンテンツ、またＥＣや決済など生活サービス全般を提供するという戦略です。現在のＬＩＮＥユーザーは、ＬＩＮＥアプリを起点とした一つのプラットフォーム内で、ＬＩＮＥユーザー向けに標準化したさまざまなサービスを享受しています。メッセンジャーアプリ単体ではなく、プラットフォームとして広くマーケットを獲得していく戦略。これがユーザーのさらなる拡大に貢献することは、言うまでもありません。時系列を整理してみると、ＬＩＮＥにおけるイノベイターやアーリーアダプターは、アプリがローンチされた12年６月直後のユーザーだと考えられます。総務省情報通信政策研究所「情報通信メディアの利用時間と情報行動に関する調査」によると、12年時点では10代の38・８％が、20代の48・９％がＬＩＮＥを利用しています。他方、30代の利用率は29・１％、40代は11・５％にとどまりました。加えていうなら、ＬＩＮＥの想定ターゲットは女性だったことが知られています。情報ではなく感情をやり取りするスタンプ機能も、共感を重視する女性のユーザーから火がついたのです。ここから、スマホを購入するだけの金銭的余裕があり、なおかつ新しいものに感度が高い20代女性からＬＩＮＥの流行が始まったと推察できます。

新たなイノベーション論「ゾーンマネジメント」

さて、ムーアのキャズム理論は、現在も発展を続けています。ムーアが近年、提唱しているものに「ゾーンマネジメント」があります。キャズム理論はハイテク産業向けでしたが、ゾーンマネジメントは、大企業向けのイノベーション論という位置づけです。

背景にあるのは、次のような考え方です。

大企業の多くは、市場で起きているイノベーションを前に、自らのポジションが脅かされていると気がつき、変化を余儀なくされています。そのとき、取るべき道はまず二つあります。すなわち、新事業によって「攻める（破壊的イノベーション）」のか、既存事業を「守る（持続的イノベーション）」のか。またそれぞれに、収益をあげるための活動と、投資的な企業活動とがあります。しかし、問題は、それをどのようなプライオリティ（優先順位）で実行するのか、ということです。

「新規のビジネスラインを既存の事業ポートフォリオに追加するときに『プライオリティの危機』が生まれている」とムーアは書いています。

取り組みを始めるのはたやすいのだが、先に進むにつれて十分な経営資源がないことが明らかになってくる。そのときにどうやって経営資源を確保するか。この問題は、部分的には量の問題、つまり、どれだけの経営資源を既存の確立したビジネスに投入し続け、どれだけを新規ビジネスに投入するかということになる。そして、同時に質の問題でもある。つまり、既存のビジネスラインから追加の利益を得ることと、新規ビジネスラインから新たな利益を得ることのどちらを高く評価するかという問題でもある。さらに、社内政治と勢力争いの問題でもある。つまり、長期的に膨大な可能性をもたらす機会に期待して、短期的リターンを提供する既存ビジネスをどの程度犠牲にできるかという問題だ。

（『ゾーンマネジメント』日経BP社）

そこでムーアは会社の事業を四つのゾーンに分け、別々にマネジメントするよう提唱しています。

その四つのゾーンとは、『ゾーンマネジメント』によれば次ページの図表２-２のようになります。

「破壊的イノベーションの取り組みと持続的イノベーションの取り組みを分離し、前者を新

図表2-2　四つのゾーン

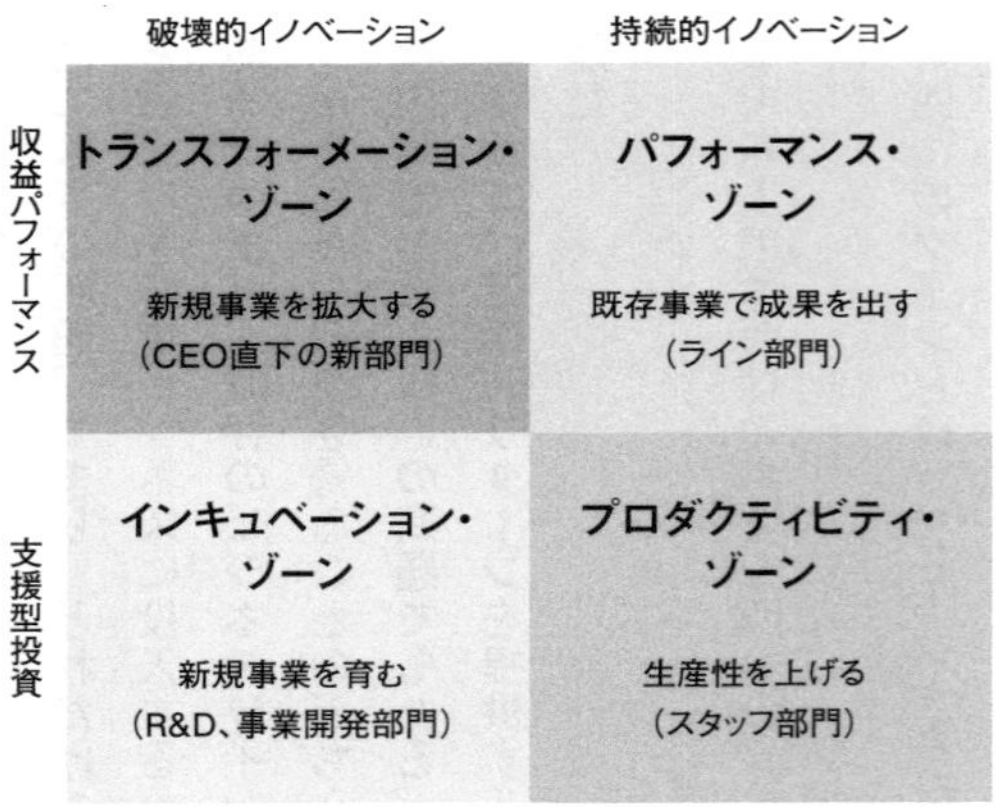

	破壊的イノベーション	持続的イノベーション
収益パフォーマンス	**トランスフォーメーション・ゾーン** 新規事業を拡大する （CEO直下の新部門）	**パフォーマンス・ゾーン** 既存事業で成果を出す （ライン部門）
支援型投資	**インキュベーション・ゾーン** 新規事業を育む （R&D、事業開発部門）	**プロダクティビティ・ゾーン** 生産性を上げる （スタッフ部門）

出所）ジェフリー・ムーア『ゾーンマネジメント』（日経BP社、2017年）

規ビジネスとその運営モデルにフォーカスさせ、後者を既存ビジネスの拡張と改良にフォーカスさせなければならない。同時に、『収益パフォーマンス』を求める企業活動と『支援型投資』となる企業活動とを分離し、前者を現在の業績に、後者を将来への種蒔き効果にフォーカスさせなければならない」（同書より）ともムーアは書いています。

　ゾーンによる防御に取り組んだ事例に、かのマイクロソフトがあります。「現在のテクノロジー市場において、マイクロソフトほど直接的な攻撃にさらされている企業はない」。その中で、時価総額トップをアマゾンやアップルと競り続けることができているのは、ゾーンマネジメントと、そこに着目した現ＣＥ

Oのサティア・ナデラ氏の手腕によるところが大きいと言えます。

マイクロソフトは、先の**図表２‐２**の四つのゾーンそれぞれに課題を抱えていました。

たとえばパフォーマンス・ゾーンにおいては、おもにグーグルとアップルにより、これまでの収益の柱だったウィンドウズOSとオフィスが、またアマゾンによって、企業内設置型サーバが攻撃されています。

既存の確立したビジネスラインが破壊者からの攻撃を受けたとき、市場リーダーたる企業は総力を結集して戦わなければならない。そこでは、競合優位性のシフトが発生する。かつては最上級の優位性とされていたものが、今はせいぜい勝負の一手段にしかならず、悪ければ足かせにすらなり得る。部隊を別の戦場に配備して新たな態勢を取らせなければならない。

（同書より）

そこで必要となる手段を、ムーアは差別化ではなく「中立化すること」だと言いました。

これは、トランスフォーメーション・ゾーンとインキュベーション・ゾーンに支援され

たパフォーマンスゾーンの役割であり、当面は他のあらゆるものに優先する一致団結が必要な取り組みである。 **（同書より）**

そこで導き出されたのが、昨今のマイクロソフトが掲げるモバイル・ファースト、クラウド・ファーストという戦略だったのです。

QRコード決済、真の目的はどこにある？

2018年のLINEといえば、「LINE Pay」が話題となりました。サービス自体は14年12月にローンチされていますが、18年6月、新たにQRコード決済機能がリリースされたのです。それも、「加盟店の導入費用ゼロ、今後3年間は決済手数料無料」という赤字前提の大攻勢です。現在、日本のQRコード決済市場は、ソフトバンク・ヤフー連合による「ペイペイ」に、楽天の「楽天ペイ」、メルカリの「メルペイ」などが参入し、群雄割拠の様相を呈していますが、LINEはここで一気に覇権を取る姿勢を明らかにしたのです。

LINEはもともと、「LINE上から送金・決済をする」サービスとしてスタートしました。LINEアプリ内に組み込まれているため、専用アプリをインストールする必要がありません（２０１９年に専用アプリもリリース）。約７９００万人のＬＩＮＥユーザーが、今この瞬間にも、ＬＩＮＥ Ｐａｙを使える状態にある、ということです。これは他のＱＲコード決済アプリにはない、ＬＩＮＥ Ｐａｙの圧倒的な強みだと言えます。

しかしここで重要なのは、ＬＩＮＥは、ＱＲコード決済の覇権そのものを目的とはしていない、ということです。第一、「加盟店の導入費用ゼロ、今後3年間は決済手数料無料」である以上、ＬＩＮＥ Ｐａｙ単体では、儲けようがないのです。手数料を無料にしてまで手にしたいものは何か。一つには、そこで得られる膨大な決済データです。これをビッグデータとして蓄積し、新たな金融サービスへと活かそうとしています。今、ＬＩＮＥが、みずほ証券と組んでのＬＩＮＥ Ｂａｎｋ、野村證券と組んでのＬＩＮＥ証券、さらには保険サービス、ローン、仮想通貨と金融サービスを矢継ぎ早に立ち上げているのは、このような背景があってのことです。

もっとも、金融事業の覇権すら、ＬＩＮＥの目的ではないのです。

真の目的は、優れた顧客接点としてのコミュニケーションアプリであるＬＩＮＥを起点に、決済をはじめとする金融サービスを垂直統合し、さらには生活サービス全般を支配する。つまり、巨大なＬＩＮＥエコシステムを構築することにあります。中国ではＩＴ大手のテンセントが、SNSアプリ「ウィーチャット」を起点に、QRコード決済アプリ「ウィーチャットペイ」を展開、中国のQRコード決済市場を「アリペイ」とともに二分する巨大勢力となっていますが、LINEはテンセントのビジネスモデルをベンチマークしていることが知られています。テンセントの真の狙いも、金融サービスそのものではなく、それをエコシステム拡大の「エンジン」とすることなのです。

勝つために必要な「信用」と「信頼」

LINEの思惑が成就するかどうか、それはLINE Payの成功にかかっています。前述した通り、多くの競合がひしめくなか、3年後に生き残っているのは2〜3社というところでしょう。生き残ることができるのは、決済手数料で儲けずとも、プラットフォーム全体、エコシステム全体で儲けられるプレイヤーのみ。そのうちの1社がLINEとなる可能性は高いと私は見ています。何しろ、コミュニケーションアプリとしてのLINEのシェアは盤石。使用頻度=顧客接点の多さでは、随一です。そしてLINE起点のスマートポータルの充実により決済手数料以外のところで儲ける基盤も整いつつあります。

今後、充足するべきは、金融サービスとしての「信用」「信頼」の部分だと私は考えます。

ＱＲコード決済が普及し切った中国とは対照的に、日本ではまだ、ＱＲコード決済そのものがキャズムの手前に位置します。不正利用などＱＲコード決済関連のトラブルが時折聞こえてくることが、その遠因となっていると思われます。

ユーザーは、自分の大切なお金をそこに委ねるのです。アプリの機能としての新しさ、便利さよりも、金融プレイヤーとして信用、信頼を確保することができれば、ＬＩＮＥ Ｐａｙ、ひいてはＱＲコード決済そのものが、キャズムを越えるはずです。

最後にもう一度、金融取引においては、キャズムを超える最大のポイントは「信用」「信頼」であることを強調しておきたいと思います。

第3章——なぜスタディサプリは月980円という破格なのか？

1　リサーチ編

文・牛窪　恵

「安くなる」のは「いいこと」なのか

突然ですが、皆さんは「牛丼、値下げ」というニュースを見て、「やった！」と嬉しくなりますか？　それとも、「自分には関係ないや」とスルーするでしょうか？

たぶん牛丼好きでない方は、「明日から○○屋の牛丼が、20円安くなります」とのニュースを見ても、なんとも思わないはず。でも実は、「まったく自分に関係ない」とも言い切れない。これが経済の面白さであり、難しさ、怖さでもあります。

まず牛丼の値下げに喜ぶのは、丼好きな学生やサラリーマンでしょう。でもその陰で、牛丼屋さんの従業員の給与は、往々にして上がりにくくなります。するとその人たちは「今まで以上に、節約しないと」と考えて消費を控えやすくもなる。巡り巡って、給与がよければ従業員が買うはずだったモノが、どこかで売れ残ってしまいます。すると、そのモノを売るお店が「売り切りセール」などを行い、別の分野でもモノの値段が下がってしまう……。

これがどんどん繰り返されていくと、継続的にモノの値段が下がり続け、経済活動がどんどん縮んでいく。いわゆる「デフレ（デフレーション）スパイラル」とは、このことです。

日本はバブル崩壊後、不況の最中に「行きすぎた値下げ」がデフレを助長した、とも言われます。たとえば２０００年、牛丼大手の「松屋」が牛めし（並）の販売価格を３９０円から２９０円に、１００円引き下げると、翌01年には、「すき家」や「吉野家」も相次いで値下げに追随。その後、一旦は値上げ基調に戻りましたが、10年以降は再び、値下げや値引きキャンペーンが常態化。以後しばらくの間、「低価格競争」が続き、価格はなかなか戻りませんでした。

こうなると、牛丼とはまったく関係ない分野にまで、デフレが波及するかもしれません。行きすぎた値下げが続くことで、多くの人が「不幸」になるかもしれない。だからこそ、値下げ合戦を食い止める「適正価格」の追求が、企業だけでなく社会にとっても大切です。

ではなぜ、日本は１９９０年代後半以降、「低価格競争」が長く続いてしまったのか？

それを知ろうと数年前、私もメンバーの一人だった経済産業省の研究会で、さまざまな業界の値下げ事例を検証しました。するとほとんどの業種で「景気が落ちてきたし、そろそろライバルが値下げするのでは?」など、明確な根拠もなく、「なんとなく」値下げ局面に入っていたことが明らかになったのです（2016〜17年・経産省「消費インテリジェンス研究会」）。

もっとも、近年はAIの進化によって、需要が集中する（しそうな）季節・時間帯に価格を「割高」にし、逆に需要が減少する（しそうな）タイミングで、自動的に「割安」にするような仕組み、いわゆる「ダイナミック・プライシング（DP）」も少しずつ導入され始めました。たとえば、航空運賃や旅行・宿泊料金、スポーツ観戦のチケットなどの分野です。

売る側からすれば、多少値を上げても高く売れそうな時期（GWなど）には、価格を高く設定したいでしょう。逆に、直前になってまだ売れ残っているようなら、極端に価格を安くしてでも売ってしまいたいですよね。とくに航空、宿泊、スポーツ観戦といった分野は、売れ残れば「永久損失」となり、空席分の減収を後から取り戻すことはできません。

でも「買う側」からすればどうでしょうか？　皆さんももし、飛行機で隣りの席に座っている人が、直前割引などで、自分の半額以下でチケットを手に入れていたことがわかったら……、なんとなく「ズルい！」と不公平感を覚えませんか？

「お客さんの立場で考えんといかん」。これは、松下電器産業（現・パナソニック）を一代で築き上げた経営の神様、松下幸之助が、価格の設定基準について語った言葉です。つまり、原価がいくらだから何円以上で何個売らないと採算が合わない、あるいは売れ残ると在庫を抱えることになるから安売りしてしまえ、といった考えは、売り手側の理論。そうではなく、あくまでも「お客さん」はいくらなら買うのか、いくらなら納得するのか。それが値決めにおいて、最も大切にすべきことだというのです。蓋《けだ》し名言ではないでしょうか？

大胆な価格修正が人気を呼んだ

私はこれまで、多くの企業において、商品開発に関わるマーケティングに携わりました。申し訳ないことに、初めの段階で売れなかった新商品の中には「価格設定」、すなわち「プライシング」が敗因だったと考えられる事例もあります。

一方で、値付けは「見直し」や「やり直し」がきくこともある。それも、家電やクルマなど「目に見えるモノ」より、サービスや体験など「目に見えないモノ」であれば、なおさら途中で価格変更がしやすいもの。タイミングも、サービスをバージョンアップする際、あるいは利用者が一定数を超えた段階で、値上げや値下げを行うといったケースも多々あります。

だからこそ、一定の周期で「PDCA」、すなわちPLAN（計画）、DO（行動）、CHECK（評価）、ACTION（改善）のサイクルを回して売上などの成果を検証し、場合によっては修正・改善することが大切なわけですね。

近年、大胆な価格修正によって大成功を収めたのが、オンライン動画学習サービスの「スタディサプリ（旧「受験サプリ」）」。リクルートホールディングス（以下、リクルートHD）の傘下にある、リクルートマーケティングパートナーズ（以下、リクルートMP）が運営するインターネット予備校で、学習業界に大きな新風をもたらした革新的なサービスと言えるでしょう。

最大の売りは、5教科18科目・4万本以上の授業動画が、「月額980円で見放題」という、驚きのプライシング。でもこの価格に至るまでには、今からお話しするような紆余曲折がありました。

スタディサプリの授業動画は、推奨環境さえ整っていれば、パソコンやタブレット、スマホ、いずれからでも視聴できます。価格だけでなく「いつでも、どこでも」も魅力ですよね。2018年3月現在、高校生向けのサービスだけで、「有料会員」は約34万人にのぼります。

ちなみに私の母は、リクルートの創業直後の社員でした（1964年入社／当時は日本リクルートセンター）。今でも「体育会系」でベンチャースピリットにあふれる社風だと言われるリクルートですが、当時から、他社がまだ取り組んでいない事業やプランにどんどん挑戦し、トライ&エラーで修正しながら突き進む社風だったと言います。

スタディサプリのスタートも、まさに「新規事業への挑戦」から始まりました。きっかけは２０１１年３月。リクルートＨＤの進学カンパニーで進学事業を担当していた山口文洋さんが、同社の新規事業提案コンテストで優勝。同年10月から、まず大学受験生に向けて「受験サプリ」というサービスがスタートしました。

この段階では、まだ実験的な会員制・受験情報サイトの位置づけ。価格はどのコンテンツも〝無料〟で、今と大きく違います。これを第一段階としましょう。

サービスの本格化（第二段階）は、翌２０１２年の夏ごろからです。このとき、サービスのバージョンアップとともに、英語・数学に関する10講座のネット配信をスタート。受講料は、１科目あたり「月額５０００円」という〝有料〟価格に設定しました。

実験段階（第一段階）ではサービスを無料で提供し、その後バージョンアップした第二段階から、一部の有料サービスを始める……、これ自体はよくある話です。また第二段階で、リクルートＭＰはテレビ広告などに10億円以上を投資、大々的なプロモーションを行った結果、〝無料〟の会員を18万人（初年度目標クリア）も集めたと言います。

ですが半面、課題も露呈しました。早稲田大学大学院・池上重輔教授らの研究論文によると、サービス開始から最初の受験シーズン（13年初頭）における有料会員は、目標を大きく下回り、２００人程度にとどまってしまったそうです（17年『ジャパン・マーケティング・ジャーナルＶｏｌ．37　Ｎｏ．２』）。

無料会員の18万人に対して、有料会員が約２００人というのは、あまりにもアンバランス。価格設定そのものに問題アリ、と考えられますよね。ではそもそも、リクルートＭＰはなぜ、有料講座を「１科目あたり５０００円／月」に設定したのでしょうか？

先の論文によると、同社が当時、「受験サプリ」のベンチマーク（比較する指標）と考えていたのは、「大手予備校の授業料」だったそうです。たしかに、いわゆる大手の予備校では、１科目を月４回受講したとして、最低でも月１万～１万５０００円以上かかると言われます。それに比べれば１科目で月５０００円という金額は、たしかに割安感があるように思えますよね。

「アンカリング」という無意識の意思決定

ですが、松下幸之助の言葉を思い出してください。「お客さんの立場で考えんといかん」……そう、授業を受ける生徒やその保護者は、本当に安いと考えるでしょうか？

たとえば大手予備校の場合、すでに「東大合格〇〇人」といった実績やブランドネームがあるうえ、講師陣への信頼や周りからの口コミもある。わざわざ教室に通うのは面倒ですが、逆にいえば、限られた人たちだけが著名な講師のナマの授業を受けられるわけですから、そのプレミアム感はかなり大きいはずです。

少し極端な例ですが……、皆さんも、憧れの俳優やアーティストの演技・演奏をナマで見聞きできるとなれば、たぶん「数千～１万円以上支払っても惜しくない」と考えますよね。

でもそれが、ネット上の動画や音声ファイル、あるいはスマホアプリ上のサービスなら、どうですか？　たとえ同じ俳優やアーティストの、同じ演技・演奏だとしても、「数千～１万円では、高すぎる」と感じるのではないでしょうか？

第２段階で「受験サプリ」の有料サービスが不人気だった理由も、これと似た部分があったのでは、と言われています。もし授業を受ける側が、受験サプリを「大手予備校」と比較して考えたなら、「1科目で月5000円は、安い」と感じてくれたはず。でも多くの生徒や保護者が比較対象にしたのは、予備校の授業料ではなかった。他の有料オンラインサービスや、受験サプリと同じ「有料アプリ」と比較したのではないかと考えられるのです。

そもそも私たち人間の多くは、最初に受け取った情報を基に、その対象とどう接するかという「意思決定」を行うもの。これが、マーケティングで「アンカリング効果」と呼ばれる行動原理です。具体的には、最初に見聞きしたり頭に浮かべたりした数字など（ここでは、一般的な「有料アプリ」の価格）が基準となって、その後の意思決定が、無意識のうちに左右されてしまう。しかも船が「錨（アンカー）」を下ろすように、一度思い込んだ意思決定の内容は、なかなか別の方向に動くことはありません。

あるマーケティング会社の調査によると、「アプリ内課金」を行う男女（20～60歳以上のうち約3人に1人）が、受験サプリのような「学習アプリ」に支払う金額は、複数アプリの合計でも月平均「1000円」だそう（2018年・ヴァリューズ調べ）。もし「1科目・月5000円」の受験サプリを、予備校でなく有料アプリと比べたなら、やはり高すぎますよね。

さらに最近、気づいたことがあります。それは現代男女の多くが、商品・サービスの値ごろ感（高いと感じるか、安いと感じるか）を、そのモノ（コト）単体だけを見て検討しているわけではない、ということ。単体のイメージに加え、分野別にフォルダ分けされた分野ごとのトータル予算、すなわち「脳内予算」からも判断しているようなのです。

どういうことか、過去のマーケティングで体験した実例から、ご説明しましょう。

５年ほど前、私と弊社のスタッフは、高額な（想定価格１本２３００円）新発売のシャンプーに関するインタビュー調査を行いました。調査対象だった50〜60代女性から、軒並み飛び出したのは、次のような声です。

「そうですね、〝美容〟に使える金額は、月々せいぜい１万円。でも『〝健康〟にいい』となれば、合わせて月２万円以上は平気で使いますよ」

この言葉からわかるのは、彼女たちがシャンプーの価格を「１本２３００円が高いか、安いか」だけで判断しているのではないということ。頭の中に「美容」「健康」といった分野（カテゴリー）ごとのフォルダ分けがあり、そこに「美容＝月１万円未満」「健康＝月２万円以上」といった限度額、すなわち「脳内予算」が、ゆるく紐づいている。そのフォルダの残額から逆算して、そのモノを買う価値があるかどうかを決めている、というイメージです。

人はフォルダ別の「脳内予算」を持っている

たとえば、ある人の「お酒」フォルダの脳内予算（限度額）が、「月5000円」だったとします。このとき、「先週は1缶約140円の発泡酒を、4缶買った」「昨日は、2000円のワインを1本飲んだ」とすれば、その月に使えるお酒フォルダの残金は、単純計算で2440円。よってその人は、「今月、お酒に使えるお金は、あと2500円ぐらいかな」と考えるでしょう。とくに家計を自身で管理する主婦やひとり暮らしの男女は、こうした脳内予算を意識することが多いようです。

加えて昨今は、消費者の間で、いわゆる「メリハリ消費」が目立っています。すなわち、日常使いのモノやコトは極力、節約志向で考える。でも家族や仲間との絆や思い出を育むイベントや、「自分の未来」への投資につながるものには、積極的にお金を使うといった傾向。2008年のリーマン・ショックや11年の東日本大震災以降は、将来への不安が高まった一方で、「いざとなったときに助け合いたい」「自力もつけておかないと」といった思いが高まり、メリハリ消費がより顕著になりました。

こうした価値観が進めばなおさら、対象となるモノやサービスが、脳内予算のどのフォルダに属するのかが重要です。同じ「牛ロース肉」でも、平日の肉野菜炒めに使う場合と、休日に開くホームパーティの牛ロースマリネに使う場合とでは、脳内予算が違うはず。いわゆる「ハレとケ」の概念でいえば、平日の肉野菜炒めは「ケ」、他方の休日のホームパーティで使うのは「ハレ」に当たるので、一般的には「ハレのフォルダに属する」と考えてもらえるほうが、消費者が支払う限度額も増えるはずです。

シャンプーのケースも同じ。先ほどご紹介したのは、脳内フォルダの予算が、「美容＝1万円未満」「健康＝2万円以上」だと考える50～60代女性の声でした。だとすれば、そのシャンプーを、「モテ髪になる」「ツヤめく髪に」などとして「美容」売場で売るより、「髪のハリ・コシが蘇る」「地肌から健やかな髪に」などとして「健康」売場で売るほうが、多少高額な価格設定であっても、売れる確率が高そうです。

ただし、「美容より健康」と考える傾向は、インタビュー対象者が郊外のエリアに住む、比較的上の年代（50～60代）の主婦層だったからかもしれません。もし都市部に住む、20代の独身ＯＬ層なら、逆に「健康より美容」と考えた可能性もある。一般には、若い世代ほど美容やダイエットに関心が高く、健康はむしろ後回しにしているケースが多いからです。

となると、改めて値付けの際は、メインターゲットの属性や行動パターン、利用シーン、あるいは分野ごとの脳内予算に、しっかり思いを巡らせる必要があります。売り手側はつい「『健康によさそう』との機能面を打ち出せば、高く値付けしても売れるだろう」と考えがちですが、そうとは限らない。現実には対象となるターゲットや諸条件によって、その価格の受け取り方が大きく異なるのです。

月980円という「破格」を継続できた理由

では「スタディサプリ（受験サプリ）」はどうでしょう?

リクルートMPが初期のターゲットにしたのは、「塾に行きたくても、高額すぎて諦めている層」や「地域に良い塾がないから、学校での勉強だけで済ませてしまっている層」だったと言います（「ダイヤモンド・オンライン」2015年9月15日掲載）。

近年は「他を犠牲にしてでも、教育費を捻出したい」と考える親御さんが圧倒的に多いもの。にもかかわらず、「他の塾の授業料（1科目あたり、月1万〜1・5万円程度）は高い」と感じるような保護者の「脳内教育予算」は、すでに他の習い事や本、参考書などで限度額ギリギリで、それ以上何かを追加する余地はなかったのかもしれません。

だからこそ、彼らは受験サプリを、他の予備校とではなく「有料アプリ」と比べたのかもしれません。ただし先の通り、アプリにお金を支払う男女が「学習アプリ」に支払う金額は、合計でも「月1000円」程度。だとすれば、受験サプリが「1科目・月5000円」を、仮に「月3000円」に値下げしたところで、ターゲットにはさほど響かないでしょう。

でも、もし同じようなサービスが「月980円」と1000円を切る価格で、さらに「見放題」なら……まったく印象は変わりますよね。この金額なら、経済的事情で塾や予備校に通えない子ども、あるいは教育環境が十分に整っていない地方在住の子どもも、有名講師の授業を、気軽に（動画で）受けることができる。このことは、現スタディサプリの使命（ミッション）、すなわち「教育における経済的・地理的格差をなくしたい」との思いとも、見事につながります。

もっとも、「1科目、月5000円」と「月980円で8科目の授業動画を見放題」では、まったく料金体系が違う。2013年3月（第三段階）、リクルートMPはこの大胆な価格改定とテレビCMの効果などによって、同6月までに1万5000人もの有料会員を獲得しましたが、ここまで値引きしてしまったら、まるで採算が合わないようにも思えます。なぜリクルートMPは、ここまで思い切った料金体系を実行し、それを継続できたのでしょうか？

一つは、おそらく同社が創業以来、重視してきた「ベンチャースピリット」、もう一つは価格改定直後に、有力な「助っ人」が現れたためでしょう。助っ人の名は、公共機関。それはおもに公立高校で、彼らはテレビCMなどで受験サプリの存在を知り、「このサービスを、うちの学校でも使えないか?」と問い合わせてきたそうです。

とはいえ、初期段階での問い合わせ数は「わずか10校程度だった」とのこと。当時、リクルートMPでは学校との契約をまったく想定していなかったそうなので、もしこの時点で「たった10件の問い合わせなんて、取るに足りない」とスルーしてしまったら、今のスタディサプリはなかったかもしれません。

でも、たとえ数少ない声だとしても、そこにビジネスチャンスが眠っている可能性もある。そこを深掘りして未来のニーズを探るのが、マーケティングの醍醐味です。リクルートMPもそうした学校の声を聞くうち、「これは有望なターゲットになり得る」と気づいたそう。とくに「偏差値が中程度」の高校で、生徒の基礎学力に大きな差があり、授業についていけない子なども「受験サプリ(のちのスタディサプリ)」を併用することで、基礎学力を上げられる可能性が見えてきたと言います(「CNET Japan」2018年5月10日掲載)。

そこで2015年以降、同社は学校の授業向けのサービス展開をスタート。16年2月(第四段階）からは、対象を高校だけでなく小中学校の現場にまで本格的に広げようと決断しました。このタイミングで、サービスの名称も「受験サプリ」から「スタディサプリ」へと変更。同社の発表によると、19年6月現在、有料会員の累計がなんと97万人、利用する学校は、高校だけでも全国２３００校を超えるそうです。

「学習ビッグデータ」が大きな資産に

いまや全国の大学受験生の二人に一人が、スタディサプリを利用していると言われます。一体なぜ、ここまで人気を得られたのか？　安さ以外の魅力を知りたくて、私は先日、「スタディサプリを使っている（いた）」とする、10代の女性たちに話を聞いてみました。すると、彼女たちが同サービスの利点として挙げたのは、おもに次の3点でした。

① すき間時間に、マイペースで学習できる
② 臨場感があるうえ、解答までの「途中経過（流れ）」もわかりやすい
③ 親に負担をかけないで済む

①と②は、いずれも「動画」ならではのメリットと言えるでしょう。①については、「わからない部分や聞き逃した部分で、（動画を）ストップしたり遡《さかのぼ》ったりできる」や、「スマホで見られるうえ、一つの授業が短い（約15～20分）から、ちょっとした空き時間にも学習できる」など。②については、「テキストだと抑揚なく説明されることが、動画だとポイントの強弱が手に取るようにわかる」や、「計算問題など、（動画内の）先生と一緒に問題を解きながら途中の式を見られるので、経過や所要時間がわかりやすい」といった声です。

またスタディサプリの場合、「別の学年向け」の授業、すなわち高校2年生が3年生の授業動画を見られるのも特徴。「以前、友人（早稲田大学合格）が同サービスを利用していた」という女子大生は、こんなことを口にしました。

「友人は、2年生のとき3年生用の動画をガンガン見てました。デキる子にとっても、自分のペースで先に進める動画は使い勝手がいいと思う」

なるほど。当然ながらその逆、1学年、2学年下向けの「今さら聞けない」ような講座を、スマホでこっそり振り返れるのも、スタディサプリの魅力でしょう。

一方で、③は意外でした。彼女たちが「親への負担」と評するのは、受講にかかる費用のこと。先の通り、いわゆる進学塾の授業料は、1科目でも月1万～1万5000円以上かかります。昨今、教育費を「母親のパート・アルバイト代」から捻出する家庭も多いのですが、日々お母さんが忙しく外で働くのを見ている中高生からすれば、「私の勉強のために、お母さんに苦労させている」との思いも強い。にもかかわらず、成績がさほど上がらなかったり、途中で挫折してしまったりすれば、つい「親に申し訳ない」と感じてしまいます。

でも、月９８０円のスタディサプリなら、親にとっても大きな負担にはならない。私が取材したなかには、「最初は続ける自信がなかったから、コンビニ決済にして、自分のお小遣いから出して（支払って）いた」という女子高生もいたほどです。

他方、「動画」による配信サービスは、リクルートＭＰ側にも複数のメリットがあります。まず、一般的な進学塾と違い、家賃がかからない。当然、その間の光熱費などもかかりません。また有名講師に、授業のたび塾に来てもらう必要もありませんから、人件費や固定費も格段に安く済みます。ここまでは、わかりやすいですよね。

そしてもう一つ、動画の場合は「生徒がいつどこでつまずいたか」が把握しやすい。これは生徒にとってはもちろん、リクルートＭＰがノウハウを蓄積するうえでも、とても重要です。

たとえば、ある生徒がいつその動画を再生し、どこでストップボタンを押して、どのタイミングで巻き戻したか。あるいは、どの動画を見た後にアプリ内の「テスト」の点数が上がったか。逆に、どの動画を見てから視聴回数が減ってきたかなど。

ある記事によると、リクルートMPでは、ユーザーが動画を見たりテストを受けたりした履歴を「学習ビッグデータ」とみなし、AIなどのアルゴリズムを使って、「行動分析」を行っているそうです。たとえば、「この生徒は、いつも日曜の夕方～夜にかけて『数学』の動画を見る傾向がある」「それなら、この時間帯に『数学』に関する動画をリコメンド（おすすめ）したり、関連情報をパーソナライズして伝えたりしてあげよう」といった具合です（「IT Search+」２０１７年11月30日掲載）。

こうした情報がどんどん増えると、その生徒個人だけでなく「○○県に住む生徒は～」や「数学が苦手な生徒は～」、あるいは「こういう動画（授業）を見せると、総じて社会科の点数が上がりやすい」といった、総合的な傾向がわかってくる。そしてその膨大なデータやノウハウが、リクルートMPや「スタディサプリ」の大きな強みになるわけです。

視聴率と動画視聴データの違い

どの生徒（視聴者）がいつ、どの授業の動画でつまずいたか？　逆に、いつどの動画を何分（何コマ）見た後に意欲や点数が上昇したか？　こうした履歴の蓄積によって、サービスや効果、自社のノウハウを向上させようとするのは、スタディサプリに限りません。動画サービス全般や動画CMについても、同じことが言えます。

私の父は、テレビ局のプロデューサーでした。父が現場で番組を制作していた時代、すなわち1990年代前半までは、視聴者がいつどの番組を見ていたかを測る「視聴率」は、まだ1週間に1〜2回しか発表されていませんでした。それも、いわゆる「瞬間視聴率」は滅多に公開されず、通常は番組全体の平均視聴率を中心に見ていたようです。

ですが、今や地上波で生放送の最中に、自局だけでなく他局の瞬間視聴率まで、ほぼリアルタイムでわかる時代。私がコメンテーターとして出演する情報番組でも、「午前の放送分で、このネタ（テーマ）を扱った8分間は、視聴率が伸びなかった」「それなら、午後にやるはずだった同じネタを、別ネタに差し替えよう」といったことが、日々行われています。それだけ、瞬時に視聴者のニーズに合わせようとしているのです。

もっともテレビ番組は、必ずしもパーソナルな情報まではつかめません。というのも、まずテレビは、一人だけでなく「家族で」見るケースも多い。その場合、誰が主体となってその番組を見たのかまでは、わかりにくいからです。また、その人がある番組を見た直後、どんな行動をしたかも把握しにくい。テレビCMを見て、直後にそのCMの商品をインターネットサイトで買っていても、テレビ局は一連の流れまでなかなかつかめないですよね。

ですがネット上の動画なら、かなりの部分までわかります。すなわち、どの辺りに住むどういう年代の男性（女性）が、○月×日の何時何分にどの動画を見て、その何秒後に自社のブランドサイトに飛んできて、何をどれぐらい買ってくれたか。あるいはその手前で、SNS動画から自社のCM動画に飛んでくれた人が、その動画を何秒間見てくれたかなど。

もちろん、動画を視聴する側にとっても、時間に縛られないのは、テレビにない利点でしょう。「後で見よう」と思っても、テレビならわざわざ録画する必要がある。でも動画配信サービスなら、「いつどの時間帯に、どの番組がオンエアされるか」を覚えている必要すらないですよね。最近は、「1・3倍速」「1・5倍速」とスピードを上げて再生できる動画配信サービスもあり、私もテレビドラマの「見逃し視聴」の配信サービスをよく利用します。そのほうが、同じ番組でも録画いらずで、しかも「短時間」で見られるからです。

なぜ子どもたちは「ユーチューバー」に憧れる？

このように、ネット上の動画配信サービスは、視聴者の「時間」の概念を大きく変えました。しかも最近は、スマホを介して動画を見る男女が圧倒的に多いため、パソコンの画面で見ていたころ以上に、「いつでもどこでも」「すき間時間」で見られる時代です。

あるマーケティング会社の調査結果でも、スマホを持つ15〜69歳男女のうち、スマホを介して「動画」を見る割合は、20代で約8割、10代では9割以上。また10、20代は他の年代に比べ、1日あたりの動画視聴の「時間」も、格段に長い。具体的には、スマホで「1日3〜5時間以上」動画を見る男女が、全年代では2％強なのに対し、10、20代単独では20％前後と、約10倍にも及びます（２０１８年・ＭＭＤ研究所調べ）。

またもう一つ、近年の大きな特徴は、動画の視聴者自身が「発信者」になれること。

通常のテレビ番組では、視聴者が主体となって番組を作る機会はまずないですよね。ですが、動画の世界は違います。むしろ一般の男女のほうが、飾らないナマの情報を発信できるため、若い世代には評判がいい。しかも昨今は、企業ではなく一般の発信者と視聴者との間で、その動画の「価値（価格）」さえ決まる時代です。

発信者の代表は、「ユーチューバー」。ＹｏｕＴｕｂｅなどの動画共有サービス上で、独自に制作した動画を継続的に公開する男女です。ここ数年、「子どもたちが『将来、自分もユーチューバーになりたい』と憧れている」といった報道をよく見聞きしませんか？

複数の調査からも明らかです。たとえば、学研教育総合研究所が実施した小学生の「将来つきたい職業」ランキング（2018年）を見ると、全国小学1〜6年生の男女平均で3位にランクインしたのが「ユーチューバー」。とくに男子で人気が高く、1位の「プロサッカー選手」に次いで第2位でした。また、ソニー生命保険による調査（17年）でも、男子中学生が「将来なりたい職業」の第3位が、「ユーチューバー」です。

ユーチューバーのような「一般の発信者」の人気は、急に降ってわいた事象ではありません。2000年代前半〜半ばには、ファッション雑誌からデビューした、押切もえさんや益若つばささんらが「読モ（読者モデル）」と呼ばれて脚光を浴び、その後しばらくすると、ブログで人気の「ブロガー」が台頭。代表が、恋愛系で人気の「はあちゅう」（伊藤春香）さんや、著書も多い「ちきりん」さんなどでした。その後に続く第3の波、すなわち「時代の寵児」が、ユーチューバーと言えるでしょう。

彼らは「クリエイター」や「インフルエンサー」とも呼ばれます。おもな有名人は、「ヒカキン」やその兄「セイキン」、あるいは「はじめしゃちょー」「ヒカル」など。他方で芸能人が、ユーチューバーと芸能活動の、二足のわらじを履くケースもあります。たとえば、モデルで女優の本田翼さんは、2018年9月に、自身のユーチューブチャンネル「ほんだのばいく」を開設。ゲームの実況中継を動画配信したところ、同時間帯での視聴者数が「世界1位」を記録するという、華々しいデビューを飾りました（「週刊実話」18年10月11日発売号）。

ユーチューバーが配信する動画は、「日常のささいなこと」であるケースがほとんどです。たとえば、ヒカキンさんの「【危険】日焼けした背中にデスソースぬってみた！」や、はじめしゃちょーさんの「久しぶりにブロスタ（アクションゲームの一つ）やったらオレ最強過ぎた件。」など。昭和生まれの私は「どこが面白いの？」とつい、ツッコミたくなってしまうのですが……、若者は、よく「家でまったりしながら見られるからいい」と口にします。

先日も、『ほんだのばいく』にハマってる」という女子大生にインタビューしました。彼女はゲームをほとんどプレイしないそうなので、「なぜゲームの実況動画を見るの？」と聞くと、次のような答えが返ってきたのです。

「ゲームはどうでもいいんですよ。見るのはたいてい、寝る直前。ベッドの上でなんとなくスマホをいじって、（本田）翼ちゃんが『やった〜』とか『キャー』とか、嬉しそうに（動画で）叫ぶ声を聞くだけで、幸せな気持ちになれる。いい夢見れそうって思うんです」

中学3年生の動画に59万人超

こうしたなか、近年は人気ユーチューバーが配信する動画と、タイアップの形で連携を図る企業も増えています。そして、一定の成果を実感する企業も少なくないようです。

たとえば、ＵＵＭが12～39歳の男女に行った調査。これによると、ユーチューバーとのタイアップ動画を視聴した後に、ユーザーの購買意欲が「最大で約50％上がった」との結果も出ています。また、タイアップ動画に参画した「吉野家」では、動画の影響で「吉野家の店舗に行った」と答えた男女が12・１％もいた、とのこと（２０１５年調べ）。

もちろん、調査元のＵＵＭは、人気ユーチューバーが所属するプロダクションでもあり、調査に「これだけユーチューバー効果があるんですよ」と発信したいがための、バイヤスがかかっている可能性もあります。でもそれを差し引いても、どれだけの広告効果が得られたかが数値で明確にわかるのは、タイアップ企業にとって大きな魅力でしょう。

そう、実は代表的なユーチューバーの多くは、ＵＵＭのようなプロダクションに所属しているのです。いわゆる「芸能事務所」のような位置づけで、ＵＵＭと並ぶ大手が、ＶＡＺ（以下、バズ）。２０１９年2月現在、所属するクリエイターは約90人、そのフォロワー数の合計は、約3250万人にも及びます。

「ユーチューバーと一般的な芸能人は、違う」と話すのは、バズの代表取締役社長兼CEOの森泰輝さん。いわく、芸能人がテレビ番組に出る場合、通常は「出演」部分のみを担当します。でも、ユーチューバーなどのクリエイターは、動画上の企画から撮影、出演、編集までをみずから担当。それを自分のチャンネルで公開するまでが仕事です。

「動画の制作から配信、動画を見た視聴者からのコメントに返信するのも、ほぼ自分自身。芸能人のような演者というよりは、むしろ『テレビ局』に近い存在です」

なるほど、これを聞くだけでも、ユーチューバーには相当な自己プロデュース能力が必要だとわかりますよね。彼らの稼ぎは、おもに企業提供による「スポンサー費用」の他に、自身の動画から何人のユーザーがCM動画に飛び、そのCMをどれぐらいの間見てくれたか、といった「広告収入」にも左右されます。

そこでバズでは、企業が売りたい商品やサービスを、インフルエンサーであるクリエイターとマッチングするビジネスも展開。取材時にも、同事務所内には企業の広報と思しき人たちが、ズラリと列を作って順番待ちしていました。それだけ、インフルエンサーとのタイアップに期待をかける企業が多い証拠でもあります。

バズに所属後、人気に火がついたクリエイターの一人が、「ねお」ちゃん。鹿児島県生まれの彼女は現在18歳。中学3年生でユーチューバーとしてデビュー。森社長いわく、ユーチューブには小中学生の動画投稿者も多いそうですが、ねおちゃんを見て「この子は伸びる!」と直感したとのこと。そこで事務所にスカウトしたそうです。

彼女は以前から、「ミクチャ(MixChannel)」では多くのフォロワーを抱えていました。他方、ユーチューブのフォロワーはその時点で8000人程度。ところがバズに所属後、2016年8月に自身の動画チャンネル「ねおチャンネル」を開設後は、登録者が59万人以上と飛躍的に伸長(19年5月現在)。彼女が披露した、独特の「ねおメイク」や、「踊ってみた」「1週間コーデ」といった動画は、中高生の間で大ブレイクしたことで知られます。

ねおちゃんのよさは、SNSで叩かれても「不快にならないよう努力します」など、謙虚な立ちふるまいができること、そして「嘘をつかない」ことだと森社長。バズではそうした強みを見出し、大切にするよう助言するといいます。恋人(彼氏)も、芸能界では往々にして「隠し通せ」などと言いますが、「ねおちゃんは、『ファンに隠しごとをするのはイヤ』だと、SNSで告知した。『ありのままでいられる』ことは、クリエイターの大きな才能なんです」。

ちなみに、ユーチューブ以外の動画では、ファンからの「おひねり（投げ銭）」で一定収入を得ている投稿者もいます。たとえ視聴者の〝数〟が少なくても、一人あたりのファンの〝熱意（投じてくれる金額）〟が高ければ、それなりに稼げることもある。

そのうえ、当然ながらユーザー（視聴者）のクリック数や視聴時間も、投稿する側の収入を左右します。つまり彼らの動画の「価値（価格）」は、一部は企業によるタイアップ広告などによって決まるものの、大半は「ユーザー」しだい。登録者数やクリック数、視聴時間、あるいは一部のファンの熱意などによって値決めされるのです。

だからこそ、昨今は「瞬間的にクリック数を伸ばそう」として、過激な映像を投稿する男女も目立っています。アルバイトの勤務先で、悪ふざけをSNSに投稿する「バイトテロ」もその一つ。ひとたび「炎上」すれば何千、何万という動画視聴数が稼げるため、その時点だけを見れば収入増につながりやすい。「効率よく稼げる」と考えてしまうのかもしれません。また視聴者の側も、「動画に過激なタイトルがついているほど、ついクリックしちゃう」と言います。恥ずかしながら私も、そうした衝動がゼロではありません。

でもこうした行為による収入増は、罪に問われるケースが多いうえ、長くは続きません。たとえその瞬間は稼げても、すぐに発信者の評価が下がったり、ブラックリストに入れられたりする。「ならば、その場限りのアカウントを作って、発信しちゃえば？」と考える男女もいますが、企業も近年、防護策を講じるようになりました。

たとえば、ユーチューブの「パートナープログラム」の強化。ユーチューバーは通常、広告収入を得るために同プログラムに加入しなければなりませんが、その参加条件を「チャンネル登録者数１０００人以上」や「過去12カ月の総再生時間が４０００時間以上」などと厳しい審査基準にアップさせることで、一過性の炎上やテロ行為を防ぐ手立てを講じたのです。

今後、ＡＩの進化に伴い、冒頭の「ダイナミック・プライシング」やユーチューブの収益構造のように、ネットを介したチケット予約や動画配信の世界で、ますます値付けや価格決定が「自動化」していくでしょう。

ですが、忘れてはならないのは、「受け手（買い手）」の立場に立てるかどうか。松下幸之助やスタディサプリのように、真に「お客さん」のことを考えて値付けする商品やサービス、あるいは人こそが、長く人気を得て、選ばれ続けるのではないでしょうか。

2　マーケティング分析編

文・田中道昭

4Pと4C

「月額980円で小中高、大学受験に必要な5教科18科目の神授業が見放題」

「1動画最短1分から学べる！　だから短時間でギュッと効率的に成績が伸びる」

以上は、スタディサプリの公式サイトからそのまま引用した文章です。これだけでも、スタディサプリのメリットは明快そのもの、のように見えます。しかし、牛窪さんがレポートしてくれたように、スタディサプリは、すぐに市場に受け入れられたわけではありませんでした。「無料」の会員制・受験情報サイトから始まり（第一段階）、「1科目月額5000円」へ（第二段階）、そして「5教科18科目が月額980円で受講し放題」（第三段階）に至るまで、数年を要しています。

この事例から学べるのは、マーケティングにおける「4Pと4C」の重要性です。第1章で学んだSTPを「マーケティング戦略」とするならば、4Pと4Cは「マーケティング戦術」。STPによって定めたターゲットに働きかけるための要素を、具体的に「商品化」していくものです。

分析に入る前に、スタディサプリのビジネスモデルをおさらいしておきましょう。

スタディサプリは、リクルートマーケティングパートナーズが運営するオンライン動画学習サービスです。パソコンやタブレット、スマホを通じて、「いつでもどこでも」、カリスマ予備校講師陣による授業動画を「見放題」。大学受験生を中心に小学4年生から高校3年生を対象に学習プログラムが用意されていますが、ユーザーにはその全コンテンツが開放されているため、苦手な分野や、まだ習っていない分野、もう一度やり直したい分野など、必要な学習を「ピンポイント」で学ぶこともできます。料金は、どのプログラムも月額980円で料金を統一。しかし料金を追加することで、志望校向けの学習プランや合格まで並走してくれるチューターなどのオプションがつくプログラムや、ネットで生放送の講義が受けられるプログラムなど、さらに踏み込んだサービスを受けられます。またユーザーは生徒だけではありません。2015年からは学校教育のサポートツールとしても提供。「学校」が契約することで、スタディサプリの到達度テストや学習管理システムを先生が活用できるようになりました。

サービス誕生のきっかけについて、リクルートマーケティングパートナーズ代表の山口文洋さんは、こう語っています。

保護者や生徒に会って話を聞くと、塾のない地域に住んでいたり経済事情のために行きたくても行けない生徒たちが想像以上に多かった。そして、その気持ちに答えられるサービスを出せば、後発ながら僕らにもチャンスがあるかもしれないと思ったのです。

僕自身も公認会計士の学校に通っていたときの話ですが、カリスマ講師の映像授業とそれ以外の先生の生授業か選べるようなときは、いつも映像授業を選んでいたことを思い出しました。やっぱり〝カリスマ〟と呼ばれるような先生だと、バーチャルでも引き込まれ方が違います。

そういった経緯があり、「YouTubeやiPhoneが普及している時代において、公共料金程度の金額で流したら全国の高校生見ちゃうかも」と考えたのが始まりでした。

（「ビジネス＋IT」2018年11月5日掲載）

「塾のない地域に住んでいたり経済事情のために行きたくても行けない生徒たち」の気持ちに応えるサービスを。やがて同社のミッションとして結実する「教育の経済的・地理的格差をなくす」も、この思いから生まれています。

もう一つ、この事例において注目したいのは、これまで幾多の新規事業を生み出し、成功させてきたリクルートという企業自体の「仕組み」が、見事に表れているということです。本章後半で詳しく触れますが、重要なキーワードは「不の発見」「リボンモデル」です。

リクルートといえども、すべての新規事業を成功させているわけではありません。また、斬新なアイデアを生み出す天才だけが揃っているわけでも、強力な影響力やプロモーションだけで成功しているわけでもありません。

ボストンコンサルティンググループ日本代表の杉田浩章さんは、著書『リクルートのすごい構〝創〟力』（日本経済新聞出版社）の中で、こう書いています。

リクルートが、多くの新規事業を世に出し、継続的に収益を上げ続けているのは、一握りの「天才」たちの力によるものでもなければ、偶然の産物でもない。できるだけたく

さんの、新規事業の「種」を見出し、それを高速で磨き上げながら市場に出すための仕組みや、市場に出た後も事業の衰退を許さず、継続的に成長させていく手法を、しっかりと社内に根付かせ、愚直に、しつこく実行しているからだ。その様子は、多くの人が持つイメージとは異なり、非常に緻密かつシステマチックだ。

その仕組みの一端を、スタディサプリを例にご紹介しましょう。

スタディサプリの4P

第1章でも触れた通り、「マーケティング戦略そのもの」というべき位置を占めるのは、STP戦略です。すなわち、ミッション、ビジョンを支える経営戦略があり、そして経営戦略を支えるマーケティング戦略（大局的）、マーケティング戦術（局所的）がある。その中でも、STPは、マーケティングの中核を占めるフレームワークでした。その目的は、商品やサービスが狙うターゲットを定めること。たとえば、同じ「チョコレート」でも、子ども向けと大人向けでは、マーケティングは変わって当然です。ターゲットを定めて、初めて、味わいも値付けも販売方法も決まるのです。これが「STPはマーケティングの中核を占める」と言われるゆえんです。そして、ここでいう「味わいや値付け、販売方法」にあたるのが、4Pです。

4Pとは、プロダクト（Product：製品）、プライス（Price：価格）、プレイス（Place：流通）、プロモーション（Promotion：販売促進）のことです。ハーバード・ビジネス・スクール教授のニール・H・ボーデンが、1964年の論文の中で提唱したもので、それぞれ何を売るか、いくらで売るか、どこで売るか、どうやって知ってもらうか、を指しています。

なお、ここで注意していただきたいのは、4Pの各要素は独立したものではないということです。マーケティングの世界では4Pのことをマーケティング・ミックスとも呼び、マーケティングプランを考える際には4つのPを「最適な形に組み合わせて」実行に移します。

「いい商品・サービスを作れば売れる」という根強い誤解もあり、ともするとプロダクト→プライス→プレイス→プロモーションという順序で考えがちなのですが、実際には一つずつを取り出して検討するのは難しく、「同時並行で」検討します。必然的に、ヒト、モノ、カネなど限られたリソースの配分も、同時並行で考える。実務においては常にそのように進められています。

それでは、スタディサプリの4Pを見てみましょう。大前提として指摘したいのは、ST

Pが明快であることです。「経済的な事情で塾や予備校に通えない子どもや、教育環境が十分に整っていない地方在住の子ども」というターゲットに対し、「教育の経済的・地理的格差」をなくす学習サービスを提供する。そこから4Pのあるべき形を導くことができます。

プロダクトの充実は言うまでもないこと。アプリあるいはウェブを通じて、動画によるインターネット学習サービスを提供しています。内容は5教科18科目を受講し放題。オプションとして、チャットによる個別指導もあります。プライスは、「経済的な事情で塾や予備校に通えない子ども」というターゲットの特性を踏まえて、相当リーズナブルに設定されています。予備校の授業などの他の教育サービスと比べて圧倒的に安いのはもちろん、他の「有料オンラインサービス」「有料アプリ」と比べても、お値打ち感があります。

プレイスは、インターネット、オンライン、モバイルを選択。「教育環境が十分に整っていない地方在住の子ども」にプロダクトを届けるには、ネットが不可欠です。プロモーションにおいて特徴的なのは、早い段階からテレビCMを大量に打ったことです。月額９８０円という価格設定を考えると、大量の生徒を獲得しないと損益分岐点を超えないはずです。さまざまなプロモーション手法があるなかでも、多くの生徒の「認知」を獲得できるテレビCMにリソースを割いたのは、そこに理由があります。ここでも「経済的な事情で塾や予備校に通えない子ども」「月980円」といった他のPを踏まえての最適化が図られているのです。

一つひとつのPを単独で磨き上げるのも、もちろん大切なことです。しかし、それは4Pの本質ではありません。より大切なのは、マーケティング・ミックスの考え方のもと、いかに全体を最適化するか。部分最適よりも全体最適。スタディサプリもそのように設計されていることがわかります。

以上、スタディサプリの4Pを整理しましたが、ここで改めて、考えてみていただきたいことがあります。この4Pによって、スタディサプリが教育産業にもたらしたイノベーションの「価値」を表現できているのだろうか、と。

スタディサプリの4C

そこで今度は、「4C」に注目してみましょう。

4Pはあくまで、商品・サービスを提供する側の視点に立った考え方です。より「顧客視点」の商品・サービスが求められる時代の流れの中、これを顧客視点から再定義するものとして考案されたのが、4Cです。考案者は、アメリカ・ノースカロライナ大学マスコミ学科教授のロバート・ラウターボーン。１９９３年、彼は「４Ｐは時代遅れの産物」とし、プロダクトに対してカスタマーバリュー（Customer Value：顧客価値）を、プライスに対してカスタマーコスト（Customer Cost：顧客の生涯コスト）を、プライスに対してコンビニエンス（Convenience：利便性）を、プロモーションに対してコミュニケーション（Communication）を検討するべきだと提唱しました。

４Ｃにより、売り手が提供したいものと、ユーザーが欲する価値との、ギャップを埋めることができます。

顧客視点という言葉だけ切り取ればさして珍しいものではなく、「そんなことなら自分の会社でも大事にしている」と思われた方もいるのではないでしょうか。ところが、現実にはこれがよく見落とされがちです。スタディサプリの値付けにおいても、当初は「他の大手予備校と比較して」安い値付け（１科目、月５０００円）をしました。しかし、これを安いと感じていたのは、サービスの提供側。ユーザー側は、「他の有料アプリと比較して」、それを割高と感じていたのです。売り手が提供したいものと、ユーザーが欲する価値との間に、ギャップがあったのです。

しかし現在のスタディサプリは、そのギャップを見事に埋めるものになっています。その

図表3-1　4Pと4Cの比較

	4P	4C	
Product	■商品名:スタディサプリ ■モバイルアプリ ■動画 ■教材 ■チャット	■CV=悩みの解決(子ども、親、先生・学校) ■子供:「手軽×自分のペース」で勉強したい ■親:「手軽×子どもの勉強に関与」したい ■先生・学校:「手軽×学習管理」したい	Customer Value
Price	■価格:980/月 ■その他のコース	■CC=コスト、お金、時間、リスク ■コスト:安い ■お金:かからない、安い ■時間:時間もかからない、自宅でできる ■リスク:後悔しない	Customer Cost
Place	■インターネット、オンライン、モバイル	■便利 ■入手しやすい ■いつでもどこでもできる	Convenience
Promotion	■TVCMから営業までの一貫性 ■「15秒CM」などのわかりやすさ	■コミュニケーション ■フィードバック→PDCA ■追加オプションでチューター	Communication

結果、「経済的な事情で塾や予備校に通えない子どもや、教育環境が十分に整っていない地方在住の子ども」というターゲットに対し、「教育の経済的・地理的格差」をなくす学習サービスという価値を提供、破壊的なインパクトをもたらしました。

スタディサプリの4Pと4Cを比較したものが上の**図表3-1**です。

スタディサプリというプロダクトに対する、カスタマーバリューとは何か。それは、教育に関するさまざまな悩みの解決です。第一には子どもの「もっと手軽に自分のペースで勉強したい」という悩みですが、その手軽さは子どものみを助けるものではありません。第二には、親の「もっと手軽に子どもの勉強に関与したい」という悩み、第三には、先生や学校の「もっと手軽に学習管理したい」という悩みと、三者の悩みを解決する設計になっています。

月９８０円というプライスに対する、カスタマーコストはどうでしょう。消費者にとってコストとは、料金のみを指すものではありません。そこには時間やリスクの概念も含まれています。「９８０円で5教科受講し放題」という設定に十分な安さを感じるのは間違いのないところ。加えて、予備校通いを省略できるため、時間的にもお得です。牛窪さんが書いている通り、教育費を「母親のパート・アルバイト代」から捻出する家庭にとっても、９８０円ならば大きな負担になりません。万が一スタディサプリをうまく活用できず、解約することになったとしても、後悔を感じずに済むことでしょう。

続いて、プレイスに対する、コンビニエンス（利便性）とは何か。ここでいうプレイスとは、要するにスタディサプリを広げるチャネルのことです。当然ながら、スタディサプリには、オンライン、モバイルといった特徴があります。これらがもたらす利便性とは、入手しやすく、いつでもどこでもできるということ。牛窪さんがリサーチした女子中高生も「すき間時間に、マイペースで学習できる」ことをスタディサプリのメリットに挙げていました。

プロモーションに対するコミュニケーションは、どうでしょう。スタディサプリには、双方向にやり取りできる機能が備わっています。たとえば、大学受験生向け「合格特訓コース」では、専任のコーチとチャットを介しての相談ができますし、ネット生放送での講義中に質問することも可能です。そもそも講義内容も、こうした生徒からの声を受けて、改善が続いていきます。

スタディサプリが顧客に提供している価値を、別の角度からもう一度整理してみましょう。左の**図表3－2**は、子ども、親、先生・学校それぞれに対する「機能価値」と「情緒価値」をまとめたものです。機能価値とはその商品サービスが提供してくれる機能を、情緒価値とはその商品サービスが提供する心理的価値を言います。日本では長らく、「いいものを作れば売れる」、すなわち機能価値が重視されるきらいがありました。しかし、顧客視点のマーケティングが叫ばれる時代になって、それが顧客の中でどのような情緒価値を生み出すかが、問われるようになっています。

まず子どもにとっての価値は、「いつでもどこでも学べる」という機能価値から「楽しい」

図表3-2　スタディサプリが提供している顧客価値

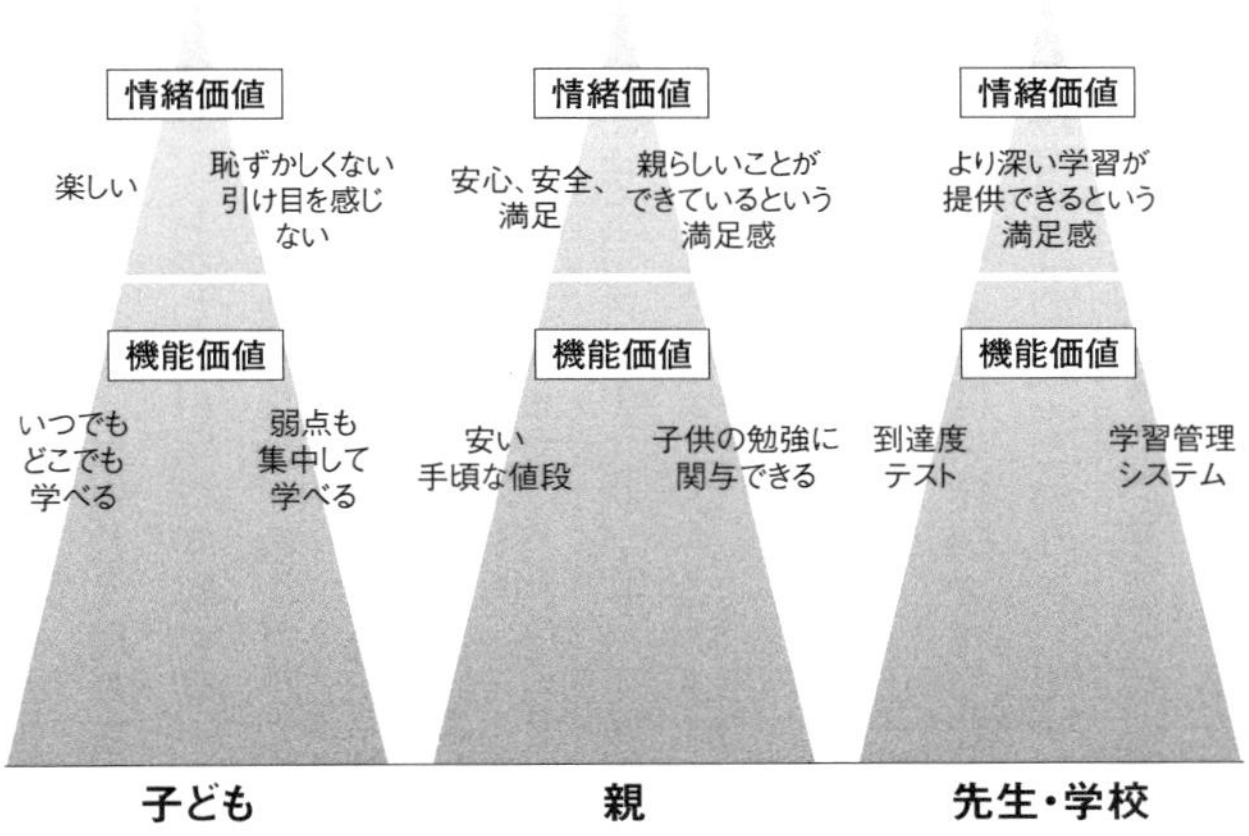

という情緒価値。これはすぐに理解できるところでしょう。見逃せないのは図の右側の「弱点も集中して学べる」という点です。学校でも予備校でも、手を挙げて自分の弱点を周囲にさらすのは、なかなか勇気がいることです。しかしスタディサプリであれば、誰の目を気にすることなく、自宅で、弱点を集中的に学ぶことができる。だから「恥ずかしくない、引け目を感じない」のです。これは非常に魅力的です。

親にとっての機能価値は、「手頃な値段」であること。また子どもが自宅で学習できるという点で「安心、安全、満足」も得られます。さらには「子どもの勉強に関与できる」という機能価値から「親らしいことができているという満足感」という情緒価値が提供されています。通常、学年が進むほど、親が子どもの勉強に関与することは難しくなります。忙しさから、その時間的余裕がないケースもあるでしょう。しかし、自宅で手軽に学べるスタディサプリを提供することで、自分の目が届く範囲で子どもの勉強を見守ることができる。そこに親としての満足感を覚えるのです。

先生・学校にとっての機能価値は、「到達度テストや学習管理システム」が中心です。これが情緒的にも、「生徒一人ひとりに合わせたより深い学習が提供できるという満足感、安心感」につながっています。

いずれにせよ、スタディサプリが、顧客視点の時代にふさわしく、4Pに4Cを加えることに成功した事例であることが、おわかりいただけると思います。

リクルートの「リボンモデル」

さて、ここで改めて問いたいのは、なぜリクルートは、いくつもの新規事業を成功させ続けることが可能なのか、ということです。それも、スタディサプリを含め、多くの新規事業が、「サービス」としての成功を超え、社会を変革する「イノベーション」となり、大きな価値をもたらしている。それはなぜなのでしょう。

図表3-3　リクルートの「リボンモデル」

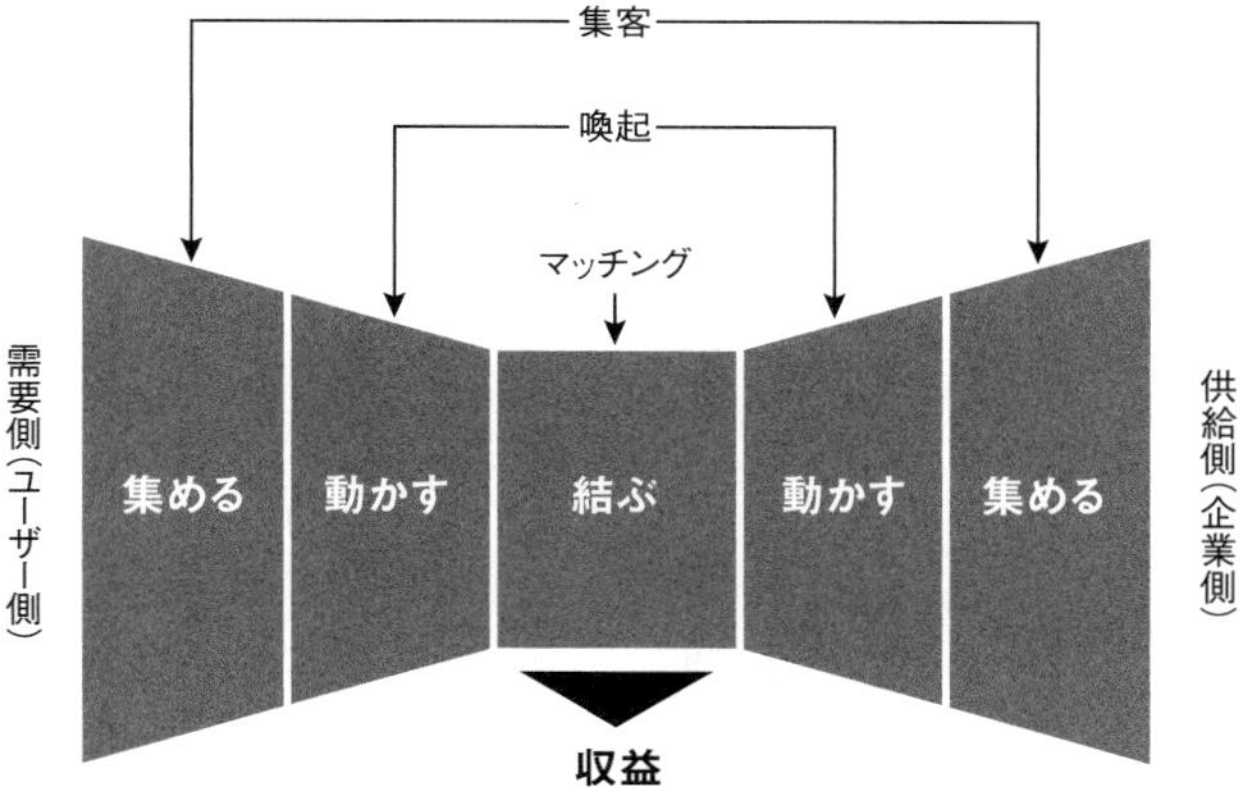

出所）杉田浩章『リクルートの すごい構“創”力』（日本経済新聞出版社、2017年）

実は、その答えが「リボンモデル」です。リボンモデルとは、産業構造全体を俯瞰したうえでビジネスを設計する手法のこと。リクルートでは、どの社員もこのモデルを日常的に活用しているといいます。上の**図表3-3**をご覧ください。その名の通り、リボンのような形をしており、左側に需要側（ユーザー側）、右側に供給側（企業側）が位置し、その中央で両社を結びつけるのがリクルート、という構造になっています。スタディサプリでいえば、左側が生徒、右側が予備校講師ということになります。

前述した杉田浩章さんの著書によると、このモデルが意味するのは、次のようなものです。

左右両サイドの端では、まず個人や企業を「集め」、何らかの働きかけをすることで両者の行動を変化させて「動かし」、中央のマッチングポイントで「結びつける」ことでリクルートが収益を上げる。この結び目が大きければ大きいほど、マッチングの総量は大きくなる。この総量が増える（ベストマッチングが増える）と、自分の求めるものを見つけられる個人が増えることになるし、企業は、商品やサービスを求める人に、よりたくさん提供できることになる。

（中略）

リクルートの役割は、左側の個人と、右側の企業を、両端でより多く集め、より確実に動かしてたくさん結びつける「ベストマッチング」の仕組みを提供することだと定義される。

（同書より）

杉田さんは「リクルートのビジネスは、採用・求人、住宅、結婚、旅行、飲食、美容など、ジャンルも多岐にわたり、一見何の共通点もないように見えるが、実はすべてリボンモデルで表現できる」と書いています。

具体的には、三つのステージで表すことができるといいます。すなわち、ビジネスの種を発見するステージ1（「0→1」）。事業の価値を定義して「勝ち筋」を見つけるステージ2（「1→10（前半）」）、爆発的な拡大再生産につなげるステージ3（「1→10（後半）」）です。

このステージ1の段階、つまり新規事業を創出する起点となるのが、「不の発見」です。ここでいう「不」とは、不便、不満、不安など、あらゆるネガティブな概念を含んだもの。リクルートは、「すべての事業の目的は『世の中の不をなくすこと』」「消費者、企業・事業者、産業や社会などに、大きな『不』が存在するのであれば、それを解消するためのイノベーションが求められ、その実現にはビジネスチャンスがある」と考えます。

ここで語られる「不」が、よく言われる「ニーズ」と、異なるニュアンスを持っていることに、お気づきでしょうか。そこには「ユーザーが求めるもの」を超えて、社会的な価値が含まれています。

「ニーズ」は、言葉通り、お客様が求めているもの。一方の「不」には、それだけではなく、リクルートが考える、あるべき社会の姿が反映されている。例えば、「お客様のニーズ」と言ったときに挙がりがちな、「価格が高いのが不満」「サービスのスピードが

遅いのが不満」などの、一見「不」に当てはまりそうなものであっても、リクルートが言うところの「不」には該当しないことがある。

あるべき社会の姿を考えたとき、「現状より価格を下げると、提供されるサービスの質が下がって結果的に消費者、事業者ともに不幸になる」のであれば、それは解消すべき「不」ではないと考えられるからだ。しかし、業界構造が「あるべき姿」でないために、必要以上の価格を消費者が支払っているのであれば、価格が高いことは解消すべき「不」になる。

（同書より）


もうおわかりでしょう。スタディサプリは、どのような「不」を解消するために生まれたのか。

これがすなわち「経済的な事情で塾や予備校に通えない子どもや、教育環境が十分に整っていない地方在住の子ども」が抱える「教育の経済的・地理的格差」だったのです。また杉田さんは不を見極める三つの条件として、「誰もが目をつけていなかったものか」「既存の産業構造を変えるほどの大きなものか」「収益につながるものか」を挙げています。これらにも、スタディサプリはすべて該当しています。

学校教育そのものをカバーするプラットフォーム戦略

もう一つ、指摘したいことがあります。リクルートのリボンモデルとは、生徒と予備校講師をつなげる「プラットフォーム」でもある、ということです。

プラットフォームとはもともとは台、土台、基盤などの意味。ここでは生徒と予備校講師をつなげる土台とまずは押さえておきましょう。

このプラットフォームは、拡大を続けてきました。スタディサプリは、第一に受験生が抱える「不」を解消したことで、イノベーションを生み出しました。それが後に、学校側が抱える「不」の解消にもつながりました。

高校によっては、生徒の学力レベルに開きがあるものの、授業で個々に合わせたきめ細かい対応をすることが難しい。また、そもそも個々の生徒がどこでつまずいているのか、教師が細かく把握できていなかった。

それがサプリの場合は、オンライン故に、受講履歴や確認テストの結果から、一人ひとりがどこでつまずいているのかがわかるうえ、学力のレベルや苦手なところに応じて個々に勉強することができる。教師側から、授業や補習で使いたいという声が上がるようになったのだ。

２０１５年には、学校向けの到達度テストや学習管理システムを導入。先生側もサプリを使って個々の生徒がどの分野でつまずいているかを、オンラインで正確に把握し、効果的、効率的に学習指導ができるような仕組み作りを行った。今はすでに１０００以上の学校で導入されている。

（同書より）


これにより、従来「予備校講師」が想定されていたリボンモデルの右側が、学校や先生にまで拡大しました。今やスタディサプリは、学校教育そのものをカバーするプラットフォームへと成長しているのです。

それも、経営学でいう「ツーサイドプラットフォーム」である点は、特筆すべきところです。ツーサイドプラットフォームとは、二つの異なる集団の出会いを促すプラットフォームのこと。そこでは、プラットフォームそのものの拡大を促す効果が強力に生じています。それを、サイド内ネットワーク効果と、サイド間ネットワーク効果と言います。

そもそもネットワーク効果とは、ユーザーが増えるほど製品やサービスの価値が上がることを指します。その一つが、サイド内ネットワーク効果です。ＳＮＳがよい例です。同じグループに属するユーザーが増えるほどに「友人知人とコミュニケーションができる」サービスとしての価値を高めていきます。一方、サイド間ネットワーク効果とはプラットフォーム上にいる異なるユーザー間に生じるものです。つまり、片方のユーザーが増えると、別のグループに属するユーザーも増える、ということです。

これをスタディアプリに当てはめると、どうなるでしょう。たくさんの生徒が集まってきているから、継続的に低価格で商品サービスができている。たくさんの生徒が使うようになるほど、「友達も使っているから」「評判がいいから」ということで、より生徒が増えていく。これがサイド内ネットワーク効果です。そして受験生のユーザーが増えるにつれて、予備校講師に加えて学校の先生も参画するようになっていく。また生徒が増えるほど、いい講師が集まるようになりますし、いい講師が増えるほど、いっそう生徒は増えていくことでしょう。これがサイド間ネットワーク効果です。

スタディサプリの成長は、この二つのネットワーク効果にも、後押しされていたのです。

リクルートはＯＧ／ＯＢに数多くの経営者を輩出している会社としても有名ですが、私は、同社在職時代からの「不の発見」「リボンモデル」へのこだわりが彼らの退職後の成功にも大きく貢献しているのではないかと考えています。「不の発見」「リボンモデル」は、どのような業種のどのような会社においても大いに参考にすべきものだと思います。

第4章——なぜオイシックスはママたちに支持されるのか？

1　リサーチ編

文・牛窪　恵

2010年まで日本の「人口」は増え続けていた

近年、毎日のように「人口減少」という言葉が報道されます。ですが、今から10年ほど前の2010年まで、日本では人口が〝増え続けていた〟のをご存じですか？

1940年、第二次世界大戦が始まる前まで、日本の人口は7200万人ちょっとでした。案外少ないですよね。また、終戦の年の昭和20年（1945年）までには、戦争で多くの方が命を失い、一旦、減少傾向に向かいます。ですがその後、戦地などに赴いていた男女が故郷や自宅に戻り、そこで結婚して生まれた子どもが急増。1950年には8300万人超と、5年前に比べて1000万人以上もドンと人口が増えます。

このころに生まれたのが、今日本で最も人口が多い「団塊世代」（牛窪の定義では、19

46～51年生まれ）。その後も微増ながら着実に増え続け、ピーク時の２０１０年には１億２８００万人超に達しました。

ところが、ここから「右肩下がり」の時代に入ります。最大の原因とされるのが近年、一気に進んだ、男女の「未婚化」現象。１９９０年代後半から結婚する男女がどんどん減り始め、ひと昔前なら結婚・出産するはずだった男女の多くに、子どもができなかったのです。

必ずしも結婚せずに生きていける時代の到来は、「いろんな生き方が選べる」という意味で、豊かな社会であると言えるでしょう。ですが、日本では両親が結婚せずに生まれてくる子ども、いわゆる婚外子（イヤな言葉ですが）が、出生数全体の２％ほどしかいません。妊娠と結婚の順序が逆の「できちゃった結婚」も、20代では約４割に及びますが、いずれにしても、結婚と出産はセットである場合が、未だ大半です。

ということは、１組あたりのカップルがよほど多くの子どもを産んでくれない限り、婚姻数が減っていくのに比例して、子どもの数も減り続けます。２０１９年現在、日本の人口は約１億２６００万人。今後、親世代になると見られる現０～14歳の人口は減る一方なので、２０３０年には人口が１億２０００万人を割り込み、さらに２０５５年には１億人を切るのではないかと見られているのです（内閣府「平成29年版高齢社会白書」）。

人口が減ると、どんな不具合が起きるのでしょうか？　まず考えられるのは、少子高齢化によって、「社会保障制度」が破たんする恐れです。

具体的に見てみましょう。前回、東京五輪が行われた翌年（１９６５年）の段階で、日本は１人のシニア（65歳以上）を９・１人の現役世代（15～64歳までの男女。生産年齢人口）が支えていました。ところが徐々に若者が減り、高齢者が増えていったことで、２００８年には２・９人が１人のシニアを支える構図に。これが25年には、現役世代２人が１人のシニアを支えなければならなくなります（厚生労働省発表データより算出）。

つまり、若者を含めた現役世代一人あたりの負担は、60年前の４・５倍。これでは事実上、支え切れませんよね。

またもう一つの問題が、消費やモノ・サービスの生産、提供など「経済全般」が縮小してしまうこと。

２０１９年４月を皮切りに、政府は外国人労働者の受け入れ拡大を決断しました。根底にあるのは、さまざまな生産現場での「人手不足」。働き手が足りなければ、生まれるはずだったモノやサービスも世に出てこない。また、それを買うはずだった人たち、すなわち消費者の数も減ってしまうので、たとえ無理して作ったところで「売れ残る」という現象が起きてしまいます。この傾向は、都会より人口が少ない地方の市町村のほうが、より深刻です。とくに、働き手の住民が少ない自治体では「税収」も減ってしまうため、お店の売上が減るだけでなく、自治体そのものも存続が厳しくなってしまうでしょう。

ちなみに２０１４年、かつて建設官僚で岩手県知事も務めた増田寛也さんが、衝撃的な著作を発表しました。タイトルは、『地方消滅』（中公新書）。この中で、２０４０年までに消滅する恐れがある都市、いわゆる「消滅可能性都市」として紹介された市町村は、全国約１８００市町村のうち、なんと約半数（８９６市町村）にものぼっています。

「規模の経済性」を行使しにくい時代

もっとも、思い出してください。本章の冒頭で触れた通り、１９５０年、日本が一気に人口を増やした時代でも、人口は８３００万人超でした。２０５５年には人口が1億人を切ると見られますが、「高度経済成長期（１９５４年～73年）」の中盤、１９６５年時点でも、人口は1億人に届かなかった。賛否はありますが、私自身は高度成長やバブル期のように、常に拡大や成長を求めるいわゆる、「マネー資本主義」を標榜しなければ、必ずしも悲観しなくていいのではないかと考えています。

反面、日本は終戦以降、高度成長・バブルの時代まで、おもに「大量生産・大量消費」を掲げて、経済成長を遂げました。ですが人口減少の時代に入ると、「量より質」の観点が無視できない。数や規模によるメリット、いわゆる「規模の経済性」を行使しにくいからです。

わかりやすい例でご紹介しますね。

皆さんが、ある商店街の一角に「カフェ」をオープンしたとします。カフェ経営は、皆さんの長年の夢でしたが、現実は厳しい局面も多い。1日にどれぐらいのお客さまが来ようと、皆さんは店を開け、アルバイトのスタッフを何人か雇い、メニューにあるレギュラーコーヒーやカフェラテなどを作るのに必要な原材料を最低限、用意しておかなければなりません。またそのために、通常は1カ月あたりの賃料や水道光熱費、さらにはアルバイトの人件費などを支払うことになります。

ここでは単純に、「原材料費」だけに注目してみましょう。仮に皆さんが、業者Kと契約したとします。Kはコーヒー豆やミルク、ホイップクリームなど、お店で提供するメニューに使う原材料をすべて納入してくれるのですが、業者Kには「原材料をまとめて〇キロ（または〇個）以上買ってくれたお店には、1割引きでご提供します」という、嬉しい大量買い割引があります。よって、皆さんは1日10杯分のコーヒーを売るより、50杯分のコーヒーを売るほうが、1杯あたりの原材料をお得に（割安で）手に入れられる計算です。

簡単にいえば、これが「規模の経済性」。すなわち、生産（販売）量を増やすことで、1単位あたりの平均費用が低くなるとき、「規模の経済が働いた」ことになります。

では業者Kは、なぜ原材料を大量に買ったお店に「割引」できるのでしょうか？

Kの立場で考えてみましょう。仮に、20キロ分のコーヒー豆を、五つの店に販売しなければならないとき。Kは20キロ分の豆を五つに小分けして、別々の配送ルートにかけたり、そのための伝票を作ったりと、何倍も労力がかかります。

でももし20キロ分すべてを、あなたの店が買ってくれれば……、配送も伝票も諸連絡も、すべて1カ所に行けば済む。軽減される手間は、1割引でもお釣りがくるはずですね。

「浮気」を防ぐには

ところが、今のように人口減少社会になると、何が起きるでしょうか？

まず単純に、全国のカフェで1日にコーヒーを飲む人の数は「減る」と考えられます。昨今は「コーヒーは健康にいい」と言われ、一人あたりのコーヒー消費量が増える傾向にもありますから、必ずしもコーヒー自体の需要が減るとは限らない。それでも、人口が1・3億人からどんどん減少に向かえば、飲む人の数は間違いなく減ってしまうでしょう。数が減るなら、一人あたりの来店頻度を上げたいところ。にもかかわらず、現代は厄介なことが増えました。それが、人々の嗜向の多様化と「ネット（情報化）社会」の到来です。

昭和の時代、美味しいコーヒーを飲んだり買ったりしようと思えば、名店と呼ばれるカフェ（喫茶店）や店に、わざわざ出向かねばなりませんでした。だからこそ、ひとたび気に入れば「隠れ家」「お気に入り」として、頻繁に通ってくれやすかったのでしょう。

ところが平成に入り、１９９０年代も後半以降になると、ドトールコーヒーのような格安なコーヒーショップが増える一方で、スターバックスコーヒーやブルーボトルコーヒーなど、欧米由来のお洒落なカフェが街中を席巻。また、こだわりのコーヒー豆や粉、あるいはネスレのコーヒーマシン専用カプセル（ネスカフェ　ドルチェ　グストなど）などを「買う」際も、自宅にいながらネットで、いつでも好きなモノが選べるようになりました。

そのうえ、２０１０年以降はＳＮＳとスマホが浸透。今や「〇〇駅の近くに、美味しいカフェができたよ」といった口コミ情報も含めて、日々大量の情報が入ってくる時代です。こうなれば、たとえ皆さんの店を好むお客さまでも、そんなに頻繁には来てくれませんよね。

裏を返せば、これだけネット環境が発達して顧客が「浮気」しやすい環境になったからこそ、あるいは人口が減っていくうえに人々の嗜向が多様化した社会だからこそ、一人のお客さまをより深く知り、長く熱心に通ってくれる〝ファン〟を増やす必要があるのです。

こうしたお得意さまは「ロイヤルカスタマー」と呼ばれ、近年、企業が最も大切にすべきお客さまとも言われます。マーケティング上、その定義は「企業やお店の製品・サービスに対して〝忠誠心〟が高い顧客」とされます。

でもなぜ〝忠誠心〟という言葉が使われるのか？　私は長年、違和感を覚えていました。ですが、そこには「単に利用頻度が高いお客さまを指すのではなく、あくまでも忠実なお客さま」の意味が込められているようです。

再びカフェの例で、ご紹介しますね。皆さんのカフェに、足しげく通ってくれるL男さんとM子さんがいたとします。L男さんは近くの企業に勤めているのですが、来るのは決まって、午後3時。皆さんのカフェが「タイムセール」や「ポイント2倍セール」を行う時間帯です。つまり、彼は「安さ」や「ポイント」に惹かれて来るので、コーヒーの味にはさほどこだわりません。近くにもっと安くてそれなりに美味しいカフェが出現すれば、そちらに移ってしまう可能性も高い、浮気確率が高いお客さまです。

もう一人のM子さんは、近所に住むコーヒー好きの主婦。本当は、自宅からクルマで10分ほどの距離にある「別のカフェ」に行きたいのですが、彼女は運転免許を持っていません。よって、「歩いて来られるし、まあここでいいか」と半ば妥協して、皆さんのお店に通ってくる。彼女もまた、近くに魅力的な店ができれば、そちらに移ってしまうでしょう。

こうしたL男さんやM子さんは、来店頻度の高さでいえばトップレベル。でもマーケティング上、彼らを「ロイヤルカスタマー」とは呼びません。なぜなら、彼らはあなたのお店の〝ファン〟ではないから。忠誠心が高いわけではないからです。

重要なカスタマー・エクスペリエンス

皆さんも、著名人やスポーツ選手の中に、「この人が好き！」と感じる存在がいるのではないでしょうか？　その人のためなら、多少遠くても忙しくても、コンサートや舞台、試合を観に行き、高額なDVDやチケットも購入する。そして必ずのように、皆さんは周りに言うでしょう。「この前、○○さんが出る試合を観に行ったけど、すごかったんだよ！」と。

〝ファン〟とはまさに、そういうものですよね。距離が遠くても、価格が高くても、「この目で見たい、聞きたい」と時間やお金を割いてくれる。そして人々に、「素晴らしいんだよ」と口コミしてくれる。また、周りに別の店がオープンしようと、そちらには見向きもしない。

そうした「決して浮気しない」ファンこそが、ロイヤルカスタマーです。

では、浮気しないファンを増やすために、カフェを経営する皆さんは何をすればよいのでしょうか？

基本的には、著名人やスポーツ選手と同じです。コンサートや舞台、試合を観に来てくれたお客さまに「感動」や「心地よさ」を与えること。それも、想像していた以上の喜びや興奮、癒し、あるいはアッと驚く仕掛けなど、いい意味でお客さまの常識を裏切ることができれば、お客さまは「素晴らしかった」「また来たい」との思いを抱いてくれるはずです。

たとえば金曜の夜、L男さんのもとに「今週もお疲れさまでした。土日は特別に、お疲れを癒す極上コーヒーをサービスいたします」とのメールが届く。あるいはM子さんら常連にだけ、インスタ映えしそうな「ラテアート」（カフェラテなどに、イラストや文字などを描くこと）を描いてくれる。お手洗いも重要です。清潔なだけでなく、季節の花が飾られている、いい香りがするなど、心地よい空間が用意されている。そして店を出るとき、あるいは出た後も、スタッフが「ありがとうございました」と頭を深々と下げて見送ってくれる……。

そんな店であれば、きっとお客さまは「いい店だよ」と周りに口コミし、自身も「また来たい」「次も買いたい」と強く感じてくれるでしょう。

すなわち、お客さまがその商品やサービスを購入した瞬間はもちろん、その前後も含めて体験する、喜びや感動、興奮、心地よさ、あるいは逆に、失望や怒り、憤りといった負の感情。これらはシンプルに「お客さまの体験」との意味から、「カスタマー・エクスペリエンス（以下、CX）」と呼ばれます。

CXは、単なる「コーヒーの美味しさ（まずさ）」といった、物質的なものへの評価に限りません。皆さんもそうではないでしょうか？　カフェで感じる心地よさや不快感は、店に入った瞬間から、買い終わって（飲み終わって）店を出るまで、あるいはその前後でメールマガジンやクーポンを受け取った際や、「SNSに投稿しよう」と店で写したラテアート画像を振り返る際など、要所要所で感じることですよね。すなわち、「この店って気が利いているな」、あるいは「次もワクワク、胸躍らせてくれそうだな」など。

つまり、スタッフの声かけやお辞儀、店内のBGM、コーヒーの香り、ソファの座り心地、あるいはメルマガが配信されるタイミングなど、「目に見えないもの」も含めた、一連の満足感や充実感こそが、皆さんの店に対する総合評価（体験価値）を決定づけます。これこそが「CX」。店側がその価値や評価を上げてこそ、お客さまが浮気をしない、ロイヤルカスタマーになってくれる確率も上がるはずです。

また、お客さまが体験するＣＸを、すべて時系列で「見える化」したものが、「カスタマー・ジャーニー（顧客の旅）」。事前にメルマガが届いたとき、あるいは店に入った瞬間から、何かを買って手渡されて見送られるまで、そして買った後のアフターサービスなども含めて、「ここでは、こんな一言が欲しいな」といった体験（ＣＸ）を、タッチポイントごとに、一連の流れで捉える考え方です。

どのポイントも大切ですが、行動経済学者ダニエル・カーネマンらの「ピーク・エンドの法則」によると、顧客の多くは、おもにサービス体験のピーク（絶頂時）とエンド（最終時）のみでＣＸの良し悪しを判断するとのこと。店内で多少イヤなことがあっても、店を去るときスタッフが深々とお辞儀してくれていると「まぁいいか」とつい許せたりしますが、あれも「エンド」がもたらす効果の一種でしょう。

オイシックスの「買い物かご」の秘密

従来、ＣＸのお手本企業として名があがるのは、スターバックスコーヒーやラグジュアリーホテルのザ・リッツ・カールトンなど、おもに「接客サービス」を提供する業種でした（私は超がつくほどのホテルフリークで、とくにリッツ・カールトンでは、本当に感動すべきＣＸを何度も体験させていただいています。詳しくは、本章の最後でお伝えしますね)。

ところが最近は、異色の分野でも、ＣＸを重視する企業が注目されるようになりました。その一つが、オイシックス・ラ・大地。有機野菜や無添加加工食品の宅配サービスで知られる会社です。ここからは同社が運営する「Ｏｉｓｉｘ」(以下、オイシックス)の事例を元に、ＣＸの詳細を見ていきましょう。

オイシックスのサービス開始は、２０００年。かつてコンサルティング会社のマッキンゼーに勤務していた高島宏平さん(現・代表取締役社長)が起業したことに端を発します。

その後、共働き女性の急増や、福島第一原発の事故などによる食の「安全志向」の高まりで、より注目度が増しました。２０１７年、18年には有機野菜の宅配で競合とされてきた「大地を守る会」や「らでぃっしゅぼーや」と相次いで経営統合。19年3月時点で、グループ全体の従業員数は約７００人、年間売上高は約６４０・２億円(連結)に達しています。

オイシックスのユニークな特徴は、毎週木曜日、オイシックス側からの「おすすめ」がネット上の買い物カゴに入ること。

まだ利用経験がない方は、「え？　強制的に食材を決められてしまうの？」と驚くかもしれません。ですが当然ながら、買う・買わないを決めるのは、利用者のほう。期日までに

「必要ない」と思った食材をカゴから抜いたり、逆に追加したりできるのが特徴です。

「だったら、初めから買い物カゴを空っぽにしておけば？」……いえいえ、いくら私のように、休日のショッピングが好きであろうと、日々の調理のためのルーティンな買い物は別。ストレスでしかないことも多いのです。働くママたちにインタビューしても、「会社帰り、ゼロから献立を考えて買い物することが、何よりも苦痛」「仕事した直後、すぐには（調理や買い物に）頭を切り替えられない」といった嘆きが、本当に数多く聞こえてきます。

また、オイシックスの基本は、食品の定期宅配。ビジネスモデルは、次章で詳しくご紹介する「サブスクリプション・モデル（サブスク）」です。一定期間、定期的に使い続けるからこそ、「買い物カゴからの出し入れ」や「購買履歴」が、利用者の好みとして蓄積される。そして、よりその人の志向に合った提案が可能になります。だからこそ利用者側も、「なるほど、そうきたか」と、納得したり共感したりする姿勢を見せたくなるのでしょう。

オイシックスのファンの一人、N子さんは「お、こいつ（オイシックス）、だんだん私の好みがわかってきたなと思うと、浮気心も失せる」と冗談めかして話していました。

また、「〝ケンカ〟するほど、仲良くなれる感じかな」と口にしたのは、別の利用者のO子さん。彼女いわく、初めはオイシックスからの提案に「なぜこの野菜？」と、イライラすることもあったそう。「でも、何度か〝拒否ったり〟、提案と別の食材を買ったりして〝ケンカ〟するなかで、私の好みをわかってくれたみたい」と語ります。

この感覚は、恋愛中に「次のデートで何をしようか」と考えるのとも似ていますよね。すなわち恋人に、「行きたいとこ、どこでもいいよ」と丸投げしたのでは、一度のデートあたり1カ所程度しか、相手の好みがわからない。でももし、自分から「次のデートは、水族館か映画館がいいかなって思うけど、どう?」と聞いたとすれば……相手が「水族館は嫌い」「映画なら、家で観たい」など、たとえプランを拒んだとしても、拒否を通じて、恋人の好みや志向がわかる。より深く、早く相手を知ることができるので、次回以降のデートで満足度を上げやすく、成功しそうな「サプライズ」のアイディアも浮かびやすいはずです。

値段を上回る付加価値は?

一方で、中にはオイシックスのサービスを「高い」と評する利用者もいます。ある意味で当然でしょう。同社が提供する食材は、安心安全に配慮した、こだわりの有機野菜や無添加加工食品ばかり。同じ「きゅうり」という食材だけを、スーパーなどに並ぶ野菜と比較して、「たしかに味は美味しいけど、やっぱり値段が高いかな」と感じる消費者がいることは不思議ではありません。

でもオイシックスが提供するのは、食品だけではない。そこには顧客に喜んでもらえるようなさまざまな提案や、ワクワク胸躍る感動など、大きな体験価値が付加されているのです。

その一つが、家族に「誇れる」ような、体験と感動。

２０１８年、おもに経営者や経営幹部を対象にした、あるカンファレンス（ＩＣＣサミット）の場で、オイシックス・ラ・大地の高島社長は、「われわれは、奥さまが家族に〝褒められる〟という感動体験を、とくに重視しています」と発言しました。

具体的な内容は、次の通り。まず、正式な会員登録をまだ済ませていない妻が、オイシックスに「おためしセット（初回利用者限定）」を頼んだとします。するとセットが発送された日、彼女宛に、オイシックスと契約する農家からのメッセージが、メールで届く。たとえば、「小松菜農家の〇〇です。今日のおためしセットの中に入っている、小松菜を作っています。（中略）どうやって食べても美味しいのですが、えぐみがなく甘みが強いので、できれば生でお塩とオリーブ油だけかけてかじってみてください」など。

すると、「奥さまの大半は、小松菜をナマで食卓に出して、言われた通りにかじってみるようです」と高島社長。それを見た夫や子どもは「ママ、大丈夫？」「何してるんだ？」と驚くでしょう。ふだん、小松菜を巡って会話することは少ないはずですが、この日ばかりは「僕もやってみようかな」などと盛り上がります。

そこでもし「ママ、すごく美味しいね」と褒められれば、妻は「食卓が華やいだ」「家族で盛り上がれた」と誇らしさを感じるはず。そして「自分のチョイスは間違っていなかった」「さすが、私のセンスってすごいでしょ」と「ドヤ顔」に似た感情を抱き、ほぼ確実にこう思うでしょう。「よし、また次もオイシックスを頼むぞ！」。

これこそが、CX。「ナマの小松菜をかじる」という意外性や、「こんなに美味しいのか」といった驚きと感動が、将来の根強いファンを生み育てる、大きなきっかけになる。その価値に気づいた消費者こそが、未来のロイヤルカスタマーへと昇華することでしょう。

20分＝「大和撫子シンドローム」を打破する時間

また2013年、オイシックスが始めた新たなサービスが、「Kit Oisix」（以下、キットオイシックス）。安心安全に配慮し、栄養バランスも考慮したメニューの食材（5種類以上の野菜と肉、魚など）のセットを、作り方を書いたレシピとともに指定の場所に届けるサービスで、一般には「ミールキット」とも呼ばれます。発売から約6年が経った19年4月時点で、累計出荷個数は３５００万食超、19年3月時点で定期購入者は約11万人にも及ぶ人気ぶり。まさに、近年を代表するヒット商品と呼べるでしょう。

オイシックス・ラ・大地の統合マーケティング本部・広報室の西田尚子さんによると、キットオイシックスの利用者の中心は、いわゆる「共働き世代」の30～40代女性。全体の85％が既婚で、うち7割にお子さんがいるそうです。毎日忙しく、時間に追われる様子が目に浮かびますね。

最大のポイントは、「主菜と副菜の2品が、20分で作れる」こと。

もしかすると、「え？　20分もかかるの？」と感じた方もいるかもしれません。私の周りには、「スーパーで売られているカット野菜を使えば、1～2品を10分で作れる！」と胸を張るベテラン主婦も多いので、「想像していたより大変そう」といった反応もあるかもしれません。

でもオイシックスは、あえて「20分で2品」を打ち出しました。実はここにも、先のＣＸに通ずる配慮があります。それは、「レンジでチン」で終わりではなく、あえて少し炒めたり焼いたり煮込んだりする工程を加えること。すなわち、女性たちに「ひと手間（約20分）かけてもらう」ことで、そして品数も2品にすることで、「自分は調理に手を抜いているわけではない」「ちゃんと調理している」との実感を持ってもらえるようにしたのです。

なぜか？　女性の皆さんなら、おそらくピンと来ますよね。そう、女性には、少なからず「調理に手を抜くべきではない」「ちゃんと調理すべき」だという既成概念があるから。

私はこれを、女性の側にフォーカスして「大和撫子《やまとなでしこ》シンドローム」と呼んでいます。「大和撫子」を冠につけた理由は、とくに日本の女性によく見られる傾向だから。社会学では「性別役割分業志向」とも言われますが、要は「男は仕事、女は家事・育児に精を出すべき」との考えの、延長線上にある価値観です。

実は、私が立教大学大学院（ＭＢＡ）で修士論文を書いた際も、「働く既婚女性の調理」をテーマの一つにしました。調査した６００人の妻（20〜50代）のうち、調理を外食や冷凍食品に「丸投げ（外部化）」することに「まったく罪悪感を感じない」と答えた妻は、わずか10・７％しかいなかった。残る約９割の妻は、自分が手を加えないことに、何らかの罪悪感を感じていたのです（２０１８年・クロス・マーケティングとの共同調査）。

先ほど、浮気しない忠実な〝ファン〟、すなわちロイヤルカスタマーを創出するには、提供する商品やサービスを通じてお客さまが体験するＣＸを、お客さま自身が「誇れること」が大切だとお話ししましたよね。オイシックスはこの「20分で２品」のミールキットにおいても、キーワードとして「プレミアム時短＝誇れる時短」を打ち出しました。

つまり、キットオイシックスを利用することは、決して「手抜き」や「ただの時短」ではない。むしろゼロから手作りすることでは得られない、新たなCXをも体験できる……。新たにプラスされるさまざまな付加価値の例が、「食育」や「夫婦仲」への貢献です。

まず食育で好評なのは、お子さんのお手伝い工程を記載した「キッズメニュー」。また、以前タレントの小倉優子さんとともに開発したカレーのミールキットには、母親が子どもと調理するうえでの「声かけポイント」を書いたレシピカードや、子どもの食への興味を高める「食育クイズカード」が入っていて、親子で楽しみながら調理できる仕組みを提供しました（現在は販売終了）。

また夫婦仲への貢献では、「キットオイシックスだと、『夫や子どもも作れるので助かる』といったお声をいただくようになりました」と広報の西田さん。というのも、キットオイシックスのレシピカードには、誰でもすぐ調理できる手順が記載されています。これを見れば、従来ほとんど料理をしなかった男性も、プラモデルを組み立てるような感覚で取り組めるそう。この「レシピカード効果」で、旦那さんが食事の支度を手伝ってくれるようになった、といった喜びの声も寄せられるそうです。

拡大するミールキット市場

調理にかける時間や手間が減らせるだけでなく、「家族の笑顔」にもつながる、プレミアム時短。こうした体験（CX）を後押しするミールキットは、つい調理の時短や手間の軽減に「罪悪感」を抱きがちな女性たちにとって、強い味方だと言えるでしょう。アメリカのミールキット市場は日本よりはるかに大きく、2018年秋の時点で、すでに2年前の5倍以上にまで成長しているそうです（2018年・Packaged Facts 調べ）。

それだけに日本でも近年、この市場に多くの企業が進出を始めました。たとえば、セブン&アイHDグループの「セブンミール 食材セット」や、コープデリの料理キット「そろってGood!」、楽天西友ネットスーパーの「ミールキット」など。だからこそ、オイシックスのような付加価値の高いサービスは、単なる時短ではない「プレミアム」な体験を促すことが重要。それを支える〝ファン〟こそが、ロイヤルカスタマーなのです。

もちろん、プレミアムな体験を提供し続けるのは、次の二つの理由で苦労も多いはず。

第一に、毎回同じような手法を用いたのでは、やがて飽きられてしまうから。東京ディズニーシーのパレードと同じで、季節や時期によって手を替え品を替え、新鮮な感動を与え続けることが重要で、そのためには新たなアイディアやコンテンツ力が欠かせません。

第二の難しさは、ファン作りにつながるＣＸを提供するために、企業内での「横の連携」が欠かせないから。

小さなカフェであれば、オーナーが顧客一人ひとりの顔や情報を覚えていて、「そういえば、今日誕生日だよね」「おめでとう！」と、みずからの裁量一つで、サプライズのケーキを提供できるでしょう。でも、提供者が一定の規模を超えれば、「バースデーのサプライズ」一つでも、複数の部署が連携しなければ実現できません。たとえば、誕生日を含めた顧客データを管理する部署や、ケーキを注文あるいは作る部署、そのケーキを提供するスタッフ、そして料金に含まれないケーキ代を、別予算として計上する権限を持った上司など。

その意味でも本当に見事なのが、ザ・リッツ・カールトン。最後に私が体験した、大阪のリッツ・カールトンでのＣＸ体験を二つ、ご紹介させてください。

最高峰リッツ・カールトンのＣＸ体験

先の通り、私は大のホテルフリークで、国内のラグジュアリーホテルにはほぼすべて泊まっているほどの「オタク」です。１９９７年、世界最高峰のホテルとも言われるザ・リッツツ・カールトンが、日本に初めて上陸したと聞き、さっそく開業して間もない大阪のリッツ・カールトン（以下、リッツ大阪）を訪れました。当時私は、まだ20代でした。

今となっては有名な話ですが、リッツ大阪のコンセプトは「貴族の邸宅」で、ロビー周りに暖炉があったり、エレベーターやエスカレーターなど無機質な機械類をできるだけ目立たないよう設計していたりするのが特徴です。お手洗いの場所もわかりにくく、初めて訪れ、「非日常」の空間に舞い上がっていた私は、「どこだろう」とウロウロ探していました。

すると、一人のホテルマンが声をかけてくれました。「何かお探しですか？」

私が「お手洗いの場所を……」と言いかけるや否や、ホテルマンは「はい、ご案内します」とゆっくり歩き出しました。その時点でビックリ。私の常識では、「この先を左に曲がって、次を右に」など道案内だけして終わるのが、当たり前だと考えていたからです。

でもいつまで経っても、ホテルマンの足は止まりません。迷路のような廊下を歩き、最後に「こちらです」と振り向いたのは、女性トイレの前。私は〝感動〟しました。「なんてすごいおもてなしなんだろう」……。それから10年後、まさか自分が、リッツ大阪のヘビーユーザー（おそらくロイヤルカスタマー）になるとは、そのときは想像もしなかったのです。

今でも私にとって、リッツ大阪の「1泊3万円以上（2019年現在、安い時期でもこれぐらいはします）」の宿泊代は、決して安くはありません。でも「ここに来れば、いつもワクワクできる〝何か〟が待っている！」と思うと、普段欲しいモノを我慢してでも、またここに戻ってきたいと思う。それだけ、リッツ大阪が感動のＣＸをプレゼントしてくれるからです。

宿泊時、ここで最初に体験した鮮烈なＣＸは、「冬の日のチョコレート事件」。

その日私は、広島で講演を終え、夜８時半過ぎにリッツ大阪にチェックインしました。新幹線で大阪に向かう途中の経路が雪で、到着時刻は予定より30分以上過ぎていた。寒さが厳しい日で、一刻も早く部屋で暖まりたいと思っていました。素早くチェックインを済ませて部屋に案内されると、扉の向こうからホワンと暖かい空気が。そしてその向こうのテーブルには、冷えたチョコレートスイーツが並んでいたのです。

驚きました。「これだけ部屋が暖かいのに、なぜチョコが冷えたままなの？」……当時、リッツ大阪では宿泊客に対し、部屋に入った直後に「ウェルカムドリンク」を持ってくるのが通例でした。だとすれば、そのときドリンクと一緒にチョコを持ってくれば済む話です。

でも、リッツ大阪は違った。おそらく私がチェックインした段階で、「牛窪さんが到着しました」と別のスタッフに連絡がいっていた。そのスタッフが冷蔵庫からチョコを出し、私が部屋に入る直前に、こっそりチョコをテーブルに並べてくれていたはずです。

二度目の思い出深いCXは、「永ちゃんケーキ事件」。

数年前のある日、私はリッツ大阪に宿泊予約を入れました。その際、予約スタッフに「この日は、夫がマイカーで迎えに来るので、駐車場を使いたい」と伝言しました。私の夫は関西人で、この日彼は実家に立ち寄ってからホテルに来ることになっていました。実は結婚記念日も近かったので、「館内のレストランで、ランチをしたい」とも伝えたと思います。

「では念のため、クルマのナンバーを教えてください」と予約スタッフ。私はそのスタッフとすでに見知った仲だったので、半ばふざけて、こう返しました。「実は私が、矢沢永吉さん（歌手）の大ファンで。ナンバーも、永ちゃんにちなんだ○○なんです」

それから1カ月以上が経ち、宿泊当日。私は予約スタッフへの伝言などすっかり忘れ、チェックインして部屋に入りました。すると……、なんということでしょう！　テーブルの上には、「永ちゃん」をモチーフにしたケーキが、ドンと置かれていたのです。このときも冬で、お部屋は暖かく、ケーキは冷えていました。

このことから、何がわかるでしょうか？　そう、リッツ大阪のスタッフが、部署の垣根を越えて、見事な連携プレーを成功させたということです。

まず私が永ちゃんファンだと、予約スタッフが誰かに伝えた。次にその人が、「牛窪さんは結婚記念日が近いらしい。永ちゃんをモチーフにしたケーキを作れないか」と、料飲部門の責任者に相談したはずです。そこから厨房（パティシエ）に連絡がいき、「やってみよう」となった。そして完成したケーキを、「牛窪さんが来るまで、バックヤードの冷蔵庫で冷やしておこう」と保存しておいた。そして……、あとは最初の、チョコレート事件と同じです。関わったスタッフは、おそらく十数人を超えたはず。業務効率からいえば、非常に面倒な仕事ですよね。でも私はこの感動と意外性を、何十人に口コミしたかわかりません。そしてもちろん、「リッツ大阪のおもてなしは最高レベルだ」と認識しました。これからも、何度も同ホテルに泊まり続けるでしょう。

２０１６年、私はリッツ大阪の初代日本支社長だった高野登さん（現・人とホスピタリティ研究所所長）と共著で、『大人を磨くホテル術』（日経プレミアシリーズ）という本を書きました。以来、高野さんと年に数回は必ずお会いするので、「永ちゃんケーキ事件」も、いの一番にお伝えしました。「私なんかのために、ここまでするって、スタッフの皆さんも本当に大変ですよね」

すると高野さんは、優しく微笑んでこう言いました。「牛窪さん、ホテルマンは、お客さまをビックリさせたい、感動させたい生き物なんです」。だから大変どころか、むしろ彼らにとってはそれが喜びでもある。牛窪さんのようなファンに感動してもらって、彼らは裏でガッツポーズをしているはずだ、と高野さん。

ＣＸの真髄とは、たぶんそういうものなのでしょう。

２　マーケティング分析編

文・田中道昭

カスタマー・エクスペリエンスへの追求

本章のキーワードは「カスタマー・エクスペリエンス」です。多くの女性をロイヤルカスタマーに変えた「キットオイシックス」も、牛窪さんが感銘を受けたリッツ・カールトンの感動のサービスも、カスタマー・エクスペリエンスを巡る一つのエピソードとして位置づけることができます。

カスタマー・エクスペリエンスとはもともと、マーケティング専門家のバーンド・Ｈ・シュミット教授が提唱した概念です。似た言葉に「ユーザー・エクスペリエンス」がありますが、明白に正式な使い分けはありません。業種や職種によって使い分けがなされているといったところでしょうか。とは言いながら、カスタマーとユーザー、どちらかといえば前者のほうがより広義で、かつ人間に対するリスペクトがある言葉のように私は感じます。本書の中では、カスタマー・エクスペリエンスで統一したいと思います。

近年のウェブマーケティングの世界において、カスタマー・エクスペリエンスは最重要概念といっても過言ではありません。最近、皆さんもこの言葉を耳にする機会が多いのではないかと思います。

たとえばアマゾンは、カスタマー・エクスペリエンスの追求を、創業以来のビジネスモデルの中心に組み込んでいます。サイトを訪問したユーザーの動向を可視化、分析し、デザインや商品の配置を改善していくＰＤＣＡを高速回転させることで、楽しい、気が利く、好ましい、わかりやすい、信頼できるといったカスタマー・エクスペリエンスを高め続けています。

そして近年は、リアル世界のマーケティングにおいても、カスタマー・エクスペリエンスは最重要概念になりつつあります。

ダイムラーは、「話しかければ答えてくれる」音声認識ＡＩアシスタントを組み込んだ革新的な車載システム「メルセデス・ベンツ・ユーザーエクスペリエンス」を発表しました。カスタマー・エクスペリエンス重視の姿勢を、テクノロジー系企業ではなく伝統的自動車メーカーのダイムラーが打ち出したことは時代の変化を象徴していると言えます。

従来、企業がマーケティングをするにあたっては商品・サービス自体が最重要なものとされてきました。しかし今や、どれだけ高機能な製品を追求しようと、それだけで他社と差別化するのは困難な時代です。

そこでカギを握るのがカスタマー・エクスペリエンス。使っていて楽しい、心地がいい、気が利いているといったカスタマー・エクスペリエンスを提供できるプレイヤーこそ顧客に選ばれ、顧客と継続的で良好な関係を築いていくことができる。牛窪さんが書いた「浮気しない忠実な〝ファン〟、すなわちロイヤルカスタマー」も、そのような不断の努力の結果、創出できるものでしょう。

現在、あらゆる業界で「顧客接点やカスタマー・エクスペリエンス、顧客との継続的で良好な関係性を巡る戦い」が起きています。これまで、ある企業、ある業界では「当たり前」のサービスが、別の企業、別の業界では「当たり前ではなくなる」ことがしばしばありました。しかしこれからは、そのような企業や業界は、不便、わかりにくいと批判され、顧客のロイヤルティを築くことはかなわないでしょう。その点、データの集積とそれを基にした高速ＰＤＣＡを回すことに長けているインターネット企業は、カスタマー・エクスペリエンスの追求において一日の長があります。オンラインとオフラインを行き来するようにしてサービスを提供するオイシックスも、その典型的な事例の一つだと言えます。

マインド、ハート、スピリットのすべてで感じるもの

しかし意外にも、これほど盛んに語られていながら、カスタマー・エクスペリエンスの定義には、明快にこれと決まったものがありません。業種や職種、企業によっても使い方が異なるのがこの概念だと思います。

牛窪さんは「お客さまがその商品やサービスを受けることで体験する、喜びや感動、興奮、心地よさ、あるいは逆に、失望や怒り、憤りといった負の感情」と説明してくれました。「まさにその通り」であると私も思います。本章の解説部分を進めるにあたっては、この概念や定義をさらに広く捉えて、どのような業種や職種の方でもお使いいただけるように進めていきたいと思います。

ここでは、カスタマー・エクスペリエンスとは、「顧客が、企業やその企業が提供する商品・サービスと接するすべての経験から受ける価値」と定義したいと思います。それは意識的・理性的に、あるいは無意識的・感覚的に経験するすべてを含んだ概念です。

マーケティングの権威であるフィリップ・コトラーは、著書『コトラーのマーケティング3・0』（朝日新聞出版）において、「物質的ニーズを持つマス購買者」を相手にするものをマーケティング1・0、「マインドとハートを持つより洗練された消費者」を相手にするものをマーケティング2・0、「マインドとハートと精神を持つ全人的存在」を相手にするものをマーケティング3・0と定義したうえで、「（現代の消費者は）選択する製品やサービスに、機能的・感情的充足だけでなく精神の充足をも求めている」と書きました。

この定義にならうなら、カスタマー・エクスペリエンスはハート、マインド、精神（スピリット）の三つによって体験するもの。つまり、従来からの機能的価値だけでも、感情的価値だけでもない、精神的な価値をも含んだ概念でもあるのです。特に、「感動」するほどのカスタマー・エクスペリエンスは、スピリットの奥深く届いているものを指すと、私は考えています。

テクノロジーとカスタマー・エクスペリエンスの進化

テクノロジーの進化にともなって生じた、人々の価値観の変化も、カスタマー・エクスペリエンスの重要性を高めています。

端的にいって、スマートフォンの登場と、SNSの浸透は影響力大です。皆さんも心当たりがあるはずです。日ごろ、サクサク動くスマホに慣れ親しんでいると、たった1秒のタイムラグでもストレスを感じてしまう。スマホによるキャッシュレス決済に慣れてしまうと、レジ前で小銭を探す手間を疎ましく思う。

私たちはすでに、スマホ同様の快適さを、オンライン・オフラインを問わず、あらゆるシーンで要求するようになっています。「共感」「つながり」を求める欲求も、SNSによってかつてなく高まっています。

今後は、VRやAR、次世代通信の5Gなどの新しいテクノロジーが実用化の段階に入ります。カスタマー・エクスペリエンスがこれからさらに重要度を増し、要求されるカスタマー・エクスペリエンスにも変化が生じることは確実です。

マーケティングでしばしば語られる「AIDMA（アイドマ）からAISAS（アイサス）へ」という変化も、テクノロジーによる変化という文脈に位置づけることができます。どちらの言葉も、消費者の購買行動プロセスを意味しています。AIDMAとは、Attention（認知・注意）、Interest（興味・関心）、Desire（欲求）、Motive（動機）、Action（行動）の頭文字を取ったもの。インターネット時代の到来により、これがAIS

ＡＳへと変わりました。Attention（認知・注意）、Interest（興味・関心）、Search（検索）、Action（行動）、Share（共有）です。

フィリップ・コトラーは著書で、「４Ａから5Ａへ」という変化を指摘しましたが、これも同様です。ネット以前はAware（認知）、Attitude（態度）、Act（行動）、Act Again（再行動）の４Ａ。それがネット以後は、Aware（認知）、Appeal（訴求）、Ask（調査）、Act（行動）、Advocate（推奨）の５Ａになったというのです。コトラーは「接続性の時代には、ロイヤルティは究極的には、ブランドを推奨する意思として定義される」と書いています。

前述の通り、古典的なマーケティングにおいては、企業は「商品やサービスを購入してもらう」ことを重視しすぎるきらいがありました。しかし、カスタマー・エクスペリエンスとは、「購入」という1点のみで得られる経験ではありません。ＡＩＳＡＳあるいは5Ａといったポイント一つひとつで生じるものであり、そのすべての経験の集合体が、カスタマー・エクスペリエンス。なお、こうしたポイント一つひとつを、「顧客接点」と呼んだりします。

「レベル」の縦軸と「時間」の横軸

カスタマー・エクスペリエンスは、「縦軸」と「横軸」で整理することができます。

図表4-1　カスタマー・エクスペリエンスの縦軸と横軸

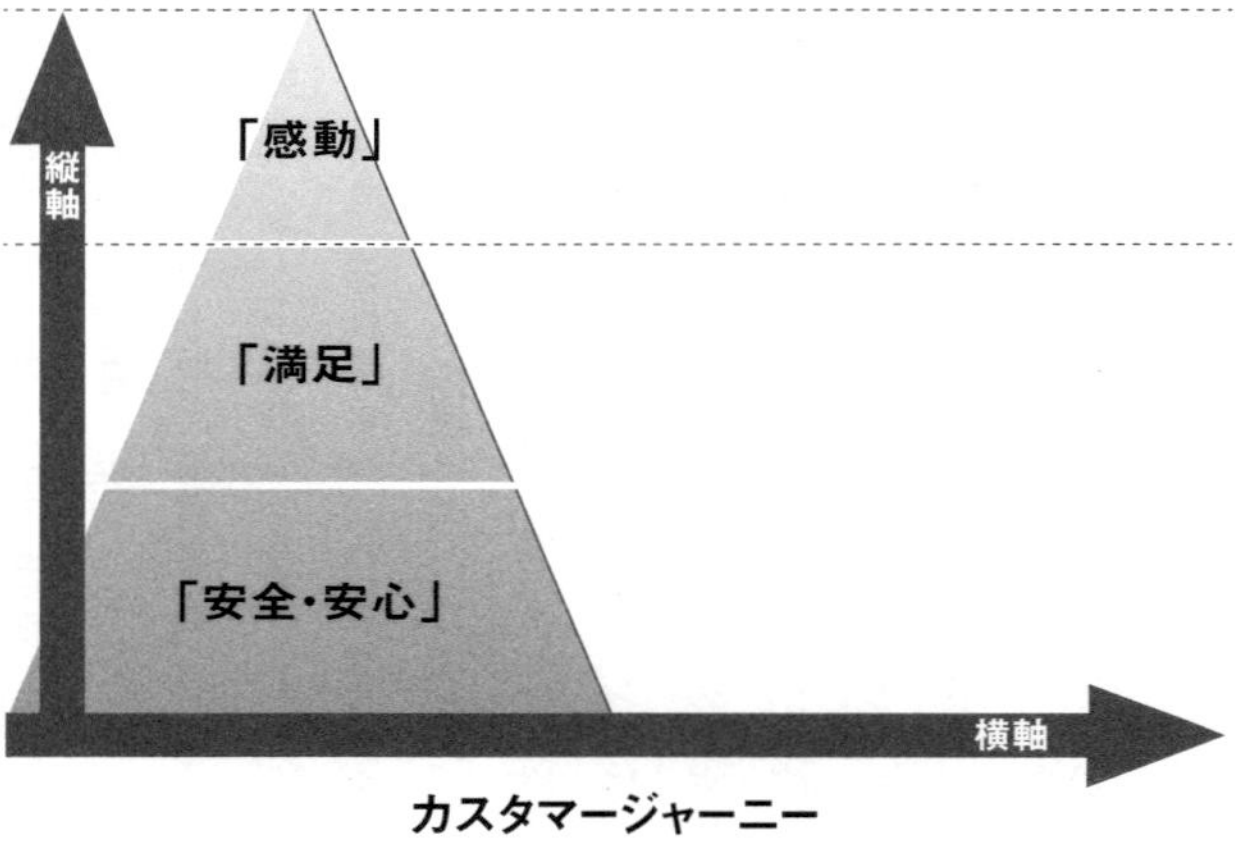

上の**図表4-1**の横軸は時間の経過を指します。検討、購入、利用といった顧客接点を時系列に並べたものです。これをカスタマージャーニーとも呼びます。昨今のカスタマージャーニーは、オフラインとオンラインの行き来が頻繁です。昔であればオフライン、つまりリアルな場で商品やサービスを経験するのみでしたが、いつしかオンラインでの経験も重視されるようになり、それが今ではオフラインとオンラインの境目を感じさせないほどシームレスに行き来するようになっています。この考え方を「Ｏ２Ｏ（Online to Offline）」「ＯＭＯ（Online Merges with Offline）」と言います。オイシックスのように、インターネットで購入し、リアルで受け

取る、一連のユーザー行動をデータ化してサービス向上に活かすといった施策は、これらの一環です。

一方、縦軸はカスタマー・エクスペリエンスの水準、レベル感を意味しています。これには、いくつかの見方があります。

心理学や行動科学の観点からいえば、安全・安心→満足→感動の順序で、カスタマーエクスペリエンスの水準が高まっていきます。人間というものは、安心・安全が満たされた状態で初めて満足の欲求が生まれるのです。同様に、満足があって初めて感動の欲求が生じます。この順序を誤ると、感動のサービスにはたどり着けません。

それでは、満足と感動の違いはどこにあるのでしょうか？　ポイントは予想期待です。人は「こんなサービスがあったらいいな」という予想期待が充足されると、満足を感じます。しかしそれだけでは感動には足りない。感動には「こんなサービスがあったらいいな」と予想期待があるときに、それを超えるサービス、すなわち「ここまでやってくれるのか！」と驚くようなカスタマー・エクスペリエンスを提供する必要があるのです。

これはブランド理論でいう「類似化と差別化」にまつわる話でもあります。事業者として当たり前に提供しなければならない「類似化ポイント」を満たさなくては、顧客に振り向いてすらもらえません。これは、顧客の予想期待に応え、満足してもらうことに当たります。しかしこれだけでは感動に届かず、顧客のリピートにもつながりません。そこで「差別化ポイント」が、つまりユーザーの期待を超える、他社にはない差別化ポイントが求められる、というわけです。

「キットオイシックス」のカスタマージャーニー

それでは、オイシックスはどのようにして、顧客の要求に応え、それを満たし、ロイヤルカスタマーの創出へとつなげているのでしょうか？

左にある**図表4－2**は、大ヒット商品となった「キットオイシックス」について、そのカスタマージャーニーを示したものです。献立→購入→受け取り→調理→盛り付け→食べる→シェア・おすすめと、七つの顧客接点を時系列に並べました。さらに顧客接点それぞれにおける顧客の予想期待を整理し、またその期待に応え、また期待を超えるべくオイシックスが提供している価値をまとめました。牛窪さんのレポートにもあるように、オイシックス利用者の中心は共働き世代の30～40代女性。85％が既婚で、既婚者のうち7割にお子さんがいるとのこと。いずれにせよ、非常に忙しい人たちであることを前提に、論を進めていきます。

図表4-2　「キットオイシックス」のカスタマージャーニー

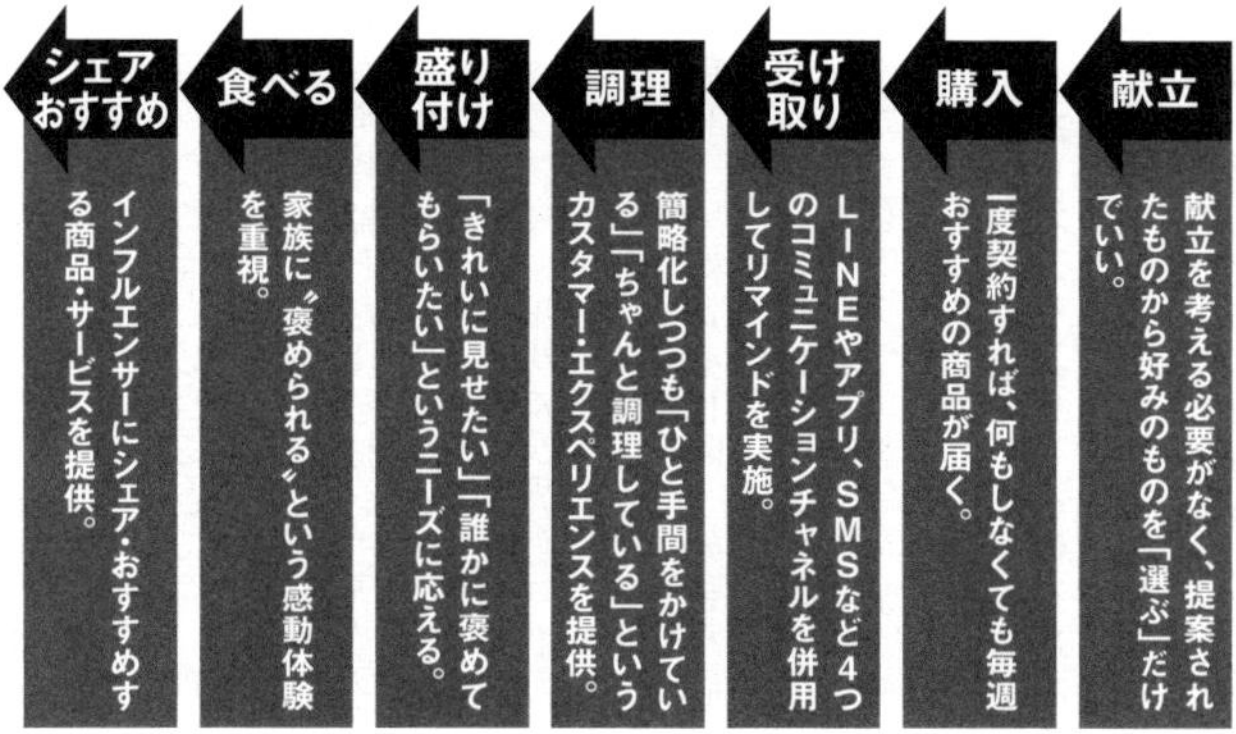

献立	購入	受け取り	調理	盛り付け	食べる	シェア おすすめ
献立を考える必要がなく、提案されたものから好みのものを「選ぶ」だけでいい。	一度契約すれば、何もしなくても毎週おすすめの商品が届く。	LINEやアプリ、SMSなど4つのコミュニケーションチャネルを併用してリマインドを実施。	簡略化しつつも「ひと手間をかけている」「ちゃんと調理している」というカスタマー・エクスペリエンスを提供。	「きれいに見せたい」「誰かに褒めてもらいたい」というニーズに応える。	家族に"褒められる"という感動体験を重視。	インフルエンサーにシェア・おすすめする商品・サービスを提供。

①献立……外食や冷凍食品に頼ることに罪悪感を覚えつつも、献立作りには時間をかけられません。「手軽で便利なほうがいい」というニーズは明白です。これに対し、キットオイシックスはプロ監修のレシピと必要な食材一式を提案します。顧客は、一から献立を考える必要がなく、提案されたものから好みのものを「選ぶ」だけでいいのです。

②購入……やはり「手軽で便利なほうがいい」というニーズがあります。これに対し現在は、定期宅配サービス「おいしっくすくらぶ」に入会すると、毎週20種類以上のメニューから好みに合わせて購入できる「キットオイシックス献立コース」を利用することができます。一度契約すれば、何

もしなくても毎週おすすめの商品が届くというわけです。ここで見逃せないのは、栄養バランスも考慮された安心・安全な食材が、カットなど下ごしらえも済ませた状態で「必要な分だけ」届けられるということです。食材をムダなく使い切るのは、仮に忙しくなかったとしても簡単なことではありません。やむなく廃棄することに罪悪感を覚える方も多いでしょう。第1章でも指摘したように、「モノをムダにしたくない、捨てるのはもったいない」という思いは、日本人のDNAに刻まれた心理であるはず。そのような潜在的なニーズを、キットオイシックスは「必要な分だけ」食材を提供することで充足しています。

③受け取り……好きな日時、好きな届け先を指定することで、待ち時間ゼロを実現しています。平日、休日の午前中〜夜21時まで指定可能です。また、注文変更も随時、受け付けています。ここにはシステム構築の恩恵もあります。

うっかり注文を変更するのを忘れてしまうというユーザーも多く、その場合「不要な食材が入っていた」という失望感のため、解約率が3倍に増えることもあったという。これを防ぐため、以前はメールを使って注文未変更のリマインドを通知していたが、

Marketing Cloudを導入して注文期間の２日前・締め切り日前日・締め切り時間の１〜２時間前までと、きめ細かくプッシュ通知を行った。その結果、注文未変更者を63％削減できたという。ポイントは、利用するユーザーごとにメールだけでなくＬＩＮＥやアプリ、ＳＭＳなど４つのコミュニケーションチャネルを併用してリマインドを実施したことだ。さらに同社は、Marketing Cloudに蓄積されたログを分析し、メッセージに対するユーザーの反応を見て、最適なタイミングとチャネルを選び、注文変更を促すことで大きな効果を生み出した。

(https://www.salesforce.com/content/dam/web/ja_jp/www/documents/customer_stories/oisixradaichi.pdf)

④調理……できるだけ「時短」で調理したい。しかし手抜きはしたくない。「レンジでチン」では罪悪感がある。そんな悩ましい女性に提供されているのが、「20分で２品」が作れる、プロ監修のレシピです。「20分で２品」という絶妙のコンセプトのおかげで、簡略化しつつも「ひと手間をかけている」「ちゃんと調理している」というカスタマー・エクスペリエンスを提供しているのです。のみならず、「夫や子どもも作れるので助かる」と牛窪さんが書

いている通り、調理をきっかけに生じるコミュニケーションによって、子どもの食育や、夫婦仲へ貢献できるのも、通常のミールキットにはない価値です。

オイシックス・ラ・大地の広報担当者は次のように語っています。


「クイック10」といって、10分で作れるシリーズもちょっとずつ出してはいるのですが、当社としてはあまりクオリティーを毀損したくないというところがありまして、20分がそのギリギリのラインとして最初に設計したところがあります。あまりにもレトルト感が出てしまうと、「じゃあ、レトルト買うよ」「じゃあ、お総菜でいいじゃん」「冷凍食品でいいじゃん」といった声が寄せられるので、そこは結構気をつけているポイントですね。

世の中にはもっと短時間で作れるミールキットもありますが、Ｏｉｓｉｘでは〝作った満足感〟とか〝新しいレシピに出会う楽しみ〟なども大事にしています。作っている人が「私が作った」という実感があるのかどうかは、結構重要で気を遣っている部分です。

（「ＸＤ」２０１８年４月23日）

⑤盛り付け……男性は「盛り付け」というプロセスは意識することはなかなかないのではないでしょうか。しかし女性たちの「きれいに見せたい」「誰かに褒めてもらいたい」というニーズはたしかなもの。この点も、オイシックスは見落としてはいません。レシピ通りにつくり、また写真で見せることで、「こうやって盛り付ければ見栄えがいい」「インスタグラムにもアップできる」ということがユーザーに伝わるのです。

⑥食べる……食べて美味しいのは、当然のこと。潜在的なニーズとしては、そこで家族に満足してもらい、一言褒めてもらいたい、というものがあります。牛窪さんは、オイシックス・ラ・大地の高島社長による「われわれは、奥様が家族に〝褒められる〟という感動体験を、とくに重視しています」という言葉を紹介してくれましたが、まさにその通りなのでしょう。

⑦シェア・おすすめ……キットオイシックスのカスタマージャーニーは、食べたら終わり、ではありません。近年のマーケティングにおいては、さらにその先が重要なのです。前述し

たフィリップ・コトラーの「マーケティング４・０」における「３Ａから４Ａ」という変化、あるいは「ＡＩＤＭＡからＡＩＳＡＳ」へという変化を思い出してください。前者はAdvocate（推奨）、後者がShare（共有）で終わっていました。現在のウェブマーケティングにおいて、「どうしたらシェア・おすすめしてもらえるのか」は究極的なテーマなのです。

というのも、オイシックスに限らず、サービス向上のため提供される情報量が右肩上がりに膨らみ続けるなか、顧客によっては「何を選んだらいいかわからない」というジレンマが生じています。このジレンマを解決する有力な方法の一つが、「インフルエンサーをフォローする」こと。インフルエンサーとは世間に与える影響力が大きい人たちを意味します。自分にとって身近な人もいれば、ＳＮＳ上でフォローしている有名人かもしれませんが、いずれにせよ、自分が信頼できる人をフォローしているのです。インフルエンサーが何かをおすすめ・シェアすれば、そこに注目が集まります。したがって企業としては、「インフルエンサーにシェア・おすすめしてもらいたい、そのための商品やサービスを提供したい」と考えるようになるわけです。

もっとも、シェア・おすすめは、それまでのカスタマージャーニーの過程で満足、感動を提供できた「結果」です。それらが欠落しているのに「シェア・おすすめしてください」といったところで、それは無理な話です。

以上、キットオイシックスのカスタマージャーニーをたどりました。すべての顧客接点において、オイシックスが優れたカスタマー・エクスペリエンスを提供していることが、おわかりいただけたと思います。

データを「対話」に活かし、顧客との関係性を深化させる

一連のカスタマージャーニーを通じて、顧客の予想を満たし、そして超えるカスタマー・エクスペリエンスを提供する。これは、ロイヤルカスタマー醸成に大きく寄与しています。もっとも、牛窪さんが書いている通り、プレミアムな体験を提供し続けるのは大変なこと。「いつもと同じ」満足では、やがて飽きられてしまうことになるでしょう。しかし、オイシックスに抜かりはありません。オイシックスの基本である食材の定期宅配というビジネスモデルの中に、顧客との関係を深めるための欠かせない「対話」という要素を埋め込んでいます。ここで、オイシックス・ラ・大地のＣＯＣＯ（チーフ・オムニチャネル・オフィサー）、奥谷孝司さんの話をしたいと思います。奥谷さんは「無印良品」の良品計画でオンラインス

トアの店長を経験。モバイルアプリ「MUJI passport」のプロデュースを経て、2015年にオイシックスに入社しました。この経歴からわかるように、奥谷さんはOMO、O2Oを熟知しています。奥谷さんの共著『世界最先端のマーケティング』(日経BP社)によると、彼が重要視しているのは、「顧客時間」です。

「オンラインなら顧客時間の把握が容易である」

「(中略)オンラインの強みとは、このように『選択→購入→使用』という顧客時間が大まかでも把握できることなのだ」

顧客時間という概念は、カスタマージャーニーそのものです。その中でも彼は特に重要なものとして「選択→購入→使用」の三つを挙げているわけです。

『世界最先端のマーケティング』には、オイシックスの話も登場します。オイシックスの基本は食材の定期宅配、サブスクリプションモデルです。そこでは、通常の買い物とは逆のことが行われています。普通の買い物はサイト内で一つひとつ商品を選び、最後にお金を払うという順序のはず。ところがオイシックスでの買い物は、牛窪さんが書いてくれているように「利用者の選定したコースをもとにオイシックス側からの『おすすめ』商品が買い物カゴに入っている。その中から、期日までに『これはいらない』という食材を省いたり、逆に

『来週は〇〇を多めに買おう』と追加したりできるのが特徴」なのです。

なぜ、このような仕組みにしたのでしょうか？　奥谷さん自身、「なぜ最初からカートに野菜が入っているのか？」という見出しで、次のような文章を寄せています。


野菜の宅配を利用している顧客は、食材購入に関する「選択」を企業に委託し、時間を削減するために、宅配サービスを利用している人も多い。定期的に旬の食材が届く食材宅配サービスも、その箱の中身は企業側の提案に委ねられ、一方通行のコミュニケーションになりがちだ。

しかしオイシックスでは、カートの中に事前に商品を入れておき、あえて顧客に選択してもらうことで、「対話」が生まれる仕掛けをつくっている。

実はオイシックスでは、「提案したままの商品を購入し続ける人は、顧客満足度が低下し、解約につながりやすくなる」ことをデータから把握している。したがってこの選択の時間は、顧客にしっかりと左脳と右脳を駆使しながら、真面目に楽しく「能動的に選択」してもらうための大切なプロセスなのである。オイシックスはオンライン店舗であるメリットを最大限に活かし、顧客の選択段階に入り込み、そこであえて「対話の場」を積極的につくりだすことで、顧客とのつながりを維持・強化しているのだ。

さらにいえば、奥谷さんは良品計画時代から、顧客時間について考え、これをロイヤルティプログラムにつなげていたのです。「MUJI passport」がそうです。一般的に、「MUJI passport」は無印良品での買い物を通じてMUJIマイルをためていくためのアプリだと思われがちですが、その実、「ロイヤルティプログラムのアプリ版」だと奥谷さんは言います。要するに、ロイヤルカスタマーを作るためのツール。ここでもキーワードは「対話」です。

「顧客が日本中のどこにいても、アプリを通じてオフラインの店舗情報、店頭の在庫情報が確認できるようにすることで、顧客の選択段階にスムーズに入ることができる仕組みも構築した。そして、アプリを開いた履歴や購入履歴からは、顧客の無印良品の利用頻度がわかる。最近来店していない顧客には、セール情報などをプッシュ通知で知らせることもできる。定期的な顧客とのコミュニケーションを行うのにアプリは最適だと考えたのだ」

「顧客の行動データを取っても、対話が生まれなければ意味がない」とまで、奥谷さんは書いています。

こうしたこだわりが、オイシックスにおいても存分に発揮されていると見るべきでしょう。対話を通じて顧客との関係性を深め、ロイヤルカスタマーの醸成につなげているのです。

「類似化ポイント」と「差別化ポイント」

それでは、牛窪さんを「感動」させたリッツ・カールトンのサービスとは、カスタマー・エクスペリエンスとどのような関係にあるのでしょう。一言でいって、最高水準のカスタマー・エクスペリエンスに他なりません。

コトラーのマーケティング３・０にならうなら、顧客のハートとマインド、そしてスピリットにまで訴求するサービスのこと。心理学的に見れば、安全・安心、満足、感動の順で、カスタマーエクスペリエンスの水準は高まっていきます。また満足を経て感動に至るとき、最大の条件になるのは、予想期待を裏切ることができるかどうかです。人は「こんなサービスかな」と予想しているときに、それを超えるサービス、「ここまでやってくれるのか」と驚くようなカスタマー・エクスペリエンスを受け取ったときに感動するのです。まさに牛窪さんの感動も、予想期待を超えた行動によって、もたらされていました。

しかし注意していただきたいのですが、ここではリッツ・カールトンが「当たり前」の予

図表4-3　心理学・ブランド理論・接客プロセスにおける「感動ピラミッド」

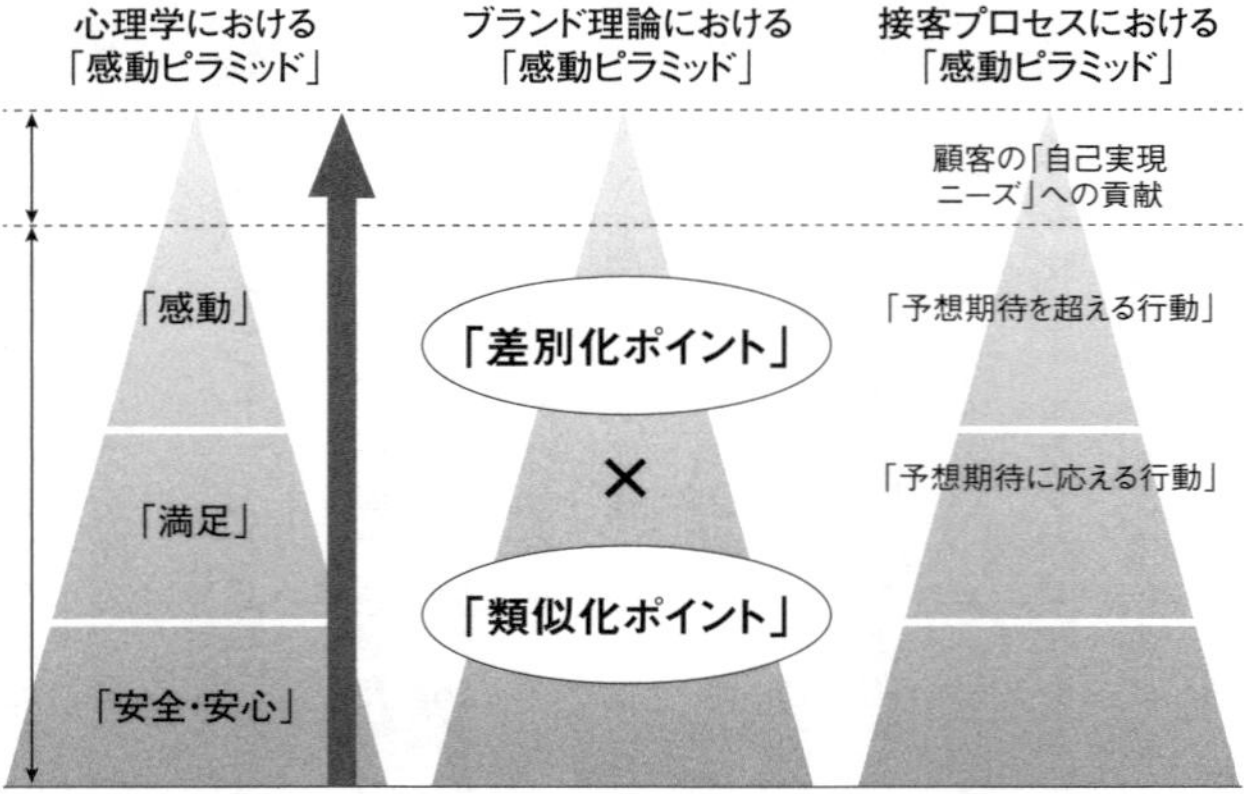

想期待にきちんと応えていることが、前提条件になっています。

改めて「類似化ポイント」と「差別化ポイント」という言葉を用いて、説明してみましょう（**図表4-3**）。類似化は、その商品・サービスに求められる「当たり前」のことをちゃんと満たすことです。このとき、類似化ポイントよりも差別化ポイントのほうが重要だとするのは早計です。重要なのはカスタマージャーニーを通じて感動を「提供し続け」て顧客と良好で継続的な関係性を結ぶことであって、一度限りの感動ではないのです。

したがってマーケティング上は、第一に類似化ポイントを満たすのが先決。そして、これが難しいのです。どの業界においても、ナンバー1とナンバー2以下との決定的な違いは、類似化ポイントにどれだけこだわっているかにあります。

差別化ポイントはもちろん重要なのですが、勝負の大勢を決めるのは、類似化ポイント。そのうえで、差別化ポイントが問われてくるのです。その点リッツ・カールトンは、類似化ポイントをしっかり押さえたうえで、差別化ポイントも押さえたサービスを、しかも継続して提供している稀有なホテルだと言えます。暖かい部屋に、冷たいチョコレートスイーツ。矢沢永吉ファンのための、永ちゃんケーキ。どちらも、牛窪さんの予想期待を超え、感動を生み出しました。おそらく、ここに書かれているエピソード以外のところでも、牛窪さんは「感動」を受け取り続けていることでしょう。

実のところ、日本語の「感動」にあたる言葉は英語には複数存在すると思います。「move」や「surprise」も「感動」に相当することがあるでしょう。

それでも、本当の意味での「感動」を表す英語は「inspire」ではないでしょうか。これを、私なりに日本語に訳すと「鼓舞する」こと。鼓をうち、舞いをまうようにして、人々を動かす。そこには「普段欲しいモノを我慢してでも、またここに戻ってきたい」と牛窪さんに思わせるほどの力があります。「inspire」の名詞は「inspiration」。「spirit」、精神という言葉が埋め込まれています。

すなわち、最高レベルのカスタマー・エクスペリエンスとは、スピリットまで揺り動かす経験のこと。それこそが「感動」の正体です。

言うまでもなく、これほどの感動を継続的に提供するのは、並大抵のことではありません。リッツ・カールトンにおいて、それを可能としているのは人の素晴らしさでしょう。リッツ・カールトンで働いている人は皆、リッツ・カールトンに対して自信、プライド、誇りを抱いています。そうでなければ、牛窪さんが書いているように、顧客たった一人のために複数のチームが連携して、バースデーのサプライズを仕掛けるなど、できるものではありません。

その背後に、リッツ・カールトン独自の「クレド」があることは、よく知られています。クレドとは、一般的に、従業員が心がけている信条や行動指針のことを指しています。リッツ・カールトンのクレドとは、次のようなものです。

「リッツ・カールトンはお客様への心のこもったおもてなしと快適さを提供することをもっとも大切な使命とこころえています。

私たちは、お客様に心あたたまる、くつろいだ、そして洗練された雰囲気を常にお楽しみいただくために最高のパーソナル・サービスと施設を提供することをお約束します。

リッツ・カールトンでお客様が経験されるもの、それは感覚を満たすここちよさ、満ち足りた幸福感そしてお客様が言葉にされない願望やニーズをも先読みしておこたえするサービスの心です」

このクレドに象徴されるような「リッツ・カールトン哲学」に従業員が共感、また全員が共有し、仕事をしているのです。

心理学者のマズローは、人間の欲求を5段階で理論化しました。食べたい、飲みたい、眠りたいといった「生理的欲求」から、経済面や健康面などで安全な環境にいたいという「安全の欲求」、家族や会社などに所属していたいという「社会欲求」の上に、自分の存在価値を認められたいという「承認の欲求」、さらにその上に、自分が持つ可能性を最大限に発揮したいという「自己実現の欲求」があります。一つの哲学を共有、共感したリッツ・カールトンは、おそらく「自己実現の欲求」によって動いているのです。一人ひとりが、そうありたいと心から願っていればこそ、労を惜しまず、感動のサービスを追求できるのです。牛窪さんが引用されたリッツ大阪の初代日本支社長、高野登さんが言った「ホテルマンは、お客さまをビックリさせたい、感動させたい生き物なんです」という言葉は、その証明でしょう。

リッツ・カールトンがもたらす感動の源泉は、第一にその優れたサービスです。しかしそれは、クレドに代表される独自の哲学と、それを共有し、自信、プライド、誇りを胸に抱いている従業員によって支えられています。そして顧客自身も、そのようなリッツ・カールトンの顧客であることに誇りを感じ、ロイヤルカスタマーへと至るのです。

第5章——なぜエアークローゼットには返却期限がないのか？

1　リサーチ編

「なぜ20代は服を買わない？」を推理する

文・牛窪　恵

ちょっとイメージしてみてください。皆さんは、Ｔシャツやセーター、あるいはスカートやパンツ、コートなどのお洋服を、１年に何回ぐらい購入しますか？

あるマーケティング会社が２０１５年、〝ファッション〟に関する調査結果を公表しました。調査対象は、全国に住む20～60代の男女１５００人（モニタス調べ）。これによると、「１年以上、新しい服を１着も買っていない」人は、女性の全年代平均で、約７人に１人（15・１％）、男性では約４人に１人（23・５％）もいました。

さらに意外なことに、年代別に見てみると、最も洋服の購入頻度が低い（１年以上買わない）のは、男女ともに「20代」が最多だったのです（女性19・３％、男性29・３％）。

今の20代は、お洒落に関心がないのでしょうか？

印象は、むしろ逆ですよね。「草食系男子」に代表されるように、近年は若い男性もファッションやコスメへの関心が高まり、取材でも「（細身の）ディオール オムのデニムをはきたいから、ひたすらダイエットしてます」とか、「日焼けするとブルー系のシャツが似合わなくなるから、絶対肌を焼きたくない」などと話す20代男性に、よく出会います。

また18～29歳の女性に「興味・関心があること」を聞いた別の調査（２０１７年・カルチュア・コンビニエンス・クラブ調べ）でも、トップの「食」（5割強）と僅差の2位は、「洋服・ファッション」（5割弱）。とくに昨今は、日常的な「自撮り」などで、自身のファッションを頻繁にＳＮＳに投稿する女性が多く、記録にも残るため、「同じ服は何度も着られない」「日によって印象を変えないと、（ＳＮＳに）いいね、がもらえない」と嘆く女性も、若い世代によく見られます。

では、なぜ20代の男女は、洋服を買う頻度が低いのでしょうか？

一般的には、「そうか！　今の若者はお金を使わない『節約世代』だからか」と考えて終わってしまうかもしれません。でも一旦、深呼吸してシャーロック・ホームズや名探偵コナンのように、いろんな角度から推理を働かせてみてほしいのです。

「本当に、それだけが原因なのだろうか？」「視点を変えると、実は他にも原因があるんじゃないか？」と。

そこで、「節約世代だから」以外の要因を推理してみましょう。私も今回、20代の男女15人に、洋服の購入やファッション関連の消費について、直に聞いてみました。正式な調査であれば15人では対象者が少なすぎますが、今回はあくまでも修正点を「推理」する際の参考程度の意味合いです。するとまず聞こえてきたのは、次のような声でした。

「家が狭くて、服を買っても置く場所がない。欲しいけど買わなくなった」（P男さん）

「イヤと言うほど服を持ってるので、新しく買いたいけど、罪悪感がある」（Q子さん）

二人とも「欲しいけど」「買いたいけど」とは言っていますよね。ただ、すでにたくさんの洋服を持っているからこそ、あるいは保管スペースが限られているからこそ、これ以上買うことに罪悪感や難点がある。目を閉じれば、P男さんやQ子さんの自宅や自室が、数多くの洋服であふれんばかり、といった情景も浮かんできます。

裏を返せば、彼らは決してファッションに関心がないわけではないようです。ということは、「置く場所がない」「買うことに罪悪感がある」といった悩みをうまく取り払うことができれば、そこに新たなビジネスチャンスが生まれるかもしれません。

一方、「大学時代、なぜかジャケットに凝って10着以上も買っちゃって」と話すのは、R子さん。

「手持ちの服（ジャケット）に合うボトムス（スカートやパンツ）がわかれば、買ってもいいんだけど……、でも自分にはセンスがないから、タンスの肥やしにしちゃってるんですよ」と嘆きます。彼女の場合、持っているジャケットに合う服がわかれば、いわゆる「コーディネート力」さえあれば、何かを買ってもいいと思ってくれそうです。

たしかに昨今は、若者を中心に、コーディネート力が問われる時代。十数年前から、20～30代をターゲットとした女性ファッション誌でも、「30日間・魔法の着回しテク」といった特集をたびたび見かけるようになりました。「○月1日＝通勤電車でイケメンと遭遇」「○月2日＝オフィスの休憩エリアでコーヒーブレイク」「○月3日＝仕事終わりに先輩とサッカー観戦」といった30日間それぞれの細かなシーン想定があり、上下5着ぐらいの限られた服を、ＴＰＯに応じてうまく着こなす方法を、写真入りで提案する内容です。

昨今は「数多くの洋服を持っていること」が、必ずしも自慢になりません。理由はたぶん二つ。一つは、２０００年代に入って盛んになった「断捨離ブーム」や、片づけコンサルタントの〝こんまり〟こと近藤麻理恵さんに代表される「片づけブーム」、そして「ミニマリスト」、すなわち必要最低限のモノしか持たないシンプルライフを実践する人たちのムーブメントなどでしょう。もう一つは、現代の20～30代が「ブランド世代」ではなく「コーディネート世代」だから。世代別の価値観は、のちほど詳しくご説明しますね。

「もしこんな商品があれば」＝未充足ニーズ

さて、先ほどの声だけでも、20代が洋服を買わないのは「節約世代だから」だけではない可能性が見えてきます。たとえば、P男さんやQ子さんは「置く場所がない」「買うことに罪悪感がある」と言っていました。またR子さんは、手持ちの服に合うボトムスがわかれば買ってもいいけれど、「自分にはセンスがないから、わからない」と嘆いていました。

ということは、「もし置き場所があれば」「買うことに罪悪感を感じなければ」、あるいは「コーディネート力さえ伴えば」、彼らは何らかの形で、お金を使ってくれるかもしれません。

こうした「もし○○であれば（買うのに）」といった欲求を、私たちマーケッターは「未充足ニーズ」と呼ぶことがあります。提唱者は、経営学博士でマーケティング実務コンサルタントの梅澤伸嘉さん。少し難しく聞こえますが、意味は文字通り「今存在する商品やサービスでは、まだ満たされていないニーズ（需要・欲求）」のことです。

洋服に限りません。皆さんも日々の生活の中で、「もしこんな商品があれば、買うのに」と感じることはないですか？　たとえば、自分は右と左の靴のサイズが少し違うから、靴売り場で、「右23・0センチ、左24・0センチの靴を買うことができればいいのに」。あるいはスーパーの酒屋さんのワイン売り場で、「自分はひとり暮らしだし、さほどお酒に強くないから、もっと容量が少ないワインがあれば買うのに」など。

伊勢丹の「ウォントスリップ」とは？

もし、こうした未充足のニーズをいち早く満たすことができれば、その商品やサービスは、市場でライバル他社より優位に立てるかもしれません。なぜなら、まだ開拓され尽くしていない市場は、マーケティング用語で言う「ブルーオーシャン」、すなわち海が青く澄んでいるような、穏やかな状態にあるマーケットだから。これに対し、すでに消費者のニーズが満たされているような既存市場は、「レッドオーシャン」市場。真っ赤な血で血を洗うような激しい競争が行われている可能性があります。

とくに中小企業や後発組は、価格競争の面などからも、レッドオーシャン市場に参入するのはかなり難しい。逆にブルーオーシャンには、まだまだ満たされない「隙間」があって、新参の企業や新規参入組にはビジネスチャンスが多く眠っているとも言われます。ゆえに、まだ満たされていない「未充足ニーズ」を知ることは、とても重要です。

もっとも、例に挙げた、「右が23・0センチ、左が24・0センチ」の靴を、1足ずつ組み合わせて売る手法は、大量にモノを売ろうとすれば面倒です。なぜなら、中途半端に在庫を抱えてしまうことも多いから。ですが、伊勢丹新宿本店は2014年9月、「期間限定」で、それも「セミオーダー」の形で、この手法を取り入れました。

具体的には、左右同じサイズの靴を買うと2万5920円、これを「セミオーダー」にすると選べるカラーが増えるほか、左右サイズ違いで買うこともできます。値段は3万240円。セミオーダーにすると4000円強高くなり、受け取るまでに30～50日かかったそうですが、お客さんの間で好評だったようで、「翌10月には、(同じ持ち株会社の傘下にある)三越の銀座店と日本橋本店でも、期間限定で左右サイズ違いの靴の販売を行った」そうです(「産経新聞」2014年9月13日付)。

実は伊勢丹は、二十年以上前から、顧客の「未充足ニーズ」を吸い上げる仕組みを確立していました。その一つが、「ウォントスリップ」。各売場の販売員が、接客するうえで耳にしたお客さまの要望(ウォント)、たとえば「サイズ違いで靴を買えればいいのに」や「同じデザインで赤色の靴があれば買うのに」といったニーズを、短冊のような用紙（スリップ）に記入し、販売責任者に手渡します。すると責任者はこれをパソコンに入力、データベース化して共有することで、本社スタッフなどが「新たな商品企画に取り入れられないか」と検討する、というシステムです。

今はこうした要望も、インターネットによるお客さまアンケートやＡＩ、あるいはＩｏＴ（モノのインターネット化）や、のちほど詳しくご紹介する「サブスクリプション・モデル」（サブスク）によって、継続的に収集、蓄積できる時代になりました。形は違えど、未充足ニーズを探る目的は同じ。お客さまのホンネを知ることで、企業はお客さま一人ひとりに合った商品やサービスを開発し、それを的確に提案できる。そうした積み重ねによって、前章で触れた根強い〝ファン〟を獲得することができるのです。

「買う」から「借りる」が生んだ新市場

ここで、先ほどのＰ男さん、Ｑ子さん、Ｒ子さんの声を思い出してみましょう。

彼らは洋服に関心がないわけではない、でもある悩みや難点から、すなわち「置く場所がない」「買うことに罪悪感がある」、そして「コーディネート力がない」からこそ、洋服を買わないように心がけているようでした。

つまりこうした悩み、未充足ニーズが解消されれば、彼らは「新たな服を着てみたい」「買ってみたい」と考えてくれる可能性がある。そこにきっと、ブルーオーシャン市場や新しいビジネスの種もあるはずです。

思い浮かべてみてください。たとえば、自宅（自室）以外で、洋服を「置ける場所」。どこかにないでしょうか？……おそらくパッと頭に浮かぶのは、月極めなどで契約してスペースを借りる「トランクルーム」や「レンタルボックス」かと思います。

たしかに近年、トランクルーム市場は右肩上がりで成長し、２０１７年の市場規模（500億円超）は9年前の約2倍に増えました。20年には、さらに１・４倍の７００億円市場にまで膨らむと見られています。ここにも市場はありそうですよね。

でもそれ以外に、もっと顧客にとって便利な方法があります。洋服の「置き場所」をさほど必要とせず、かつ「買うことの罪悪感」も感じない方法……、たとえば買うのでなく「借りる」という考え方、すなわち「レンタル」ビジネスがその代表でしょう。

ご存じかもしれません。すでにファッションの分野でも、近年はレンタル市場が人気です。２０１９年5月現在、同市場で国内最大の会員数を集めている「エアークローゼット」（株式会社エアークローゼット）には、25万人以上の会員が存在します。

利用者は、まずパソコンやスマホなどを通じて、ユーザーとして会員登録を済ませます。そしてプランや支払方法などを選ぶと、わずか数日後に、洋服が３着入った箱が届く仕組み。

選べるプランは２種類で、いずれも定額制。一つは月１回、３着のみが届く「ライトプラン」（税別６８００円）、もう一つは毎月３着ずつを何度でも頼める、借り放題の「レギュラープラン」（税別９８００円）です。

服を「買う」のではないため、返却すれば自宅のスペースを占領することはありません。しかも３着で６８００円ですから、お店で新品を買うより割安ですよね。ここまでで、すでにＰ男さんとＱ子さんの未充足ニーズは十分、満たされるのではないでしょうか？

ただこれだけなら、エアークローゼット（以下、エアクロ）は他のファッションレンタルと、さしたる違いはないでしょう。人気を呼んだ背後には、「プラスアルファ」の大きな差別化ポイントがあるのです。

それが、「プロのスタイリスト」がいて、利用者があらかじめ登録した好みのスタイルや洋服の色、利用シーン、ファッションの悩みなどに応じた「コーディネート提案」をしてくれること。３着の洋服が自宅に届く際に、それらの着回しはもちろん、手持ちの洋服との合わせ方（コーディネート術）や、小物とのスタイリング法などのアドバイスまでついてきます。

となれば、先のR子さんの「手持ちの服に合うボトムスがわかればいいのに」といった悩みも、一挙に解決できる。これは相当、ニーズがありそうなサービスですよね。

返却期限がない意外な理由

近年はＡＩによって、自動的にコーディネートを提案するレンタルサービスも登場しています。ですが、エアークローゼットの代表取締役社長でＣＥＯの天沼聰さんは言います。

「我々のこだわりは、スタイリスト職で生計を立てているプロのスタイリストが、お客さま一人ひとりに『スタイル』として洋服を選定することです」

エアクロのサービスがスタートしたのは、２０１５年2月。会社設立は、サービス開始の前年（14年7月）でした。創設者は、天沼社長自身。イギリスで経営学などを学び、コンサルティングファームに入社。その後、楽天に転職したのち、みずから前身となるノイエジークを起業したそうです。19年5月現在で、社員数は約80人です。

人気の理由は、レンタル可能な洋服が豊富に用意されていることと、やはり登録する２５

０人以上のスタイリストがコーディネートを提案してくれることでしょう。洋服の提携ブランドは３００以上、ラインナップされた洋服は10万着以上にも及ぶそうなので、「次はどれが届くかな」と胸ときめかせて待つ時間も、楽しそうですよね。

届いた服に対しては「今回は、好きなテイストと違った」など、デザインや色、着心地などの感想をフィードバックできるため、借りるたびにミスマッチが修正されていく仕組み。理論上、長く使い続けるほど、好みに合ったスタイルを提案してもらえるわけです。

これがエアクロのような、いわゆる「サブスクリプション・モデル」の強みでしょう。サブスクリプションとは、元々は「定額制」の意味。すなわち会員になるなどして一定の期間、商品やサービスを継続的に受け取ることへの対価（定額）を支払う手法で、企業にとっては安定的な収益を確保しやすい。他方の利用者にとっては、長く付き合うことで自分を知ってもらえるため、自分に合った商品やプランを提案してもらえるメリットがあります。前章のオイシックスも、「サブスク」の一つです。

弊社の女性スタッフも、現在２人（いずれも30代）がエアクロを利用中。他にも、周りの編集者や広報担当者から、「今日の服、エアクロなんですよ」や「便利なのに、牛窪さんは利用しないんですか？」と聞かれることもしばしば。ですが、実は以前、別の〝競合サービス〟を利用して「レンタルって面倒だな」と感じる瞬間が、何度もありました。

最大の理由は、「返却期限」です。私はおもに、テレビ出演時の衣装用に借りていたのですが、利用したサービスは定額制ではなく「1着いくら」という課金方式で、返却期限もありました。元来ケチな私は、5000円でワンピースを1着借りると、「2回以上は着ないと元が取れない」などと計算していたのですが、うっかり2日連続（別の番組）で同じ洋服を着てしまうと、両方を見た視聴者の皆さんは、「あれ？　この人、昨日と同じ服だ！」と気づくかもしれません。これはちょっと恥ずかしい。

また収録番組の場合、「今日録った分が放映されるのは、10日後だから」など、オンエアとのタイムラグを考慮しなければなりません。そのうえ「返却期限」というプラスアルファの制約がかかると、「この服は、○日が返却だから、次の収録では着られないし」と、さらに頭を使わなければならない。この一連の流れこそが、「レンタル＝面倒」と考えた最大要因です。

ところがエアクロには、なんと「返却期限」がありません。気に入れば買い取りも可能で、「実際に購入する方も多いんです」と同PRチームの高原知秋さんは言います。

驚きました。というのも、私は別のサービスを利用した経験から、「返却期限がなければ当然、その間に〝洋服Ａ〟を別の人が借りることはできない」「同じように、ＢもＣもＤも別の人たちが無期限で借りてしまえば、貸し出せるストックが減ってしまい、サービスとして成り立たないのでは？」と考えたからです。

ですがエアクロと、私が利用していたサービスには、決定的な違いがあります。それが、借りたい服を「自分」が選ぶか、それとも「スタイリスト」が選んでくれるか。

勘のよい方は、すでにお気づきかもしれません。スタイリストがコーディネートするということは、裏を返せば、利用者がみずから「洋服Ａを借りたい」と指定するわけではないということ。もちろん、ストックがあまりに少なければ、自分の好みに合った服が送られてくる確率は減ってしまいます。ですが、一定以上の会員が集まり、相当数のストックを用意できれば、たとえ洋服Ａ～Ｄがいつ返却されるかわからなくても、同じようなテイストのＥやＦ、Ｇ、Ｈなどを貸し出せばいい。そう、「スタイリストが選ぶ」からこそ、返却期限を無制限にできるわけです。

また、先ほどＰＲ担当の高原さんが「(借りた服を) 実際に購入する方も多い」と話していました。この点も、エアクロのようなファッションレンタルが、割安な価格でサービスを提供できる一つの理由でしょう。どういうことか、具体的にご説明しますね。

「ショールーミング」と「ウェブルーミング」

その前に、皆さんは2012年ごろから話題になり始めた、「ショールーミング」という言葉をご存じでしょうか？　百貨店やブランドショップなどの実店舗を、ショールームのような感覚で利用する。つまり、店頭で「見てさわって」商品を確認するものの、その場では購入せず、後日ネット通販などで、店頭価格より安い価格で買うやり方です。

当時、私が取材した20代の男女も、軒並み「まずデパートで試着して、サイズを確認してから、ゾゾ（ＺＯＺＯＴＯＷＮ）のバーゲンで買う」や、「家電は、ヤマダ電機やビックカメラで店員さんの説明を聞いて、その後安いネットショップを検索して買う」と口にしていました。これでは、実店舗はたまりませんよね。

ところがその数年後、今度は「ウェブルーミング」という言葉が登場しました。これは、いわばショールーミングと真逆。実店舗に行く前に、まずネットでお目当ての商品を検索・確認してから、店頭を訪れる方法です。なぜあえて、事前にウェブ検索するのか。一つは適正価格を知るため、もう一つは「先に買った人たちの評判（感想）」を確認するためです。

ウェブルーミングは、実店舗や当該ブランドにとって、むしろプラスに働くケースも少なくありません。というのも、ネットで評判がよいブランドは、消費者に好印象を与えるので、実店舗で「買おうか買うまいか」と迷った際に、「そういえば、買った人たちが『いい』って言っていたし」と背中を押す、大きな原動力になります。

ですが反面、知名度が低かったり、つい名前を忘れがちだったりするブランドには、マイナスに働く可能性も大きい。というのも、そもそもネットで検索するのは、「earth music & ecology（アースミュージック＆エコロジー）」や「ＤＩＥＳＥＬ（ディーゼル）」のように、多くの人がその名を知っていて、常に忘れないようなブランドだから。そこまで一般的でなければ、検索をかけてもらえる確率も減ってしまうからです。

今は皆さんも、毎日スマホを通じて驚くほどの情報を得ていることでしょう。でも悲しいかな、私が大学生〜社会人になりたてのバブルの時代（１９８０年代後半〜90年代前半）には、まだ携帯電話やインターネットは一般的ではありませんでした。

ネットが一般に普及したのは、１９９５年、98年発売の「ウィンドウズ95」「98」以降。一方の携帯電話は、よくお笑いタレントの平野ノラさんが、肩から大きなカバンのようなものを提げて「しもしも〜？」とギャグにしている、あの「ショルダーホン（車外兼用型自動車電話）」（現ＮＴＴドコモ）が始まりだと言われます。私も最近になって、一度提げてみたことがありますが、3キロ近くあってとっても重い！　登場した85年、88年当時は、本当に一部の特殊な人たちが、よいしょと担いで使っていただけでした。

つまり当時、家族や友人・知人と情報をやり取りする手段は、固定電話や公衆電話の他には「ポケベル」ぐらいしかなかった。それ以外の「美味しいお店」や「お洒落なファッション」などの情報は、雑誌や新聞、テレビ、あるいは直接会って「いいよ」とすすめられるような〝口コミ〟から得るしかありませんでした。

でも現代は、朝起きてスマホをいじった瞬間から、あふれんばかりの情報が飛び込んできます。インスタグラムほかSNSや、ユーチューブのような動画でも、「○○ちゃんがドラマで着ていた××は、どこで買えるの？」や「この服、着心地いいよ」などが、引っ切りなしに発信される。だからこそ、各ブランドやメーカーは、「どうすれば、自分たちの情報が消費者に届くのか」と、昔以上に研究を続けています。

そんななか、ネットやSNSで見聞きした情報より、もっともっと皆さんの心に響く、最強のインパクトを与える情報伝達の手段がわかってきました。それが、実際に試着したり触ったりするなど、「体感」してみていいな、と思ってもらうことです。

エアクロがブランドとの出逢いを創る

エアクロが、アパレルのブランドやメーカーに喜ばれるのも、まさにこの「体感」にあるでしょう。ＰＲ担当・高原さんによると、会員のうち「エアクロ（で送られてきた3着）を通じて、新しいブランドに出逢ったことがある」と答えた人が、70～80％。そのうち、「出逢った新たなブランドが気になり、その後ウェブや店舗に行ってブランドに触れた」人が、40～50％にものぼるそうです。ひとえに、一度でも着てみた、体感によるものですよね。

弊社のスタッフ2人も、「エアクロでお気に入りに出逢えた」と自慢げです。

ちょっと脱線しますが、たとえば皆さんが「婚活しよう」というとき。知り合いに「いい人がいたら、紹介してね」とねだるだけでは、限られた異性にしか出逢えないでしょう。でも、見ず知らずも含めた大勢が参加する婚活パーティなら……、たまたま初対面の異性と出逢い、直感的にビビッときて、「この人と話が合う！」と意気投合するかもしれない。それがやがて、一生を共にする、運命の出逢いへとつながるかもしれません。

つまり、エアクロと提携するアパレルからすれば、偶然「見ず知らずの相手（新規の顧客）」に、直接出逢ってもらえる確率が上がる。そこで彼らに着てもらえて、場合によると買い取ってもらえれば、やがて「永遠のお得意さま」へと育ってくれるかもしれない……。だからこそ、比較的割安な価格で、洋服を提供できるのでしょう。

それだけではありません。高原さんによると、エアクロは「個人情報を除いた利用者の方々の『リアルな声』を、場合によっては提携ブランドにフィードバックしています」とのこと。たとえば、「着てみたら、仕事中しゃがんだ際にシワが寄ってしまい、残念だった」など。こうした声は、服を店舗の試着室ではなく「生活」の場で着たからこそ得られるものでしょう。

つまり、「借りた（買った）後」の声や使われ方まで収集しやすいのも、使い続けてもらえるサブスクの強み。近年はユニクロのような「ＳＰＡ（製造小売）」、すなわち自社で商品企画から製造、販売まで一貫して行うアパレルも増えているうえ、前章で触れたＣＸ（カスタマー・エクスペリエンス）の観点からも、昔以上に、顧客のナマの声が求められているのです。

もっとも一部には、こうしたサブスク市場が隆盛を極めることで、店舗で新商品を買う人が減ってしまう、と批判的に見る向きもあります。ですが、天沼社長はこう言います。

「着用という体験によってブランドへの親近感が湧き、お店に行ってみようと考える人が増えれば、それが業界全体への貢献にもつながるのではないでしょうか」。私も同感です。

そういえば８年ほど前（２０１１年）、これと同じような話を聞いたことがありました。ドイツの自動車メーカー・ＢＭＷグループが、ＢＭＷとＭＩＮＩの車両を、カーシェアリングの「タイムズカーシェア（旧タイムズカープラス）」（タイムズ24）に導入し始めたときのこと。

私はこのころ、複数の自動車メーカーを取材していました。当時はライバル企業から、「ＢＭＷのようなラグジュアリーなクルマを、カーシェアリングで安く借りさせるなんて！」「安い出費で、手軽にＢＭＷに乗れるとなれば、若者はますます高級車に乗らなくなる」など、批判する声が相次いだのを覚えています。

ところがその翌年、２０１２年にタイムズ24が会員約５６００人に「カーシェアリングに関するアンケート調査」を実施すると、カーシェアリングで利用したクルマを「買ってみたい」と希望する割合は、乗る前より乗った後に顕著に増えることがわかりました。とくに10～20代の若者の間での「購入意欲あり」が、乗る前（49・９％）から乗った後（86・２％）で、４割近くも増えていた。これを見た他の自動車メーカーは、少なからず「やっぱり、まずは乗ってもらう『体験』をしてもらうことが大事だ」と気づいたことでしょう。

「バンドワゴン」効果と「スノッブ」効果

私はバブル最盛期に青春を過ごした、「真性バブル世代」（１９６５～70年生まれ）です。当時は若い男性たちが、セダン、クーペ、スポーツカーといった、いわゆる「カッコいいクルマ」に憧れ、学生時代からローンを組んでまで、４００万円以上もする高級車に乗る姿も、街中で見られました。社会にはまだ「年功序列・終身雇用」が健在で、就活に成功して著名な企業に入社できれば、「一生安泰で、お給料も上がり続けるから、ローンを組んでも大丈夫」という、能天気な空気が漂っていたからです。

流行語は、「3高」「アッシー、メッシー、ミツグ君」。当時、モテるとされた男性は、「高学歴、高収入、高身長」（3高）で、脚代わりにカノジョをクルマで送り迎えしたり（アッシー）、プレゼントを貢いだり（ミツグ君）する男性だとされていました。先の通り、情報収集の手段も限られていて、若者はこぞって「東京ウォーカー」（ＫＡＤＯＫＡＷＡ）や「Ｈａｎａｋｏ」（マガジンハウス）などの情報誌に没頭し、多くが『東京ラブストーリー』や『１０１回目のプロポーズ』（いずれもフジテレビ系）といった恋愛トレンディドラマにハマりました。

皆が皆、同じようなテレビや雑誌を見て、同じようなブランドの洋服（ジョルジオアルマーニ、ラルフローレンなど）や憧れのクルマを〝所有〟したがった時代。誰もが、流行の先端を行く人を見て「あんなふうになりたい」と考え、同じモノを買おうとした時代です。

マーケティングではこれを、「バンドワゴン」効果と呼びます。アメリカの経済学者、ライベンシュタインによる造語で、簡単にいえば、多くの人が「流行に乗ろう」とすること。バンドワゴンとは、パレードなどで行列の先頭にいる楽隊車。後ろを行く人たちが「自分も先頭にならいたい」と考えることで、流行りのモノがどんどん売れていく様子を言います。

逆に、「他人と同じモノはイヤ」と、差別化を意識するのが「スノッブ」効果。一般には市場が成熟するほど、バンドワゴン効果は鳴りを潜め、スノッブ効果が主流を占めます。

今も忘れません。バブル崩壊直後の１９９０年代半ば、私は渋谷１０９前の交差点を通過する20代と思しき女性たちを定点観測、すなわち数時間かけて同じ場所でウォッチングしていました。すると……。

なんと！　１００人中92人が、ルイ・ヴィトンのバッグを肩から提げていたのです。それぐらい、皆が皆、同じモノ、同じブランドに憧れた時代でした。

「お金」より「情報」の時代へ

ところがその下の世代、いわゆる「団塊ジュニア世代」（牛窪の定義では、71〜76年生まれ）は、180度違った青春時代を体験します。彼らは別名、「貧乏クジ世代」。バブル世代ほどオイシイ思いを経験できず、貧乏クジを引いてしまった世代、の意味です。

彼らは、日本で最も人口が多い「団塊世代」（同・1946〜51年生まれ）の子どもに当たる男女が多く、2番目に人口が多い世代です。そのため、子どもの頃から受験勉強をはじめ、数々の競争を強いられてきた。中学・高校時代に、バブルで浮かれ切った大人たちを見て、「自分たちも、あんな思いができるのか」と考えていたところ、恩恵を受ける直前でバブルがはじけました。93年以降、多くが「就職氷河期」を体験しました。

一方で、この世代からは学校でいわゆる「男女平等教育」を受けたうえ、消費の世界でブランドものより「レアもの」を好むようになっていきます。一般に高級ブランドは、お金さえあれば（よほど特殊でない限り）手にすることができる。でも「レアもの」は文字通り、希少価値が高いモノ。団塊ジュニアの青春時代に流行した「ナイキ エア マックス」と呼ばれるスニーカーや「Gショック」という名の腕時計は、いずれも価格は1万〜2万円程度ながら、「個数限定」や「○○モデル」など、限られた期間や数しか買えない希少品でした。そのため１９９０年代半ば以降は、〃お金〃より「何月何日、どの場所に並ばないと買えない」といった〃情報〃を持つ男女こそが、欲しいモノを手に入れられる時代に変わったのです。

マーケティング・アナリストの三浦展《あつし》さんは、彼ら団塊ジュニアを中心に「シンプル族」と呼びます。１９９０年代半ばごろから、洋服でも「無印良品」や「ユニクロ」といったシンプルなブランドが売れ始め、若者は高級ブランドのスーツやワンピースを買うより、自分たちのセンスで、自分らしく、廉価な上下をうまく組み合わせて着ることを覚えていきました。

クルマも同様に、「ブランドより使い勝手」。１９９０年代半ば以降、売れ始めたのは、四輪駆動車や軽自動車。たくさんの荷物を積んでアウトドアに出かけられる、あるいは街中に駐車しやすいといったクルマです。彼らの世代からは、見栄や「モテたい」との理由で何かを買うより、便利で着回しが利いて使いやすい、実利的なモノに惹かれていくようになります。

なぜ若者は「コスパ」にこだわる?

そしてその下は、ロスジェネ世代（同・77年〜82年生まれ）や草食系世代（同・83〜88年生まれ）、ゆとり世代（同・89〜97年生まれ）……、と若くなるにつれ、恋愛にも消費にも非常に堅実な、「現実主義」の若者がどんどん増えていきました。彼らは、何かを〝所有（購入）〟してしまうと、維持やメンテナンスが大変なこともわかっています。ゆえに、恋愛についても「付き合っちゃったら面倒」「恋人になった途端、他に浮気もできないし、デートでご機嫌取ったりしなきゃならない。ならば友達のままでいい」などと口にします。

また、彼らは日本経済が上昇していく時代を、ほとんど体感せずに育ちました。物心ついたころから、阪神・淡路大震災や、オウム真理教による地下鉄サリン事件（いずれも1995年）、リーマン・ショック（2008年）、東日本大震災（11年）といった未曽有の災害や経済危機を見続け、「明日はどうなるかわからない」との思いも強い世代です。

そのうえ、私が若者たちにインタビューした際には、2004年に小泉内閣が発した「自己責任」という言葉を、多くの男女が重く受け止めていたこともわかりました。

「これからは、国も会社も守ってくれない」。終身雇用が崩れ、大企業もリストラを敢行するようになり、給与も伸びていく実感がない。だからこそ、攻めより守り、贅沢よりは「節約」や「コストパフォーマンス」（コスパ・費用対効果）を考えて、慎重にお金を使います。

ある20代男性は言います。

「自己責任って言われたら、怖くて〝冒険〟とか〝失敗〟とか、できないですよ」

たしかにそうでしょう。だからこそ彼らは、できるだけリスクを取らない方法を考える。まったく見知らぬクルマやブランドより、一度でも乗ったり着たりして親しんだモノ、失敗しないモノに惹かれやすいのも、まさにそのためです。

サブスクの冒険が「感動」を生む

とはいえ、「冒険しない」のは若者だけとは限りません。一般的に、人は10代、20代、30代……と年齢が上がるに連れて、仕事やプライベートの予定が忙しくなり、服や持ち物の好みも決まってくる。皆さんも、そうではないでしょうか？

すると、いつの間にか「自分にはこれが似合うはず」や「このブランドが好き」という固定概念に支配され、普段と違う店に足を運んだり、知らないメーカーの商品を手に取ったり、着慣れない色を着る機会も減ってくる。おのずと冒険しにくくなるのです。

でも、もし自分以外の第三者に、それもファッションの第一線で活躍するプロのスタイリストに、「赤も似合うと思いますよ」や、「普段はスカートしかはかないみたいですが、きっとパンツも似合うのでは？」とすすめられたとしたら、そして実際に着てみて想像以上に似合ったとしたら……。あなたは、そして周りはどう感じるでしょうか？

エアクロの天沼社長は、自社サービスのもう一つの魅力を「〝冒険〟できること」だと言います。

「レンタルだからこそ、人は固定概念の枠を超えた世界へと、気軽に冒険できる。実はそこにこそ、人生の〝ワクワク〟があるかもしれない。新たな喜びが隠れているかもしれないのです」

サービス開始当初、エアクロでは「20代」の利用者が最多ではないか、と読んでいたそう。でもいざ蓋を開けてみると、ボリュームゾーンは20代後半〜40代で、平均年齢は30代後半でした。具体的には9割が「働く女性」で、うち4割以上に子どもがいたと言います。

なぜワーキングマザーなど、少し上の年代に利用者が多いのでしょう？　天沼社長は、「彼女たちの多くは、かつてファッションに時間やお金をかけてきたはず」だと言います。でも今は、キャリアや子育てで忙しく、みずから進んで冒険する余裕はない。だからこそエアクロで、普段着ないような色やデザイン、ブランドの服と出逢えたとき、感動を覚えるのでしょう。

弊社のエアクロファンのスタッフ２人も、同様です。一人は、大学時代の女子会に着て行ったところ、友人から「あれ？　いつもと雰囲気が違うね」「カワイイ」と褒められたとか。もう一人は、ふだん髪を切ってもまったく気づかないご主人に、「青（い洋服）を着るって、珍しくない？　意外に似合うよ」と言われたそう。「意外に、って失礼じゃないですか？」と苦笑いしながらも、嬉しそうでした。彼女たちもまた、ファッションレンタルで体験した〝冒険〟によって、新たな自分に出逢えた、その喜びを実感したのだと思います。

「長いお付き合い」がビジネスの主流になる？

一般に、「ファッションレンタル」と聞くと、「ファッションに興味・関心が強い人たちが利用するサービス」だと想像する人も多いもの。私も、初めはそうでした。「来週のプレゼンではこれを着て、週末のデートではあれを着て」と、自分で自分をセルフプロデュースできる人たちが、借りたい服を選んでいくイメージです。

ところが現実は、そうとは限りません。ここがマーケティングを行う際の注意点。

とくにエアクロのように、プロの「コーディネート」が付加されたサービスは、自分のセンスに自信がないからこそ、利用してくれる顧客も数多い。天沼社長も、「ファッションが好きということと、ファッション感度が高いことは、必ずしも一致しない」と言います。だからこそ、そこに「単に洋服を借りるだけ」ではない、コーディネートという新たなビジネスチャンスもあるわけです。

エアクロに限りません。最近は、男性向けのファッションレンタルサービス「リープ」（キーザンキーザン）や、先に挙げた人気ブランド「アースミュージック&エコロジー」の運営企業による「メチャカリ」（ストライプインターナショナル）など、やはりコーディネートを売りにしたファッションのレンタルサービスが次々と登場しています。他にも今回取材したなかでは、レンタル機能はないものの、AIが天気や気温に応じて日々のコーディネートを提案してくれる、「XZ（クローゼット）」（STANDING OVATION）が、「毎日助かる」「神アプリ!」などと、20代男女の間で人気でした。

インテリアの世界でも、コーディネートとレンタルサービスは、話題を呼び始めています。たとえば、通販大手・ディノスが扱う新品の家具を、お試し感覚でレンタルできる「フレクト」（ディノス・セシール）や、専任コーディネーターに相談したうえで家具を借りられる

「スタイリクス」（フォー・ディー・コーポレーション）など。さらにあの「ＩＫＥＡ」も19年春から、まずはスイスにて、数種類の家具を対象にした、初のレンタルサービスを試験的に開始しました。

先ほどＢＭＷを例にお話しした通り、「借りる」レンタルサービスは、消費者が「買う」欲求を阻害すると考える向きも、ゼロではありません。でもエアクロが証明した通り、借りることが冒険やブランド認知につながり、未来のファンの囲い込みを呼ぶ可能性も、多分にあるでしょう。逆に、これだけ多くの情報が氾濫し、ネットやＳＮＳが隆盛を極めると、バブル期のようにイメージやネームバリューだけでは、顧客をつなぎとめることはできません。

でもだからこそ、お客さまに長く付き合ってもらううえでは、本章で触れたコーディネート、あるいはアフターサービスも含めたＣＸによって、「このブランドは信頼できる」「あのショップには、きっと新たな提案やワクワクが眠っている」といった、ときめきや信頼関係を日々築いていくことが重要です。「失敗したくない」「冒険は怖い」と考える若い世代が増えていることからも、今後さまざまな分野で、「長いお付き合い」を前提としたサブスクリプション・モデルが、勢いを増していくことでしょう。

2　マーケティング分析編

文・田中道昭

サブスクリプション＝支払い形式ではない

サブスクリプションは早晩、全産業を覆《おお》い尽くすことになる――。

そのような言葉も、決して大げさなものではなくなっている現在です。ネットフリックスに、アマゾンプライム、スポティファイ。これら「サブスクリプション」サービスの台頭は著しいものがあります。多くの人が複数のサブスクリプションサービスを利用し、またデジタルコンテンツのみならず、自動車や飲食といった非デジタル産業にも、サブスクリプションは導入されようとしています。

なぜ、サブスクリプションがこれほどのインパクトを持つに至ったのでしょう？　数あるサブスクリプションサービスの共通項は、第一に「一定期間の商品・サービス利用について料金を払う」という支払い形式が挙げられます。多くが月額定額制で、使い放題。これだけでも、ユーザーは使えば使うほど「お得感」が増していく、サービスの提供側にとっては継続的・安定的な収益が見込める、といったメリットは得られます。

しかし、サブスクリプションが単なる「支払い形式」を指すものでないことは、明らかです。牛窪さんも、洋服のシェアリング＆サブスクリプションサービス「エアクロ」の価値が、「家が狭くて、置く場所がない」「もうイヤというほど服を持っているので、新しく買うことに罪悪感がある」「コーディネート力がなく、自分に合った服を選べない」といった、未充足ニーズを満たす点にあることを、詳細にレポートしてくれました。

全産業に広まるサブスクリプション

改めて、問うてみましょう。なぜ今、サブスクリションモデルが注目されているのか。なぜ、国内外の先進的企業が、こぞってサブスクリプションモデルに参入しようとしているのか。

結論を先に述べるなら、サブスクリプションの本質が、顧客との長期的な関係性を築くことにあるからです。それは、顧客第一主義、カスタマー・エクスペリエンス重視の時代における、当然の帰結というべきでしょう。

かつて企業と顧客の関係は、商品やサービスを「売って終わり」でした。一方サブスクリプションは、顧客との関係の「始まり」に過ぎません。サービス利用が継続するほどに、顧客との関係は深く、密に、多面的になっていきます。

「自分に合った商品やサービスを提案してもらえるようになる」というのが典型ですが、究極的には、顧客一人ひとりの「こうありたい」という思いに沿ったライフスタイルを提案することに結実していきます。またそうでなくては、顧客はいつでも契約を打ち切ってしまうことでしょう。サービスの提供側は、顧客を離すまいとサービスを改善し続けます。

そのための手段となるのが、ありとあらゆる顧客情報です。購入履歴をはじめとするビッグデータの収集、集積、分析を経て、カスタマー・エクスペリエンスの向上に努めるのです。

見ての通り、徹底した顧客第一主義が、そこにはあります。顧客のあらゆるニーズに応えようと、サービスの提供側は、ハード、ソフト、商品、サービス、コンテンツを融合した価値の提供を、やがて目論んでいきます。繰り返しますが、そうしてサービスを改善し続けることなしには、どのようなサブスクリプションも、生き残ることはできません。この点において、人々の共感が重視される「評価経済」への変化といった動きにも、サブスクリプションは呼応していると言えます。

これらの結果として、サブスクリプションが全産業に及ぶ新しいプラットフォームになろうとしている現実が、目の前にあります。その拡大は、目を見張るほどに急速です。２０１８年、世界最大の家電見本市「ＣＥＳ」を取材で訪れた際、すでに「サブスクリプションは全産業に広がる」という見方が大勢を占めていたのを記憶しています。一方で、日本は立ち遅れている印象を持ちました。それから1年、日本においても「サブスクリプションが全産業を覆い尽くす」という言葉は、説得力を持ち始めているのではないでしょうか。

ここへきて、消費者意識の変容も明らかです。すなわち「所有」から「利用」（使う、活かす）へ。この点で、サブスクリプションは、第1章で触れた「所有」から「共有」へ、つまりシェアリングエコノミーとも重なります。

サブスクリプションを取り巻く環境をPEST分析する

サブスクリプション成長の背景について、ＰＥＳＴ分析を行ってみましょう。ＰＥＳＴ分析とは、政治（Politics）、経済（Economy）、社会（Society）、技術（Technology）の４分野を網羅的に分析するものです。ビジネスに大きな影響を与えるマクロ環境を把握するには、

図表5-1　サブスクリプション成長の背景としてのPESTの分析

項　目			
■ Politics/政治	「閉じる大国、開くメガテック企業」 地球温暖化対策 サステナビリティーへの対応		サブスクリプション
■ Economy/経済	世界的な低成長 資源問題の台頭 ESG投資の台頭		
■ Society/社会	スマホ、SNS等の浸透 価値観の変化と多様化 シンプル、ミニマル CX（顧客の経験価値）の要求水準の高まり	カスタマイズ 所有より利用 購買心理の変化 「コスパ」重視	
■ Technology/技術	AI×ビッグデータ×IoT デジタル スマホ、モバイル	「ファッション・テック」 4Gから5Gへ オムニチャネル	

格好のフレームワークです。上の**図表5-1**をご覧ください。

政治面、経済面においては、地球温暖化をはじめとする環境問題、資源の枯渇、世界的な低成長などが指摘できます。これらを背景に急がれているサステナビリティへの対応において、「所有しない」「長期的な関係性作り」を特徴とするサブスクリプションは、親和性の高いものだと言えるでしょう。

技術面では、特にサブスクリプションを可能にしたテクノロジーに注目するべきです。スマホの普及や、商品・サービスのデジタル化はここに位置します。サブスクリプションは当初デジタルサービスとして普及が始まり、スマホ上でネットサービスを契約することも当たり前に行われるようになりました。また、あらゆるものがＩｏＴ化され、データの収集、集積とＡＩによる分析が飛躍的に容易になりました。

やがてデジタルではない「モノ」がサブスクリプションの対象になったのも、最新テクノロジーの賜物です。建設機械大手のコマツの「スマートコンストラクション」はその一例です。ＩｏＴでインターネットにつながっている建機やドローンなどを使い、調査測量→施工→保守を一気通貫で提供するプラットフォームを実現しました。保険にＩｏＴを導入する事例もあります。ワイヤレスデバイスから契約者の生体情報を取得、保険料の増減につなげる仕組みです。

その他、エアクロ、ゾゾタウンに代表される「ファッション・テック」の台頭、「４Ｇから５Ｇへ」の変化も指摘できます。

最後に、社会面の変化です。たびたび指摘されているように、スマホやＳＮＳの浸透を経て、人々の価値観は大きく変容しました。多くを持つことを好まず、より「シンプルに、ミニマルに」というトレンドは、「所有しない」サブスクリプションとマッチします。「カスタマイズ」「コスパ重視」といった近年の消費行動におけるキーワードや、牛窪さんが挙げてくれた「断捨離ブーム」「片付けブーム」も、ここに含まれるかもしれません。

カスタマー・エクスペリエンスの要求水準の高まりも顕著です。サービスの利便性が増せば増すほど、消費者の欲望が満たされなかったときに感じるストレスも高度化するからです。

先の章でも述べましたが、ガラケーの時代には通信速度の遅さにイライラさせられることなどなかったのに、サクサク動くスマホの快適さに慣れてしまうと、たった1秒のタイムラグすら、耐えられなくなりました。

参考までに、私が過去の著作で指摘している「働き方にインパクトを与える多重的なパラダイムシフト」（**図表5-2**）も、サブスクリプションの成長とパラレルなものであることを指摘しておきます。特に図表の⑷、⑻、⑾のような価値観の変化が、サブスクリプションの成長を強力に後押ししているのです。

エアクロのポジショニングマップ

以上を踏まえて、エアクロを見てみましょう。第1章で取り上げたメルカリと同じように「ポジショニングマップ」を描くと、次のように整理できるでしょう。278ページの**図表5-3**をご覧ください。

図表5-2　働き方にインパクトを与える多重的なパラダイムシフト

(1)「超高齢化社会」よりは「超長寿社会」 高齢者が増えるという捉え方ではなく、超長寿が可能な世界が到来したと捉えて、ワークスタイルやライフスタイルを構築することへと変化
(2)「シングルキャリア」よりは「パラレルキャリア」 単一の職場で働くシングルキャリアから、働き方や勤務形態が多様化するだけではなく、ライフワークとしての複数のキャリアをもつ時代へと変化
(3)「コンシューマー」よりは「プロシューマー、セルシューマー」 単なる消費者という存在から、自らも生産に参画し、さらにはC2CやP2Pで自ら直販する創造者という存在へと変化
(4)「欠乏欲求」よりは「自己実現欲求」 食べるため・生きるため・認めてもらうために働くことから、自己実現、自分の在り方、自分らしいライフスタイルを実現するために働くことへの変化
(5)「金銭的な報酬」よりは「成長と貢献」 (4)の影響もあり、仕事において重視することが、金銭的な報酬で働くより、自己成長や社会問題解決への貢献ができるかがより重要なポイントに変化
(6)「貨幣経済」よりは「評価経済」、「価値経済」 貨幣で評価できることを重視する世界から、「評価＝実際に価値のあること」、「価値＝本当の価値」を重視する世界への変化
(7)「所有、購入」よりは「シェア、サブスクリプション」 商品・サービスを所有・購入するよりは、経験価値を重視し、シェアして利用する、サブスクリプションで利用する世界へと変化
(8)「商品・サービスの提供」よりは「ライフスタイルの提案やサポート」 商品・サービスの提供を受けるというニーズから、自分らしさを反映したライフスタイルの提案やサポートを受けるというニーズへと高度化
(9)「垂直・統合」よりは「水平・分散」 大企業が垂直・統合してきた手法から、テクノロジーや価値観の進化により、水平分業や分散化が進み、個人のプロフェッショナルが主導することへと変化
(10)「個人の成績」よりは「チームの成績」 職場や社会においてより重要なのは、「個人の成績」ではなく、「チームの成績」
(11)「複雑、煩雑」よりは「シンプル、ミニマル」 複雑でモノに溢れている状況よりは、欠乏欲求の減退もあり、シンプルでミニマルな状況を求めることへと変化
(12)「AIとの競争」よりは「AIとの協業」 AIに人の仕事が奪われると考えるのではなく、AIがすべきこと、人がすべきことを峻別し、AIとの協業を図る世界へと変化

ライフワークや仕事の意義を再発見してこそ、働き方の多様化の意味がある

図表5-3　ポジショニングマップ

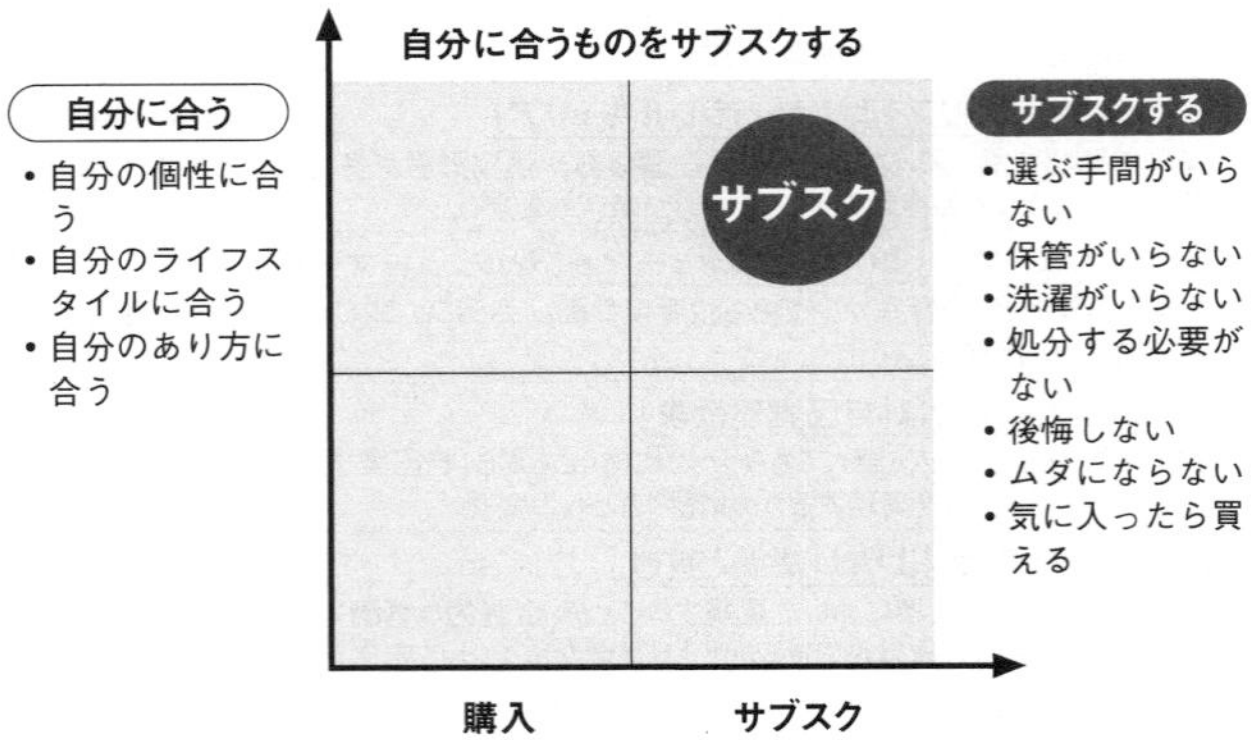

そこにあるのは、「自分に合うものを」「サブスクする」という、二つの軸。こう見ると、あっけにとられるほどシンプルです。

ただし、言葉からの印象ほどには、シンプルなサービスではありません。「自分に合う」「サブスクする」それぞれの言葉に、さまざまな価値が織り込まれているのが、エアクロの特徴だと言えます。

「日経ビジネス」２０１８年5月14号に、次のような記事がありました。建材メーカー代理店に勤める長尾二郎さんは徹底的なシェアリング化を果たしており、私服は一着も持っていないというのです。彼が利用しているのは、男性向け洋服シェアリングサービス「リープ」（記事中ではｌｅｅａｐ）です。年約

16万円と、安いとは言えない料金を支払うだけの価値を、どこに感じているのでしょうか。

まず、自前の服を持てば、保管するのが面倒だ。保管場所も必要な上、アイテム次第では定期的にクリーニングに出す手間も発生する。長尾氏の場合、16年4月からleeapを利用し始めて以降、私服をほぼ全部処分したが「ほとんど着ていない服が45リットルゴミ袋で6袋ぐらい家にあった」と振り返る。

そして保管以上に面倒なのが服選び。平日はスーツや作業着だから服装に悩むことはないが、問題は休日だ。男性用ファッション誌やブティックの店員の意見を参考に研究を重ねてコーディネートしても、家族から「その組み合わせはどうなん」とダメ出しされることも。買ってきたジャケットを値札が付いたまま捨てたこともあった。「トレンドに合わない格好はしたくない。たったそれだけのことなのに……」。そんな〝長年の苦労〟から解放してくれたのがファッションシェアだ。おしゃれな格好をするための面倒と手間、そのための努力が徒労に終わるリスクを考えると、月額１万３８００円は高くない――これが長尾氏の結論だ。

この記事からは、牛窪さんのレポートでも指摘されていた、

「家が狭くて、置く場所がない」

「もうイヤというほど服を持っているので、新しく買うことに罪悪感がある」

「コーディネート力がなく、自分に合った服を選べない」

といったニーズをうかがい知ることができます。


「リスク」という言葉が登場しているのも、興味深いところです。第3章のスタディサプリの論考で、私は「出費を後悔するリスク」について触れました。月額980円のスタディサプリならば、数万円の月謝が必要な塾や予備校とは違い、万が一うまく活用できず、解約することになったとしても、後悔を感じずに済む。洋服のシェアリングサービスにも、同じ心の動きがあるようです。私自身、これは実感できるところです。自分のセンスを頼りに服を選びながらも、自分に合うかどうか、わからないことはままあります。「せっかく買った服を一度も着ない」というケースもあります。つまり、自分に似合わない服を、わざわざ購入していた。そこに大変なフラストレーションを抱えるのです。

現代の消費者は、そのようなフラストレーションを解決してくれるサービスに大きな価値を感じています。教育においては、それがスタディサプリ。そしてファッションにおいては

エアクロやリープなのではないでしょうか。ちなみにファッションのサブスクリプションには2種類あります。データをもとにAIがスタイリストがわりとなって選ぶパターンと、エアクロのようにリアルなスタイリストが服を選んでくれるパターンです。

改めて、自分に合った服とは何か。それは自分の個性に合う、自分のライフスタイルに合う、そして自分のあり方（価値観）に合う服だと言えます。

「サブスクする」という行為にも同様に、多重の価値が込められています。前掲の**図表5-3**にあるように、選ぶ手間がいらない、保管がいらない、洗濯がいらない、処分する必要がない、後悔しない、ムダにならない、気に入ったら買える。こうした多重の価値を表象する行為がサブスクリプションなのです。

サブスクリプションの4P

サブスクリプションは、マーケティングの世界にもパラダイムシフトを起こしています。元セールスフォース・ドットコムの社員にして、サブスクリプションビジネスをアプリケーションで支援する米企業Zuoraの創業者ティエン・ツォ氏は、著書『サブスクリプション』（ダイヤモンド社）の中で「4つのPが変わった」と述べました。4つのPとは、マーケティングの4Pのこと。第3章で説明した、プロダクト（製品）、プライス（価格）、プレイス（流通）、プロモーション（販売促進）の四つです。

ティエン・ツォ氏の言葉を借りて、4Pをおさらいしておきましょう。

製品（Product）——人々が望む商品を作り、パッケージングしなくてはならない。

価格（Price）——競争力があり、自社と顧客の両方にとって合理的な商品価格を設定しなくてはならない。

プロモーション（Promotion）——魅力的なチャネルによって（たぶん魅力的な人によって）商品を宣伝する必要がある。

流通（Place）——便利で人を引きつける場所に商品を流通させ、販売する必要がある。

（ティエン・ツォ、ゲイブ・ワイザード著『サブスクリプション』ダイヤモンド社）

このような前提のもとで、「最初のP（製品）がS（サービス）に変わるのがサブスクリプション・エコノミーである。だとすれば、あとの三つのPも、これまでと同じというわけにはいかない」と述べられています。

図表５-４　「従来の４P」対「サブスクの４P」

従来の４P	サブスクの４P
Product （製品）	Service （サービス）
Price （価格）	Packaging & Pricing （パッケージとし、価格に置き換える）
Place （流通）	Win Win Win （ウィン・ウィン・ウィン）
Promotion （プロモーション）	Story （ストーリーテリング）

出所）ティエン・ツォ、ゲイブ・ワイザート『サブスクリプション』（桑野順一郎監訳、御立英史訳、ダイヤモンド社、2018年）もとに筆者作成

たとえば、流通（Place）はどう変わるのか。上の**図表５-４**をご覧ください。サブスクリプションモデルの特徴は、顧客と企業が一対一の関係を結ぶこと。裏を返せば、代理店（再販売業者）が不要になるビジネスモデルでもあります。しかし、図面作成ソフトウエア開発のオートデスク社は、サブスクリプション導入にあたって、再販業者を切り捨てることはしませんでした。むしろ、「再販業者が追加サービスとして顧客に販売できる年間メンテナンスプランを提供した。これにより、サービスの継続的提供という発想をチャネルに浸透させ、年間を通じた顧客との関係やリズムを確立するという、二つの効果を上げることができた」。結果、オートデスクは、

自社、顧客、再販業者を「ウィン・ウィン・ウィン」の関係で結ぶことに成功したのです。プロモーションはどうでしょう。ティエン・ツォ氏は、大規模なプル型広告から、口コミを誘うストーリーテリングへの変化を指摘しています。

ズオラでは、ストーリーテリングを「3つの部屋」というメンタルモデルで考えている。①製品の物語（それはいかにニーズに応えるのか）、②市場の物語（必要としているのは誰か）、③そして最も重要なサービスとユーザーを広いソーシャルな文脈で結び合わせる物語（それはなぜ求められているのか）——の3つである。

（同書より）

何より大きく、重要な変化はプライスです。ティエン・ツォ氏はここで「プライシングとパッケージング」と表現しています。特定の商品、特定のサービスを個別に販売するなら、値付けはシンプルかもしれません。しかしサブスクリプションの場合は、そこが複雑です。「使い放題」が前提になるなら、どこまでを「使い放題」の商品、サービスとして一つのパッケージとし、価格に置き換えるのか、そこがサービス提供者の腕の見せ所になってくるのです。使用量や機能拡大に応じて段階的に価格設定がなされる場合もあります。

そこには、曖昧さが避けがたく存在します。しかしプライシングとパッケージング一つで、「ビジネスを成功に導きもすれば立ち往生させもする」。なぜなら、これは「顧客にどのような価値を提供するのか」という企業のミッションに深く関わるものだからです。

どんなときに台無しになるのか？　いくつかの典型例を挙げることができる。たとえば、無料のサブスクリプション・サービスを立ち上げたものの、何年経っても有料契約へのコンバージョンがわずかしかなかったような場合。よかれと思って機能を追加したが、サービスと料金の体系が解読できないほど複雑になってしまったような場合。一律の月額料金でシンプルさを強調したら、利用しすぎる顧客に遭遇したような場合（ビュッフェ方式レストランにホーマー・シンプソン〔テレビアニメ『ザ・シンプソンズ』に登場する大食漢〕がやってきたようなケース）。事前に予測と予算化ができない利用量メトリクスに価格を連動させてしまったような場合（おしゃべり好きなティーンエイジャーのいる家族に携帯電話の利用時間を売るようなケース）。

（同書より）

エクスペリエンスデザインの時代

先に指摘した通り、サブスクリプションは、顧客との関係作りの「始まり」です。顧客第一主義の時代、カスタマー・エクスペリエンスの時代に、極めて親和性の高いビジネスモデルだと言えるでしょう。

今日の企業は常に問い続けています。「顧客との長期的な関係を築くために何をすればよいのか？　所有ではなく結果を期待する顧客に何をすればよいのか？　どうすれば新しいビジネスを生み出せるのか？　どうすれば顧客に継続的な価値を提供し、定期収益を増やせるのか？」と。

「顧客中心」という言葉も、今でこそ当たり前に聞こえるかもしれません。しかし、今なお多くの大企業は「製品中心」の発想に囚われています。この構図をティエン・ツォ氏は次ページの**図表5－5**のように整理しています。

従来の大企業は、まず製品ありき。製品を大量に流通させるためのチャネルを整備する一方で、商品を購入する顧客を深く知ろうとはしませんでした。自社製品をピラミッド構造の頂点に置き、顧客を下層に置いたのです。

図表５-５　現在進行中のビジネスモデルの変化

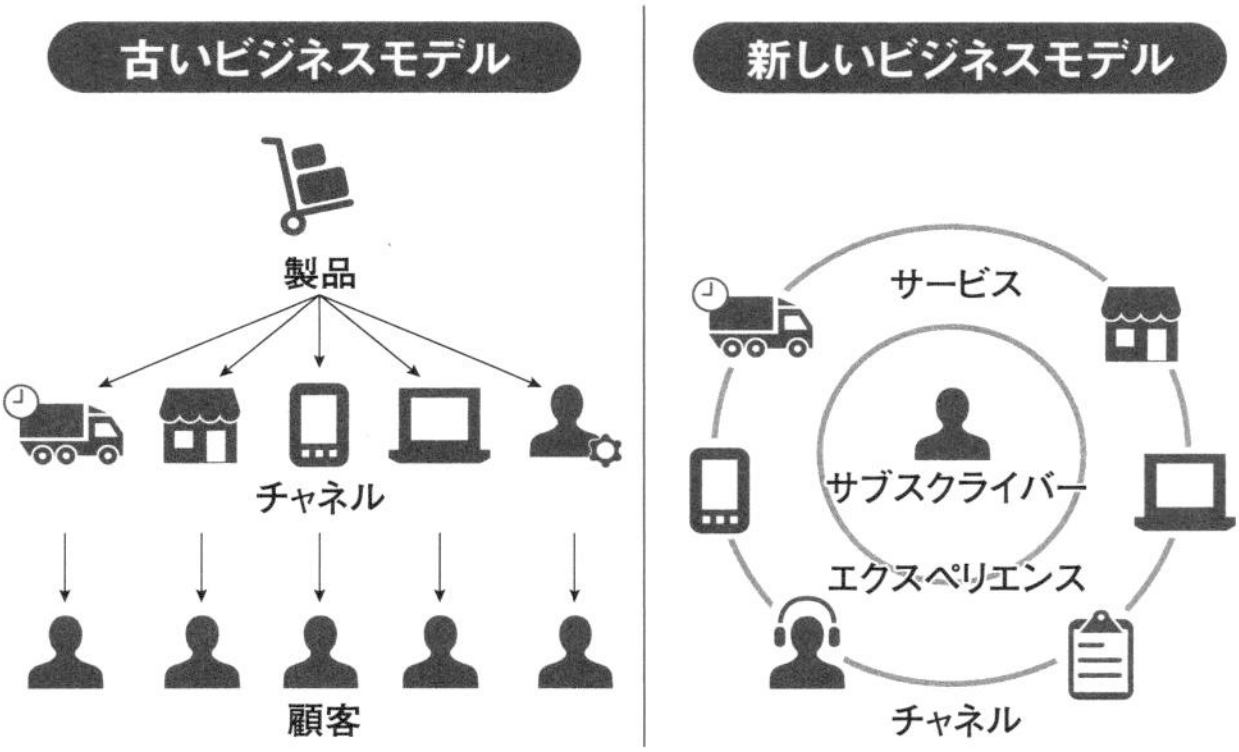

出所）ティエン・ツォ、ゲイブ・ワイザート『サブスクリプション』（ダイヤモンド社、桑野順一郎監訳、御立英史訳、2018年）

一方、ＧＡＦＡをはじめとする現代のテクノロジー企業は、初めから徹底した顧客第一主義を掲げています。発想は常に、顧客から生み出されます。すなわち、顧客を円の中心に置き、そこから彼らが望むサービス、カスタマー・エクスペリエンス、チャネルを設計していく。こうした発想を、アマゾン創業者のジェフ・ベゾスは「顧客を世界の中心に置いてあげる」と表現しています。

「製品中心から顧客中心へ――この組織的マインドセットの移行こそ、私がサブスクリプション・エコノミーと呼ぶものだ」とティエン・ツォ氏はまとめています。

私はここに、「社員」の経験価値を含めた、「エクスペリエンスデザイン」の重要性を付け加えたいと思います。エクスペリエンスデザインとは、カスタマー・エクスペリエンスのみではなく、社員の経験価値をもデザインすることです。

例として、日本の金融機関に求められているエクスペリエンスデザインを考えてみます。これまで日本の金融機関は、預金貸出、為替などの業務内容や、自社の効率性を重視したプロセスにもとづいて社員を配置し、それに合わせる形で顧客にサービスを提供してきました。まさしく製品中心の発想であり、彼らが口にする「顧客第一主義」は、名ばかりのものでした。

それが既存の金融機関においては「当たり前」。しかし今、そうした当たり前を改革し、顧客第一主義へと変革しようとする動きが、金融機関の中にも見られるようになっています。そこで必要になるのが、エクスペリエンスデザインです。「顧客や社員がより自然で快適で自分らしくいられるか」を基軸にして、サービスを提供できるようにすることです。

ここでは、社員が顧客に対し優れたエクスペリエンスを提供するためには、その前提として、企業が社員に優れたエクスペリエンスを提供することが重要な条件になります。エクスペリエンスデザインとは、顧客の潜在意識レベルにおいても自然で快適でなければなりません。そのためには顧客が「自分に応対している社員が自然で快適に仕事をしている」と感じられなければ、「優れたエクスペリエンスを得られている」と感じることも難しいでしょう。サブスクリプションによって顧客と長期的で良好な関係性を構築したいと企業が願うならば、社員とも長期的で良好な関係性を構築することも欠かせないのです。

アマゾン、アップル、ネットフリックス

成功したサブスクリプションサービスの事例として、挙げておくべきはアマゾン、アップル、ネットフリックスの３社でしょう。

まずは、言わずと知れたアマゾン。有料会員プログラム「アマゾンプライム」自体が一つのサブスクリプションだと言えます。年会費４９００円のみで配送料が無料になるほか、洋画・邦画・ドラマが見放題の「プライム・ビデオ」、１００万曲以上が聴き放題の「プライム・ミュージック」をはじめ、無制限のフォトストレージ「プライム・フォト」、電子書籍読み放題の「プライム・リーディング」などのサービスを追加料金なしで使い放題です。また月額９８０円で「キンドル・アンリミテッド」を契約すると、「プライム・リーディング」以上にラインナップが充実した10万冊以上の電子書籍が読み放題に。また、やはり追加料金は必要になりますが、「ミュージック・アンリミテッド」は４５００万曲以上が聴き放題に

なります。

「アップル・ミュージック」で音楽サブスクリプションサービスに参入したアップルも、後発ながらスポティファイに迫る勢いで成長しました。しかし、それまでの収益の柱としていたｉＰｈｏｎｅの勢いに陰りが見えているこのタイミングで、サブスクリプションを強調する方針へとシフト。２０１９年3月、アップルは定額制の動画配信サービス「Ａｐｐｌｅ ＴＶ＋」を発表しました。同年秋から、１００カ国以上の国で、映画、ドキュメンタリーの他オリジナル番組を配信します。革新的なハードウェア企業として一時代を築いたアップルが、サービス企業へと変わろうとしているのです。

そして現在、サブスクリプション最大の成功企業といえば、ネットフリックスです。１９９７年にＤＶＤのオンラインレンタル事業としてスタートしたネットフリックスですが、２００７年にビデオ・オンデマンド形式による動画のストリーミング配信サービスに移行しました。果たして18年末時点で、ネットフリックスの会員数は、１億３８００万人以上にのぼります。なぜ、これほどの成功を収めることができたのか。特に大きなインパクトをもたらしたのは、12年に制作を開始したオリジナルコンテンツです。19年、その投資額は１・６兆円と言われており、そのクオリティについても『ＲＯＭＡ』（アルフォンソ・キュアロン監督）という作品がゴールデン・グローブ賞を受賞するほどの高い評価を得ています。

高い技術力を背景としたリコメンデーション機能も強力です。ネットフリックスの視聴の75％が「おすすめ」から視聴されている、というほどの精度を誇ります。プロモーションにおいてもパーソナライズが行われています。たとえば、「ある番組のプロモーション動画を10種類以上制作し、視聴者の属性に合わせて表示する」といったことまで、当たり前に行われているのです。

名詞から動詞へ

本が、音楽が、映画が、モノからサービスへと移行した時代を象徴する3社。おそらく今後も、サブスクリプションをキーワードに、このような激変は続いていくことでしょう。

雑誌「ＷＩＲＥＤ」の創刊編集長であるケヴィン・ケリー氏による『〈インターネット〉の次に来る者　未来を決める12の法則』（服部桂訳、ＮＨＫ出版）に、「名詞から動詞へ」という章が設けられています。サブスクリプションを理解するうえで大きな示唆を与えてくれる以下の一文を引用し、本章を終えたいと思います。

プロセスへと向かうこうした変化によって、われわれが作るすべてのものは、絶え間ない変化を運命づけられる。固定した名詞の世界から、流動的な動詞の世界に移動していく。今後30年で、形のある自動車や靴といった物は、手に触れることのできない動詞へと変化していくことになるだろう。プロダクトはサービスやプロセスになっていくだろう。テクノロジーを高度に取り込んだ自動車は交通サービスに変わり、その素材を常に最新のものにアップデートすることで、ユーザーの使い方にすぐに適応し、フィードバックし、競合しながらイノベーションを起こして使い込まれていく。それが自動運転か自分で運転するかにかかわらず、この交通サービスは常に柔軟で、カスタマイズされ、アップデートされ、他とつながり、新しい利便性をもたらすものになる。靴も完成されたプロダクトではなく、われわれの足の拡張として再定義する終わりのないプロセスが続く。それは例えば使い捨ての足カバーだったり、歩くごとに変形するサンダルだったり、靴底が入れ替わるものだったり、靴の代わりに動く床だったりするだろう。「靴をはく」という言葉は、その行為を指すのではなくサービスになる。手で触れられないデジタル世界では、静的で固定されたものなど何もない。すべては、〈なっていく〉のだ。

第6章——なぜエバラの「プチッと鍋」はヒットしたのか？

1　リサーチ編

「男性一人」はOKなのに「女性一人」はNG?

文・牛窪　恵

「あなたはまだ若いから、そんなことを言うんですよ。女性が旅館に一人で泊まりに来たら、この業界では『自殺しに来た』と思うに決まってるじゃないですか」

２００４年、私が初の著書『男が知らない「おひとりさま」マーケット』（日本経済新聞社）を書いた直後のこと。某大手旅行代理店で講演させていただくと、50代後半と思しきある男性から、批判的な声があがりました。当時、私は30代半ば。「まだ若い」と言える年齢ではなかったかもしれませんが（笑）、その男性からすれば「業界の慣習も知らずに、勝手なことを言うな」との思いもあったのでしょう。

あれから15年。今となっては日本全国のホテルはもちろん、旅館も含めて「おひとりさまプラン」を展開する宿泊施設が目立って増えています。ですが15年前の旅館は、たしかにおひとりさまに冷たかったのも事実。本を書くにあたり、私はスタッフ5人と手分けして、全国30軒超の旅館に「女性一人で泊まりたい」と電話したのですが、二つ返事で受けてくれたのは、神奈川県と静岡県の一部の旅館ぐらいでした。

一方、その他の地方、とくに東北や北海道の著名な旅館は全滅で、「女性一人で」と伝えた突端、「その日は、予約で一杯です」と電話を切られてしまう。ところが、別のスタッフが同じ希望日を告げて、「夫婦（カップル）で」「家族で」、あるいは「男性一人で」泊まりたいと言うと、「お部屋は空いています」と好意的な返事ばかりなのです。もちろん、四人部屋や六人部屋に一人客を泊めてしまうと、採算面で損する可能性も高いのですが……、でも、「男性一人」はOKなのに「女性一人」はNGというのは、おかしいですよね。

また、女性一人客の予約を断って、最終的にその部屋が埋まらなければ、その分は「永久損失」となって一生取り戻せない。そのことは、旅館側も重々わかっていたはずです。

そう考えると、冒頭の代理店の男性が言ったことも、あながちハズレではなかったのかもしれない。「女性が旅館に一人で泊まりに来たら、『自殺しに来た』と思うに決まってる」が、当時の業界には浸透していたのかもしれません。

実は私自身も、そして本を発刊した日本経済新聞社（現・日本経済新聞出版社）の担当者も、本を世に送り出す前から、なんとなく〝そんな予感〟は抱いていました。すなわち、「おひとりさまマーケット」は、いわゆるブルーオーシャン市場（２４５ページ参照）であり、その重要性やマーケットサイズに気づいていない企業や業界も多いだろう。ゆえに、「これからは、おひとりさま（シングル女性）市場が有望で、ターゲット候補にすべきですよ」と呼びかけるだけでは、響かない企業も多いのではないかと。

そこで最後に加えた、サブタイトルが「最強のリピーター＆クチコミニスト」です。「クチコミニスト」は私の造語で、「クチコミする人＝インフルエンサー」の意味。すなわち、現時点で、おひとりさまを積極的に取り込むのは（女性一人客を泊めるのは）、自社のビジネスにとってお得とは思えないかもしれない。でも長い目で見るとおひとりさまは、かなりの高確率でリピートしたり（リピーター）、周りに「いいよ」とクチコミしたり（クチコミニスト）してくれる。だからこそ、今から彼女たちを味方につけておいたほうがいいですよ、との概念です。

「女性の社会進出」と「バブル崩壊」

マーケティングでは、対象とすべきターゲットのボリュームが、どれぐらいのサイズなのか、すなわち、全人口に占める割合がどれぐらいなのかを見ることも重要です。

まずは、「未婚の男女」が何割ぐらいいるのか、どのようにして増えていったのかを見てみましょう。

日本において、結婚しない男女が顕著に増え始めたのは、１９９０年代半ば〜後半以降。この時期、男女雇用機会均等法が改正され、企業における男女差別が明確に禁止されました。私も、出版社入社が１９９１年なので、肌感覚で覚えています。90年代後半に均等法が改正されることがわかると、社内に「女性社員にだけ、お茶くみさせるのはマズイのでは?」といった空気が浸透。私たち均等法第一世代（バブル世代）は当時、こう思ったものでした。

「よし！　ようやく男性と肩を並べて働ける時代が来たぞ」

結果的にはその後、多くの女性が「ガラスの天井」、すなわち「女性はいくら職場で頑張っても、男性ほどは出世できないのでは?」と感じさせられる「見えない制限」に突き当たるのですが……。こうした一連の均等法改正とバブル崩壊後の離婚急増の流れが、従来の

「女性は、結婚しなければ生きていけないのでは？」という概念に、「結婚は、無理にしなくてもいい」や「結婚＝幸せとは限らない」という新たな概念や選択肢を与えたのも事実でした。

一方で男性も、ほぼ同じ時期に大きな意識変化を迎えます。

それが、「バブル崩壊」による将来不安。山一（山一證券）や長銀（日本長期信用銀行）など、それまで「絶対につぶれるはずがない」と思われていた金融系大企業が、次々に破たんに追い込まれていった。私も、「独身王子（おもに現40代半ば〜50代半ばの独身男性）」への取材で、何度耳にしたかわかりません。「山一がつぶれるのを見て、日本は終わったと思った」や、「長銀が破たんするようじゃ、自分もいつ路頭に迷うかわからない。怖くて結婚どころじゃない」といった、彼らのナイーブな声を。

つまり、女性の社会進出とバブル崩壊、この大きな二つの出来事がほぼ同時に起きたことが、日本における未婚化急増の最大要因だと言われています。

今となっては驚きの高確率ですが、１９８０年ごろまで、日本の30代の未婚率は、男女ともに約10〜15％程度でした。言い換えれば、30代男女の85〜90％が結婚していたわけです。

これに対し、現在では30代女性の３割弱（29・３％）、同男性では４割強（41・１％）が

「未婚」、すなわち一度も結婚していません。さらに「独身」「シングル」と表現する場合は、未婚の男女にプラスして「バツイチ」「バツニ」といった、パートナーと離婚したり死に別れたりした独身者（シングル）が加わります。そこで「独身」全体を見ると、30代の男性で、約44％、同女性でも約35％に及ぶのです（総務省「平成27年国勢調査」）。

さらに今後は、世帯形態でも「一人」がどんどん増えていきます。１９８０年、日本では結婚したカップルが同居する世帯（「夫婦のみ世帯」「夫婦と子世帯」）が5割以上（54・6％）、「単独世帯（ひとり暮らし）」が2割弱（19・8％）と、結婚カップルによる世帯が圧倒的でした。ところが２０１５年になると、結婚カップルの同居世帯が約5割に対し、「ひとり暮らし」は34・5％と3割強に。さらに40年には、ひとり暮らしも結婚カップルもほぼ同程度の、約4割になる見込みです（18年・国立社会保障・人口問題研究所「日本の世帯数の将来推計」より）。

となれば、今後は4～5人家族を意識した大型の家具や家電、食品より、1～2人家族に向けた「コンパクトサイズ」や「少量」のモノのほうが、売れそうだと思いませんか？

このことに早い段階から気づいていたのが、セブン＆アイＨＤの鈴木敏文名誉顧問です。

私も2013年の春、同社の株主向けの冊子「四季報」誌上で鈴木顧問と対談させていただき、その後も何度かお仕事でご一緒させていただきました。彼が対談の際、次のように説明してくださったのが印象的です。

今は少子高齢の時代で、お客さまは量が多いということに魅力を感じるわけではありません。むしろ、単身世帯や2人世帯が増加して、量が少ない商品が求められています。
(2013年春『四季報 VOL.118』セブン&アイHDより)

鈴木さん、とあえて言いますね。このとき彼が「量が少ない商品」の実例に挙げたのは、「セブンゴールド」(現セブンプレミアム ゴールド)という、同社の高級イメージのプライベートブランド(小売・流通業者が企画し、独自のブランドで販売する商品)でした。とくに頭の中でイメージしていたのは、対談直後に発売予定だった、「金の食パン」でしょう。

セブン&アイHDが「セブンゴールド」の展開を始めたのは、2010年9月です。それまで、同社のプライベートブランドは、07年5月に初登場した「セブンプレミアム」のみで、メーカー製のナショナルブランドと同程度の品質ながら「価格は手ごろ」なのを売りにしていました。というのもプライベートブランドの場合、通常はCMなど販促費がかからないうえ、共同開発者であるメーカー側が在庫・返品リスクを抱える必要がない。よって通常は、プライベートブランドのほうがナショナルブランドより安く価格設定できるからです。

ところが、ワンランク上のセブンゴールドは「上質な原料をこだわりの技術で仕上げる」ことを追求し、むしろナショナルブランドより、割高なことも多いブランド。なぜ割高なのに売れるのかといえば、二つ理由があります。

一つはもちろん、徹底して高品質にこだわるからですが、もう一つは「数や量を減らす」ことで高級感が高まる反面、販売価格そのものは下げられるからです。

先の「金の食パン」も、最も注目されたのは「2枚125円」というパッケージスタイルでした。これを1枚あたりに換算すると、単純計算で62・5円。製パン大手の普及品（ナショナルブランド）に比べて、1枚あたりの価格は2倍かそれ以上割高だとされましたが、ちょっと考えてみてください。ナショナルブランドは「2枚」でなく4〜6枚程度で販売することが多いもの。だとすると、仮に1枚あたり30円だとしても、1パッケージが6枚入りならナショナルブランドは「180円」で、パッと見はセブンゴールド（2枚で125円）のほうが安く見えますよね。

さらに近年、ひとり暮らしの男女や、私のように夫婦二人だけの世帯からは、次のような声もよく聞こえてきます。

「スーパーで売られている野菜や果物、卵、パン、米などは、1パック4～5人家族用が圧倒的。全部食べ終わるまでに賞味期限切れになって、捨てることになっちゃう」

そうなると、人は得てして「食べ物を捨ててしまった」という、フードロスにまつわる罪悪感を抱くもの。それよりは、初めから数や量が少なくパッケージングされている商品を買ったほうが、多少割高でも気分がいい。先の通り、日本では今後「おひとりさま」や単身世帯、あるいはシニア夫婦の二人暮らしなどが増えていくわけですから、売れ筋は「大容量」より、間違いなく「少数・少量」のコンパクトなパッケージへと変わっていくはずです。

これからの「おひとりさま」はシニア女性中心

セブン&アイHDの鈴木さんと同じように、家電メーカーの中にも「今後は大容量より、高品質でコンパクトなモノが、売れ筋になる」と気づいている企業が、複数ありました。

その一つが、パナソニック。同社は2012年2月、単身者や夫婦二人家族など「少人数世帯」が増えてきたことに目を向け、高機能でコンパクトな食器洗い乾燥機を「プチ家電」

のコンセプトで売り出しました。具体的には、スペースが限られたキッチンにも置けるよう、本体サイズを従来より、約4割コンパクトに設計。その後、洗濯機など別の家電でも「プチ家電」を増やし、「小さいサイズなら、置き場所も省スペースで済む。そのうえ水道代や洗剤代も抑えられますよ」といった強みを打ち出したのです（「家電 Watch」11年12月6日掲載）。

一方で、当時、私の会社が新商品開発のお手伝いをした、別の家電メーカーでは、若い開発チームが次のようなジレンマに陥っていました。

「牛窪さん、私たちも『おひとりさま』マーケットが今後伸びることは、よくわかっています。でも、会社の上層部が、生産を許してくれない。どんなに今後のマーケットサイズの大きさや市場性を訴えても、『1〜2人用の家電なんて、長年4〜5人家族のイメージで売ってきたうちの会社に、ふさわしくない』の一点張りなんです」

第5章まで、私はあくまでも「マーケティングとしての考え方」を中心にお話ししてきました。ですが、企業の現場では「どんなに理論的に売れそうな開発プランを考えても、営業部隊や上層部が『そんなモノが売れるか！』と頭ごなしに反対する」といった問題が起きるもの。現実には、マーケティングのハウツーだけでなく、他の部署や上層部への政治的な

「根回し」が必要なシーンも、多々あるでしょう。とくに既述の通り、おひとりさまのようなブルーオーシャン市場では、業界自体の成功事例がさほど多くない。一般に、責任ある立場の人たちはリスクを取りたくないですから、反対に回りやすい。

ゆえに皆さんも、もし新たなターゲットに向けて何かを売りたい場合には、あくまでも〝冷静に〟、そのターゲット設定がマーケットサイズから見て「本当に妥当か？」を分析する目を持つことも、重要だと言えるでしょう。

たとえば２０３０年、日本では全人口の約5割がおひとりさまになると見られます（14年野村総合研究所予測より）。この数字だけを見て、「やっぱり若い男女の『一人市場』は、この先ますます有望だ！」と感じる方もいるかもしれません。

ですが、そうとも言い切れないのです。まず２０３０年予測の詳しい構成比を見ると、「未婚」の男女は5割のうち約3割で、ここは現状（27・３％）とさほど変わらない。他方、注目すべきは、残る約2割を占める「死別・離別」。とくに、日本で一番人口が多い「団塊世代」（１９４６〜51年生まれ）の妻たちが、30年にはほぼ全員が75歳以上となり、パートナーと「死別」するケースが増えると見られています。つまり、今後目立って増えていくおひとりさまは、若い世代ではなく「シニア」のおひとりさまなのです。

念のため補足すると、日本では75歳以上夫婦の４分の３は、妻が夫より長く生きるとされています。また２０１８年現在、日本人の平均寿命は「女性87・26歳」「男性81・09歳」（厚労省調べ）で、寿命差は6年以上。しかも団塊世代の妻たちは、夫より「３～５歳年下」であるケースが多いとされていますから、平均寿命と夫婦の年の差を足し合わせると、団塊妻が夫より、10年前後「おひとりさま」として生き残る確率が高いことになる。よって今後、顕著に伸びていく市場は「シニアの女性おひとりさま」だと言えるのです。

「パラサイト・シングル」を狙った積水ハウス

また「ひとり向け」の商品やサービスを利用するのは、独身だけとは限らない。逆も真なりで、当然ながら、おひとりさまが常に「一人向け」ばかりを利用するわけではありません。

にもかかわらず、２００４年秋、積水ハウスの担当者から、私の会社に１本の電話が入るまで、私はすっかりそのことを忘れていました。

「『おひとりさまマーケット』の本を読んで、一緒に商品開発をしたいと考えておりまして」

その電話を聞いたとき、私もスタッフも、「ということは、独身女性向けのマンション開発か？」と、思い込んでいたのです。

たしかに、積水ハウスの商品にも、当時から単身者を多分に意識したマンション（シャーメゾンほか）は存在していました。ですが、担当者が考えていたターゲットは、同じ20～30代のおひとりさまでも「パラサイト・シングル」の女性、すなわちひとり暮らしではなく、結婚まで親と同居する女性たちだったのです。

実は、冷静にマーケットサイズを見ると、20～30代のシングル女性で「ひとり暮らし」は4人に1人程度、これに対して「親と同居」は77・0％にも及び、2004年当時もほぼ同じ割合でした（15年・国立社会保障・人口問題研究所「現代日本の結婚と出産」）。つまり、市場としては、はるかに「パラサイト・シングル」のほうが大きいわけですね。

また、積水ハウスと弊社が、2社で開発した住まい（カーサ・フィーリア～娘と暮らす家）の発売は、2006年4月。この時期、最大の人口ボリュームの団塊世代が、定年の年齢に差しかかる時期で、退職金を元手にした、一軒家の建て替え需要が見込まれていました。その際、イマドキの60歳前後の夫婦は、「夫婦のため」よりも「娘と妻が暮らしやすい家」を選ぶのではないか。それが担当者の見立てで、私たちは1年半かけて、20～40代の独身女性とその母親400人に徹底的に取材を繰り返しました。

すると、第一印象では「仲良し親子」に見えても、実は、複雑な思いを抱える親子が多かった。たとえば、「父がリビングで顔を合わせるたびに、『○○ちゃん、子どもができたらしいぞ』などと言ってくるのが辛い」と嘆く娘や、「娘の帰りが遅いので、お風呂の水音で毎晩起きてしまう」「でも、遅くまで頑張っている娘に文句は言えない」と悩む母親など。こうした声を聞きながら、リビングにちょっとした仕切りを設けて「時には直接顔を合わせずに済む」工夫をしたり、簡単な水回りだけは娘の部屋にも設けて、家族の「時間差」を埋める間取りにしたり、とギリギリまで改良を加え、発売の日を迎えました。

「鍋は家族みんなで」という先入観

他方、「おひとりさまが喜ぶ商品やサービスを利用するのは、独身だけとは限らない」の事例では、近年大ヒットを記録した、エバラ食品の「プチッと調味料」シリーズが挙げられるでしょう。２０１９年３月現在、シリーズ商品のラインナップは８種28品目、18年度のシリーズ累計売上高は35億円にものぼります。

いずれもコーヒーのミルクやガムシロップに使われるような「ポーション」（個別包装タイプの調味料で、一人ひとりが都度、好みの調味料を選び、ポーション容器から注いで使えるタイプ。シリーズで最も有名なのは、２０１３年８月に発売された「プチッと鍋（鍋つゆ)」ではないでしょうか? エバラ食品の女性開発者によって生まれ、初年度だけで9億円を売り上げた大ヒット商品です。

「家庭向けの鍋つゆ商品といえば、それまで、競合も含めたほとんどが『家族3〜4人用』を想定していました。いわば『鍋は家族みんなが集まった時に食べるもの』という固定観念に捉われていた、とも言えます」と話すのは、同マーケティング部の伊藤史子さん。まさに、「プチッと調味料」の開発に携わった一人です。

伊藤さんが言うように、それまで家庭向けの鍋つゆ商品では、大きなパウチ包装に入ったストレートタイプの鍋つゆや、瓶やペットボトルなどのボトル容器に入った濃縮タイプのつゆが定番でした。昭和や平成初期の時代なら、家族みんなで鍋を囲むのが当たり前で、従来型の容器や包装のほうが便利で割安でもあったでしょう。

ですが先の通り、近年は結婚しないシングル男女の割合が急増しました。また、結婚して子どもがいるファミリー世帯でも、共働きで両親どちらかの帰宅が遅かったり、シフト勤務で夜勤だったり、あるいはお子さんが部活や塾でなかなか帰ってこなかったり、といった「時間差家族」が増えています。

ある民間の調査でも、家族揃って夕食を取る頻度が「週1〜2日未満」しかない20〜60代女性（既婚）が、なんと全体の約4割（37％／2017年・ベターホーム協会）。伊藤さんたちが行った消費者へのグループインタビューでも、「平日に鍋料理をすると、帰宅が遅い家族は、煮詰まってしまった鍋を食べることになる」「少人数の世帯では、パウチのつゆが使い切れない」「残った鍋を連日食べることになり、飽きてしまう」といった悩みが、次々と明らかになったそうです。

新たなマーケットを通して見えてきた「不満」

このとき、伊藤さんたちが実感したのは、「『このマーケット（個食）に需要があるのか』と改めて掘り起こしたことで、それまで顕在化していなかった『鍋への不満』が明らかになったこと」だと言います。裏を返せば、もし彼女たちが「まだ従来型の商品を出し続けていればいい」と考え、新たなマーケットに目を向けなければ、予想外のお客さまの声にも気づけなかったかもしれない、ということでしょう。

「プチッと鍋」は、1袋4～6個入り。30～60代ぐらいの男女の「個食」需要に対応するために開発された商品ですが、実際には「従来のパウチタイプの鍋つゆ（750mlほか）を持ち帰るのは、年齢的に困難」だというシニアや、「子どもの味覚に合わせると、どうしても大人は辛い鍋が食べられない」といった大人たちにも好評とのこと。また、「雑炊やラーメンで鍋の〝シメ〟をしたいときの、ちょい足し用（スープ）として」や、荷物を減らしたいアウトドアシーンでも「使い勝手がいい」と喜ばれているそうです。

たかが容器、されど容器。うがった見方をすれば、「プチッと鍋」は従来の鍋つゆを、ポーションという別のタイプの容器に「入れ替えただけ」に見えるかもしれません。ですが、エバラ食品の宮崎遵社長は、ビジネスサイトの取材に対し、「調味料は容器・容量で〝イノベーション〟する」との言葉を掲げ、「それを具現化したのが『プチッと』シリーズ。調味料を1人前のポーションに入れることで、新しい価値を提案したと自負している」と答えています（「DCSオンライン」2017年8月1日掲載）。

鍋つゆをポーション容器で展開するにあたっては、だしの香りや奥深い味わいを逃すことなく味を凝縮して閉じ込める、高濃度ブレンド技術が必要です。その技術力自体、もちろん、称賛されるべきでしょう。ですが、私はそれ以上に、「鍋＝家族みんなが集まって食べる」という既成概念が浸透している社内において、まったく別の概念（容器）、すなわち「夜中に一人でも食べられる」「自分は家族と別の味（の鍋）を食べたい」というニーズを上層部に納得させることが、別の企業であれば困難だったかもしれない、と考えます。

なぜなら、歴史の長い企業には通常、「従来型の概念」で輝かしい実績をあげてきた成功者が、何人も存在しているから。

そこにまったく違う概念を持ち込めば、「自分たちの業績（過去）までもが否定された」と感じる人も、少なからずいるでしょう。私自身、何社もの企業で「せっかくいいアイディアなのに、なぜ上層部は実現しようとしないの？」と、悔しそうに企画を引っ込める20〜30代社員を、数多く見てきました。今振り返っても、「もったいなかった」「可哀そうだった」と痛感する事例がいくつもあります。

そう、日本では長年、「大企業でイノベーションが起きにくい」と言われてきました。その要因は、ハーバード・ビジネス・スクール教授のクレイトン・クリステンセンが、かの有名な著書で訴えた「イノベーションのジレンマ」。すなわち「大企業は、既存の事業・顧客を守ろうとするがゆえに、新興市場への参入が遅れてしまう」との理由とともに、「社内の、既成概念（成功体験）を突き崩すことの難しさ」にあるように思えてならないのです。

パッション、そしてミッション

では逆に、それでも〝ちょっとしたイノベーション〟を起こせる企業や担当者は、他と比べて何が違うのでしょうか？　私はこれまでの経験から、大きなポイントは二つではないかと考えています。

一つは、なんとしてもその企画を通したいという、担当者の熱い思い、すなわち「情熱」。そしてもう一つが、社内の意思統一をはかるうえで重要な、企業固有の「ミッション」です。

ミッションは通常、「使命」や「役割」「存在意義」などと訳されます。私は第3章で、「スタディサプリ」のミッション、すなわち「教育の経済的・地理的格差をなくしたい」といった、リクルートHDの思いをご紹介しました。また第1章でも、田中先生が「会社の存在意義を示すミッション」があり、その下に「会社の未来の姿を描くビジョン」があるのだと書いています。先生は大学院の授業でも、「なぜ経営学にとって、ミッションが大切なのか」を体系立てて、わかりやすく教えてくださいました。

もう少し噛み砕くと、社会において自社が果たすべき任務・使命や、みずからの存在意義が「ミッション」、その存在意義にもとづいて事業を行った先に「自分たちは将来、どんな姿になっていたいのか？」という理想像が「ビジョン」です。さらにこの下に、自社のスタッフが持つ「共通の価値観（心構え）」として、「バリュー」を設定する企業もあります。

では、先のエバラ食品のケースを見てみましょう。同社は「経営理念」の言葉を用いて、企業としての価値観や存在意義を、次のように明文化しています。

「こころ、はずむ、おいしさ。」の提供
わたしたちは、お客様への情熱とチャレンジ精神を力に、「人を惹きつける、新しいおいしさ」と「期待で胸が膨らむ、ワクワクするおいしさ」を通じて、人と人との絆づくりの機会を広げていきます。

私も食品メーカーで講演や研修させていただく機会が多いのですが、エバラ食品の社風には、まさに「チャレンジ精神」や「お客様をワクワクさせよう」という情熱が根付いていると実感します。たとえば、ふと頭に浮かんだ〝ジャストアイディア〟であっても、目を輝かせながら「これってどう思いますか？」とすぐ周りの反応をたしかめて、具現化に近づけていこうとする社員さんが、本当に多い。そもそも同社の場合、宮崎社長自身もマーケティング畑の出身なので、消費者調査や新しいアイディアを大切にする雰囲気が、醸成されやすい環境なのかもしれません。

他方、積水ハウスは、従業員数1万6000人を超える大企業だけに、（あくまでも私の主観ですが）どちらかといえば「堅い」社風です。半面、同社の企業理念には「人間愛」があり、5項目ある行動規範の中には、「相手の幸せを願う暖かい心で全てに取り組もう」や、「創意を活かし、時代に挑戦しよう」といった文言があります。

先の担当者、すなわち私の「おひとりさまマーケット」の本を読んで電話をくれた積水ハウスの男性社員は、最初から「おひとりさまの暮らしを応援したい」「新たな時代に向けた住まいを創りたい」との情熱を強く抱いていました。もちろん、開発しようとする住まいのターゲット（パラサイト・シングル）が今後、マーケットとして成長する可能性も見据えていましたが、それだけではなかった。

「30歳を過ぎた働くおひとりさまが、昔ながらの『子ども部屋』で暮らし続けていくのは、不便に違いない」

「彼女たちが両親と、いつまでも〝親子〟ではなく〝大人対大人〟という対等な関係にシフトするためには、大人として生活し得る、大人の部屋が必要だ」

こういった熱い思いを、語ってくれたのです。

あるジャーナリストの言葉

私が会社を起こしたのは、2001年4月。実は04年当時、恥ずかしながら弊社には、数人のマーケッターしかいませんでした。積水ハウスからのオファーは、弊社との2社で1年半をかけて、新たな住まいのブランドを共に開発するという大掛かりなプロジェクト。初めは「このマンパワーで、受けられるわけがない」と、先方にお断りしようとしました。

ですが、社内のスタッフに相談すると、皆が「やってみたい！」「私も、おひとりさまの住まい開発に関わりたい！」と身を乗り出した。その多くが、半年前に出版した「おひとりさま」の本で、シングル女性へのインタビューを担当してくれたスタッフだったのです。

彼女たちは、取材を通じて、「いかに、世のパラサイト・シングルの女性たちが、居心地の悪さを感じながら親と同居しているか？」を痛感していました。だからこそ、「自分たちの力で、おひとりさまの現状を変えたい」との使命感が強かったのでしょう。

私もまた、彼女たちの情熱をムダにしたくなかった。それは、私に「おひとりさま」の言葉を伝授してくれた、ジャーナリストの故・岩下久美子さんへの思いがあったからです。

岩下さんは生前、1997年に『人はなぜストーカーになるのか』（小学館）という本を出版し、桶川で起きたストーカー殺人（１９９９年）などの裁判も徹底的に傍聴・研究していました。実は私も、98年に深刻なストーカー被害に遭った経験から、ある雑誌のストーカー特集で、ぜひ「岩下さんに取材したい」とお願いしました。すると取材の途中から、岩下さんは、ある概念を話し始めた。それが「おひとりさま」だったのです。

岩下さんの中には、「女性が、自分自身の足で立って歩ける（自立できる）世の中にならない限り、職場や社会で、ストーカー被害に遭うリスクがなくならない」との懸念があるようでした。私は自分の経験からも、強く共感し、目を見開いてこう言いました。

「私はパンフレットなどの執筆で、企業さんとお仕事する機会も多いんです。今後、おひとりさまを支援する商品やサービスの必要性を、ぜひ企業さんにお話ししてみますね」

別れ際、東京・下北沢の商店街を歩きながら、岩下さんが「よろしくね」と初めて、満面の笑みを見せてくれたのを、昨日のことのように覚えています。

その後、岩下さんにお会いしたのは、たった一度だけ。二度目に会った数カ月後の２００１年９月早朝。私は「牛窪さん、今朝の朝刊見た!?」という編集者からの突然の電話で、岩下さんの死を知りました。切望していた『おひとりさま』（中央公論新社）という本の入稿を終え、休暇で訪れたタイのプーケットで起きた、まさかの事故。お通夜に駆けつけた私に配られたのは、岩下さんが書いたその『おひとりさま』の本だったのです。

私は、嘘つきでした。あれほど調子よく「企業さんにお話ししてみますね」と約束したにもかかわらず、実際にはほとんど動いていなかった。その後、２００３年に入って日本経済新聞から、『おひとりさま』を、マーケティングとして体系化できませんか？」とオファーをいただいて初めて、真剣に「あれもこれも、おひとりさま市場につながるはずだ」と動き始めたぐらいです。それでも出版直後は、まだ多くの業界に、「女性の一人客なんて、ビジネスターゲットにはならない」との雰囲気が、蔓延していたのを覚えています。

ところが２００４年春、私が『男が知らない「おひとりさま」マーケット』を出版した直後のこと。「本の内容に共感したので、ぜひ取材したい」と、朝日新聞の女性記者が電話をくれました。彼女も当時は未婚の「おひとりさま」で、本に登場する女性たちの思いが、自身と重なったのでしょう。取材は大きなインタビュー記事として掲載され、そこから瞬く間に取材が増え、本もベストセラーになりました。積水ハウスの担当者が電話をくれたのは、その数カ月後のことでした。

マーケティングは「魔法使い」である

時折、ビジネス誌などに掲載される、新商品の開発ストーリー。かつて人気番組だった「プロジェクトX〜挑戦者たち」（NHK総合／2000年3月〜05年12月）さながらの感動秘話も多いことから、一部には、こんな皮肉を言う人もいます。

「これって、どうせ〝後づけ〟でしょ」「感動させようと、話を〝盛ってる〟だけだよね」

たしかにその指摘が、すべて間違いとは言えません。でも多くは、やはりそうではない。なぜなら、これだけ人々の嗜好が多様化する現代でも、「これ、何!?」と皆を驚かせ、「こんなの欲しかった!」と感動させるヒット商品には、その誕生や開発に関わった人たちの熱い思いや、彼らを突き動かした共通の使命が、確実に存在したはずだからです。

既述の通り、マーケティングには「冷静」かつ「客観的な視点」が欠かせません。今思えば、処女作である『おひとりさまマーケット』は私の思い入れが強すぎ、客観性に乏しかったかもしれない。逆に、その後私が広めた「独身王子」や「草食系男子」、さらには「熟メン」（40代後半〜60代の中高年男性）など、男性に関するマーケティング活動のほうが、市場のビジネスの可能性や顧客の潜在ニーズを、冷静に捉えていた気もします。

でも、たぶん皆さんもお気づきではないでしょうか？　新たな市場を切り拓こうとするなら、やっぱり客観性だけでは足りません。なぜなら、どんな研究も出版も番組制作も、あるいは商品やサービスの開発も企業経営も、自分一人で成し遂げるのは困難だからです。

ではどのようにして、周りを巻き込み、一人でも二人でも多くの人々の共感を得て、新たな視点を実現させていくか。

その際、重要なのが「マーケティング」。すなわち、人々の言動を俯瞰的に見聞きしたり（行動観察／エスノグラフィ）、対面で粘り強く取材し深掘りしたり（定性調査）、あるいは数多くのアンケートやビッグデータを収集・分析したり（定量調査）することによって、まだ世に出ていない人々の「困りごと」や、「こんなモノ（コト）が、あったらいいのに」といった潜在ニーズに、リアルに気づくことができる。

そのことを武器に、皆さんが「売りたい」「広めたい」「実現したい」と願う商品やサービスを、さらにはその先の、自身の熱い思いや夢を、具現化し、社内や社会に実行・浸透させることができるはずです。

そのためにも、まずは皆さん自身がターゲットの立場になって、彼らが置かれた環境や悩み、喜び、深い思いなどに共感してみてほしい。そこからきっと、新たな発見や知見が得られ、やがて皆さんの仕事上の、あるいは人生の〝ミッション〟へと昇華することでしょう。

マーケティングは、たとえ皆さんが「とくに叶えたい夢はない」と空虚な思いを抱えているときでも、新たな気づきや胸躍るときめきをプレゼントし、それを叶える心強い味方として機能してくれる、〝魔法使い〟のような存在だと私は信じています。

だからこそ私は毎日、マーケティングが楽しくて仕方がないのです。

その種は、新聞や雑誌、ネット上の記事、あるいは皆さんの家庭や会社、学校など周りの人々の言動、そして皆さん自身の頭の中に、いつでもたくさん隠れています。

明日から、いえ今日から、マーケティングの〝魔法〟に酔いしれてみませんか？

2　マーケティング分析編

文・田中道昭

「世代論」とは何か

牛窪さん、「おひとりさま」マーケットのレポート、ありがとうございました！「草食系男子」「さとり世代」といった、これまで多くのユニークな世代論を世に送り出してきた牛窪さんならではの切り口でした。

これを受けて私は、マーケティングにおける「世代論」について、考えたいと思います。そもそも、世代論とはどのようなものか。ここでは、牛窪さんその人による、代表的な世代論を紹介することから、お話を始めることにしましょう。

簡単にいえば、世代論とは、特定の世代における価値観や行動パターン、消費性向などを定義するものです。

たとえば、牛窪さんによる「さとり世代」（１９８７年〜96年生まれ）。『大人が知らない「さとり世代」の消費とホンネ』（ＰＨＰ研究所）は、「ゆとり世代＝さとり世代」と定義しながら、次のようにまとめられています。

ひとりっ子が多く、ゆとり教育を受けた影響もあって、もともと競争したがらない。幼いころからネットやケータイに囲まれて育ち、バーチャルコミュニケーションを得意とするデジタル世代でもある。そのせいか、一般には事務能力に長け、覚えも早いが、上司に「これ」と言われた仕事以外は手を出したがらない。恋愛や結婚にも、過度な期待をしない。（中略）

能力はある。ヤル気がないわけでもない。賢く、効率主義で、なにより周囲との同調性やバランスを重んじる。ただ、賢さが高じて「このぐらいが、ちょうどいい」「だって○○は、どうせこんなもの」と、すぐ悟るから、〝あえて〟無理もしない。クールに見えるのだ。

あるいは、「おひとりさま」。『「おひとりウーマン」消費！』（毎日新聞出版）は過去２０

００人以上の独身女性を取材してきた牛窪さんの最新レポートです。

同書は、「おひとりさま」増加の最大の要因は、１９９７年の男女雇用機会均等法の改正と、それにともなう女性の社会進出だとしたうえで、次のように述べています。

彼女たちは「不運な」「寂しい」どころか、私たち既婚者が驚くほどポジティブでパワフルだ。しかも消費や人脈形成に積極的で、多少の失敗にはくじけない。

牛窪さんはそこに有望なマーケットを見出すのです。

消費好きなバブル世代（現40代半ば〜50代半ば）が含まれるから

人口ボリュームの団塊ジュニア（現40代前半〜半ば）が含まれるから

いまも「根拠なき自信」と上昇志向をもち、若さや自分磨きを追求しているから

図表6-1　「おひとりさま」のニーズに応えた商品・サービス

6つの消費カテゴリーとキーワード

消費カテゴリー	キーワード
ファッション・美容	涙袋、美白男子、好き嫌いリスト、なんちゃって制服、デコリーナ、コスパ消費、メンズプチ整形、他
レジャー・旅行	サンライズ出雲、エヴァコラボ、オツツー、弾丸トラベル、マタニティ撮り、他
通信・ゲーム	ニコニコ超会議2、パズドラ中毒、LINEスタンプ、詐欺写メ、ペニオク騒動、マカンコウサッポウ、他
飲食・菓子	ネタ食、B-1グランプリ、ドリンクバー世代、マック危機、スマート飯、他
恋愛・結婚	絶食系男子、オス化女子、妊活アプリ、三平女子、浮気チェッカー、キュン死、他
ライフスタイル・仕事	脱見栄消費、ぼっち、貧困女子、試職、親同伴入社式、1ℓ for 10ℓプログラム、他

出所）牛窪恵『「おひとりウーマン」消費！』（毎日新聞出版、2017年）

とし、おひとりさまならではのニーズや、それに応えた商品・サービスを上の**図表6-1**のようにまとめています。

私が牛窪さんの世代論に惹かれるのは、「強さ（及び鋭さ）と優しさ」のバランスが非常によい表現になっているからです。

その世代のあり方を一言で表現する鋭さと、どのようなあり方も批判することなく、あるいは過剰に持ち上げることなく、そのまま肯定する優しさを感じるのです。「さとり世代」「おひとりさま」という言葉にしても、その世代の状況を端的に言い表しながら、「消極的な若者」「シニアの独身女性」といった一面的な言葉にはない、ポジティブな響きを持っています。だからこそ、当事者を含めて、広く世の中に共感され、流行語になり得たのでしょう。

それを可能にしているのは、労を惜しまない緻密なフィールドリサーチではないでしょうか。ご存じの通り、牛窪さんはフィールドリサーチに重きを置くマーケッターです。インタビューを通じて、当事者たちのナマの声や行動を見聞きすることでしか得られないインサイトが、そこにはあります。特に牛窪さんらしさを感じるのは、ナマの声を傾聴し、そのまま受容し、共感するという、カウンセリングにも似たそのプロセスです。ナマの声からインサイトを得ているから鋭い。そこに共感があるから、優しいのです。「今どきの若者（女性）は……」などと非難するような「上から目線」は、まったくありません。

「世代論」はマーケティングにどう役立つか

過去、マーケティングの世界においても、さまざまな世代論が提示されてきました。数々の世代論を体系的に整理してくれた本まであるほどです。たとえば、『世代論の教科書』（阪本節郎、原田曜平著、東洋経済新報社）。時代背景や消費・文化の背景、恋愛・結婚など五つの切り口に、戦後日本の世代を団塊世代、ポパイ・ＪＪ世代、新人類世代、バブル世代、団塊ジュニア世代、さとり世代の六つに分類しています。

それではなぜ、これほど世代論が語られているのでしょう。マーケティングにおける世代論とはどのような位置づけなのか、考えてみたいと思います。

そもそも、何かを分析することの本質は「分ける」ことにあります。それはマーケティングにおいても同様です。再三触れているように、マーケティングの中核を占めるフレームワークであるＳＴＰも顧客や市場を「分ける」ためのツールに他なりません。しかし、続けてＳＴＰについて思い出してみてください。「分ける」には、何らかの「切り口」が必要でした。

たとえば、性別、年齢、学歴、職業、家族構成、所得水準などからなる「デモグラフィック変数」。あるいは、消費者のライフスタイルや価値観、性格、趣味嗜好、購買動機などを指す「サイコ変数」。そして、商品やサービスの利用頻度や購買状況、求めるベネフィットなど、その人の行動パターンを指す「行動変数」です。たとえば、今や常識となったコンビニの「１００円コーヒー」を分析してみると、どうなるか。デモグラフィック変数として多いのは、「20代ＯＬ」です。行動変数は「出勤前にオフィス近くのコンビニで買う」。サイコ変数は「手軽な値段で美味しいコーヒーを飲みたい」「デスクでサンドイッチを食べながら一緒に飲みたい」などでしょうか。

第1章でも触れたように、ここで挙げた三つの変数のうちSTPの要諦とされているのが、行動変数です。現代のマーケティングにおいては、どういう行動パターンでその商品・サービスが使われているかを探るのが、非常に重要とされています。しかし、行動変数以外の変数が重要性を失ったわけではありません。「世代」はデモグラフィック変数にあたりますが、同じ時代に生まれた集団は、同じ社会背景の中で成長することで、一定の価値観を共有することが多いのです。その価値観は必然的に、一人ひとりの心理パターン、行動パターンにも大きく影響を及ぼしているはず。マーケティングにおいて世代論が注目される理由は、そこにあります。

同じ時期に生まれた人々の消費傾向などを分析するためのフレームワークもあります。次ページの**図表6-2**のコーホート分析です。

コーホート分析は、年齢効果、時代効果、世代効果の3要素で構成されています。

年齢効果は、世代や時代によらず「30歳で子どもが生まれた。65歳で定年を迎えた」など、加齢にともなって生じる効果です。

時代効果は、年齢や世代を問わず、「バブル崩壊」「スマホの普及」など各時代に特有の社会環境から生じる効果のこと。

図表6-2　コーホート分析：年齢効果、時代効果、世代効果から変化を分析する

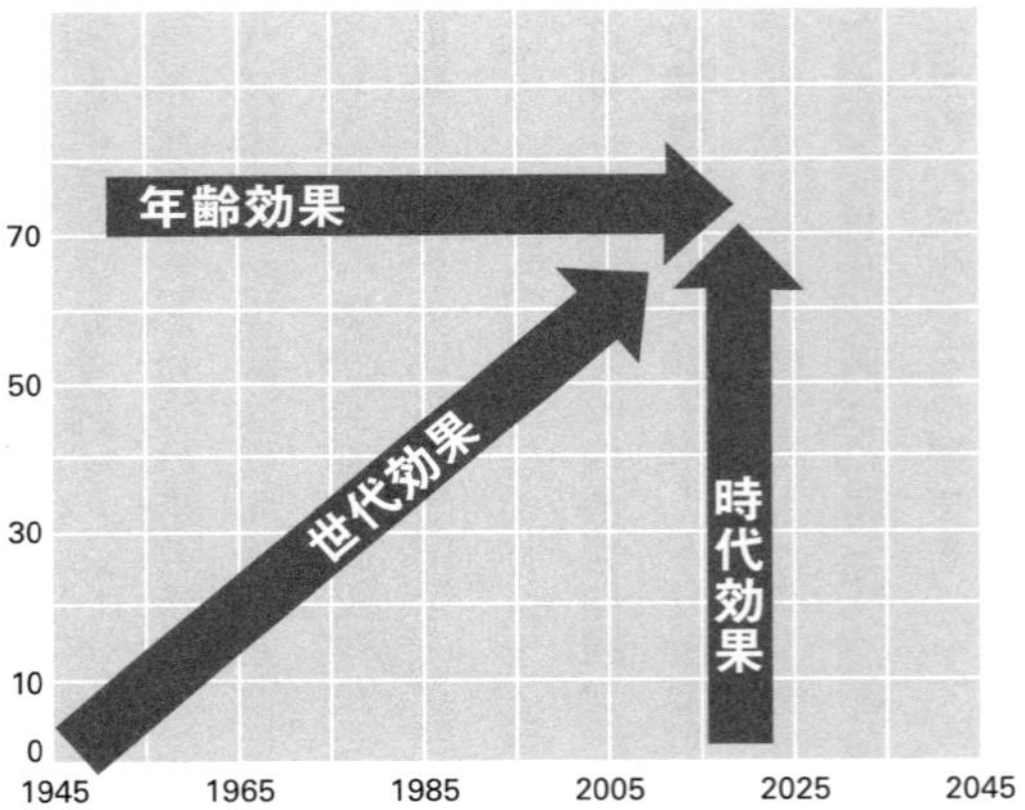

世代効果は団塊世代、ロストジェネレーションといった、その世代に共通する効果です。

このうち、一見して世代論と重なるのが、世代効果でしょう。特に10代から20代の過ごし方は、その人の価値観や信念、考え方などに強い影響を与えると言われています。

たとえば、小学生のころに読んでいたマンガ。現在の『ＯＮＥ ＰＩＥＣＥ』や『キングダム』然りで、人気マンガは長期連載されることも多く、そうなると幼少期から大人になるまで、長期にわたって刷り込まれることに。そして、その世代特有の価値観があるならば、その世代特有の行動や消費傾向も、当然育まれていく、というわけです。

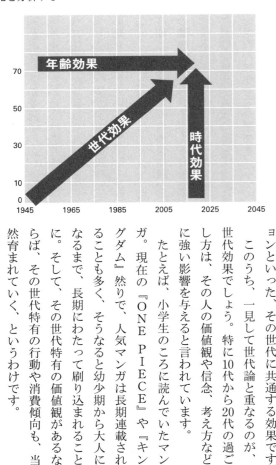

「一人ひとり」の理解の助けにも

ここまで見てきたように世代論とは、ある世代の特徴を「大づかみ」にするための便利な道具だと言えます。しかし一方で世代論は、顧客一人ひとりの深い理解にも通じるものです。マーケティングの「究極」は、ユーザー一人ひとりに向けたカスタマイゼーションです。これは決して、夢物語ではありません。アマゾンをはじめとするテクノロジー企業は、ビッグデータ×ＡＩによって、ユーザーの行動変数を明らかにし、ユーザー一人ひとりに対しカスタマイズしたサービスを提供しようと画策しています。

無論、「一人ひとり」を理解するというのは、容易なことではありません。ことマーケティングにおいて、特に不特定多数の顧客を相手にするＢ２Ｃのビジネスにおいて、「一人ひとり」を理解するというのは、物理的に難しいでしょう。現実にはＳＴＰなどで、ターゲットを絞り込むしかありません。それでも「一人ひとり」を理解するのが大切であることは、疑いようのない事実です。不特定多数を相手にするＢ２Ｃビジネスでは難しくても、コンサルティングやカウンセリングといった一対一のビジネスであれば、可能であり、かつ、不可欠なことであるはず。あるいは対上司、対部下、対家族といったコミュニケーションにおいても、「一人ひとり」を理解しようと皆、努めているものではないでしょうか。

たしかに、各種の世代論もコーホート分析も、世代の特徴を「大づかみ」にするものであり、個人の深掘りではありません。しかし、その世代特有の価値観をつかむことができれば、「一人ひとり」の理解の助けになるはずです。

重要なのは年齢よりも「ライフコース」

コーホート分析の例として、引き続き世代論を見ていきましょう。コーホート分析をベースに、興味深い指摘をした書籍があります。

コーホート分析は、年齢、年代、世代の効果を分析するもの。『顧客をつかむニーズ多様化時代のマーケティング戦略』（株式会社明治営業企画本部営業企画部監修、幻冬舎）は、このうち年齢効果を広く捉えて「ライフコースの選択」に注目している点が、ユニークです。

ライフコースとは人が一生のうちにたどる道筋のことです。就学、就職、結婚、出産など、さまざまなライフイベントを経験することで、人は新しい生き方、新しい消費行動を選択していきます。つまり、年齢効果といっても注目するべきは年齢そのものではない、ということです。言われてみれば納得です。結婚するかしないかも、出産するかしないかも、その判断をする年齢も人それぞれですし、子どもの数もまちまち。しかし、年齢を重ねるうち選択したライフコースがその人の消費行動に決定的な影響を与えるのです。

本書は、「消費財の購買傾向」を分けているライフステージ（ライフコース）に着目して、消費財の購買傾向を左右する「変曲点」を探っています。すると、興味深いことがわかりました。

ライフコースの中でも、消費財の購買を分ける最も大きな「変曲点」はどこにあったと思われるでしょう？　それは「（既婚）子あり女性」でした（図表6‐3）。

さらに、「子あり女性」は、末子が「未就学児」か「小学生から大学生まで」かによって、「消費財の購買」傾向が分かれていることがわかった。「消費財の購買」の変曲点として第1の注目すべき属性と考えられるのはこの「1既婚女性にとっての末子年齢」である。

実に面白い。この分析が画期的なのは、普通、「男性と女性」で大きく消費傾向が分かれ

図表6-3　ライフコースマーケティング：ライフステージと消費（女性の特性の視点）

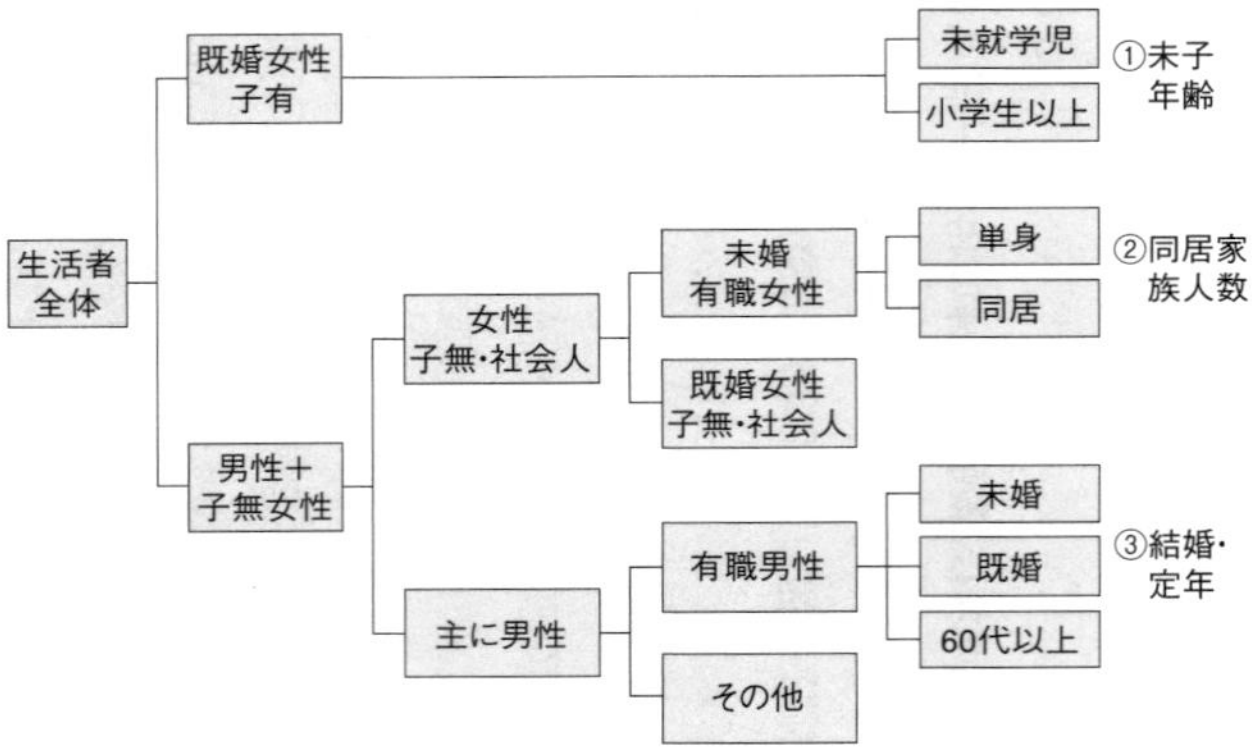

出所）『顧客をつかむニーズ多様化時代のマーケティング戦略』（株式会社明治営業企画本部営業企画部監修、幻冬舎、2015年）

ると思われがちですが、むしろ「子あり女性」と「その他（男性と子なし女性）」に根源的な分岐点がある、と指摘したところです。

それでは、「子あり女性」と、「その他（男性と子なし女性）」を分けている特徴は、どこにあるのでしょう。

既婚で子どもがいる女性に共通して見られるのは、「自分よりも子どものほうを優先したい」、「穏やかで安定した生活がしたい」という意識である。そのために、先述したように「自分をおさえても周りとの調和を考えて行動している」という傾向が現れる。

さらに、末子の年齢に応じて子あり女性の意識は変化していきます。同書はその変化を「人との関わり」「食」「美容」の三つの観点から女性の意識変化をまとめています。次に挙げるのは「人との関わり」についての変化の一例です。

末子が「未就学児」のときには、「イベントや友人との集まりなどに参加するのは好き」、「いろいろな人の話が聞きたいと思う」、「友人には何でも悩みを相談したい」というように人と話をし、その中で交流を深めていき、お互いの悩みなどを共有したい意識が強い。これに対して、末子が「小学生〜大学生」になると、「1人の時間を大切にしたい」、「1人でいるときの方がリラックスできる」というように、人と積極的に関わりさまざまなことを共有するよりも、1人でいることを望む意識が強くなっていく。「外」の重要性が薄まるのである。

「食」においての消費行動も、末子年齢によって顕著に表れるといいます。

乳幼児の子がいる主婦の手づくり率が全ライフステージの中で最も高く（乳幼児の子がいる主婦84・2％、小学生以上の子がいる主婦より3・6％高い）、惣菜（店内調理品など）（乳幼児の子がいる主婦4・0％）や市販品（乳幼児の子がいる主婦6・3％）の食卓出現率も最も低いことから末子年齢における主婦の食卓の違いは顕著であると思われる。子どもの年齢が低ければ低いほど「子ども最優先」で食事メニューを考え、自分自身で調理することで、少しでも「安心」できる食事を与えたいという意向が強まるのであろう。

このようにライフコースという視点を導入すると、「顧客」「消費者」といった、誰のことを指しているのか曖昧な言葉が、がぜんリアリティを帯びてきます。付け加えるならば、この指摘は現代日本において女性がどのような立場に置かれているか、あらためて教えてくれるものでしょう。「子あり女性」と「その他（男性と子なし女性）」でこれほど消費傾向が違うのは、日本社会がこれまで「育児や家事を女性に押し付けてきた」歴史の表れであることは、容易に想像がつきます。イクメンにしろ夫婦の家事分担にしろ、男女平等が本当に実現していたらこうはならないはず。「子あり女性」と「その他（男性と子なし女性）」の違いを平成時代の遺物とするべく、社会変革を進めていくべきところだと思います。

「モラトリアムおじさん」の時代

独身でアクティブなシニア女性を切り取った「おひとりさま」に、子ども優先の「子あり女性」。期せずして女性中心の世代論が続きましたが、もちろん男性中心の世代論も、数多く語られています。

たとえば、シニアの男性にフォーカスした世代論、「モラトリアムおじさん」です。

『新シニア市場攻略のカギはモラトリアムおじさんだ！』（ビデオリサーチひと研究所編著、ダイヤモンド社）は、男女含め多様化するシニアを次の六つに分類しています。

①淡々コンサバ……変化を好まず、個人としての強い意見や主張もあまり持っていない。現状維持の生活を望み、今の生活が淡々とルーティンのように続いていくことが幸せだと感じている。

②アクティブトラッド……いわゆる2000年以降語られてきた「アクティブシニア」に最も近い。「悠々自適」で、金銭的な余裕を持ってリタイアしており、金融資産は6グループ

中最大。

③身の丈リアリスト……価値観としてはニュートラル。お金が重要な判断基準。したいことはたくさんあるが、何かと「お金がない」という理由で諦めて、行動を起こしていない。

④ラブ・マイライフ……新しいモノが好き。流行に敏感。ハイブランドを好む。消費意欲は旺盛。好きなことをするという意識が強い。社交的だが、一人行動もいとわない。

⑤社会派インディペンデント……お金にこだわらず、かつ価値観が自分の利益追求ではなく他人や社会に向かっている。人とのつながりを重視し、新たな人脈を築くこと、世代を超えた交流などに意欲を見せる。

⑥セカンドライフモラトリアム……変化や刺激に親和性を持っていながら積極性に欠け、目立った動きを見せていない。その分、消費をはじめさまざまな面でポテンシャルが高く、しかもシニア全体の3割を占める最大派。

このうち、同書が「見落としやすい最有望ターゲット」と評価しているのが、従来のシニアマーケティングでは放置されていた「セカンドライフモラトリアム」。すなわち、モラトリアムおじさんです。

従来のシニアマーケティングにおいては、「アクティブシニア」という言葉がしばしば語られていました。

アクティブシニアとは、シニア世代の増加と、団塊世代の大量退職が注目され始めた2000年ころから登場した概念だ。（中略）おおむねいつまでも若々しく、意欲的、活動的で好きなことにお金と時間を費やす、それまでのシニアらしくないシニアというイメージだ。

しかし「シニア1000人調査」を行った結果、現実にはそのようなアクティブシニアは「全体の2割もいない」と同書は看破しています。そこで六つのグループにシニアを分類して、ステレオタイプな「シニア」とは違うシニア像を掲げて見せました。その一つが、モラトリアムおじさんというわけです。

セカンドライフモラトリアムのペルソナ（人物像）は「会社にいればラクだったなあ」と戸惑うおじさんです。

男性は、企業戦士や会社人間がそのままシニアになったイメージである。仕事に代わるものをいまだ見出せず、模索している。人間関係はほぼ社内だけだったため、リタイアでそれが失われることを恐れるとともに、いつまでも会社のつながりや組織への所属に固執し、誇りも感じている。

女性は男性よりも育児や子どもの成長などに応じて人付き合いに幅が生まれやすいものの、男性同様、交友関係は広くない。

一方でこのグループは他人の影響を受けやすく、これといった行動を起こしていないために資金は十分ある。背中を押され、理由を見つけられれば、持ち前の能力を新たに活かし、動く可能性を秘めている。

ここにあるように、セカンドライフモラトリアムのペルソナとは、「会社人間」「仕事人間」のライフコースをたどった男性なのです。彼らの価値観や行動パターンは、その中で育まれてきたものです。

就職後、いまだ人材の流動性が低い中、同じ会社で定年まで勤め上げたタイプだ。価値観の尺度の多くが会社に依拠していて、入社年次や社内での出世コース、年収などを極めて重視している。横並びを好み、目立つ行動や自己主張、変化は選好しない。

社会的には、戦後日本企業が生み出した、最後の標準世帯モデルだ。若いころに右肩上がりの経済成長を、中堅社員期にバブル崩壊を経験したものの、定年まで勤め上げた、という姿が浮かんでくる。（中略）

彼らの言葉を借りれば「自分で決めたようで、自分で決めていない人生」なのだという。

社会の常識や会社のルールなど目の前にあるレールを脱線しないよう、速度を守りながらきちんと走り続けてきたのである。そのためいつしか、「こうありたい」「こうなりたい」という明確な自分像が薄れてきて、他人から期待されたことに応えるのが性に合うようになった。リタイアしたら家でのんびり、ペットの散歩や庭いじりをしているイメージしか湧かない。そんな自分に納得はできないのだが、かといって具体的なアイデアはない。

こうした記述の中に、コーホート分析の３要素である年齢効果、年代効果、世代効果が織り込まれていること、それがモラトリアムおじさん特有の価値観をもたらしていることが、おわかりいただけることでしょう。同書は、シニアマーケティングにおいては、そのようなモラトリアムおじさんに転機を与え、新しい生き方へと踏み出すきっかけを与えることが大切だと述べています。

「劣化したオッサン」にならないために

続けて紹介したい世代論は、「オッサン社会」です。

2018年、6月26日の日本経済新聞に「さよなら、おっさん。」というコピーとともに、ニューズピックスの全面広告が掲載されました。これが「おっさんで何が悪い!」といった感情的な反論を含め賛否両論を呼び、大変な話題になりました。もちろん「おっさん」に対する批判が込められたコピーであるのはたしか。それでは、ここでいう「おっさん」とは何者なのでしょう。「○歳から○歳までの中高年男性」といったデモグラフィックデータを指しているわけでは、ありません。

山口周さんの著書に『劣化するオッサン社会の処方箋』(光文社新書)があります。

同書で語られている「オッサン」について、山口さんは「単に年代と性別という人口動態的な要素で規定される人々の一群ではなく、ある種の行動様式・思考様式を持った『特定の人物像』」だと書いています。

ここでいう「ある種の行動様式・思考様式」とは、次のようなものです。

①　古い価値観に凝り固まり、新しい価値観を拒否する

②　過去の成功体験に執着し、既得権益を手放さない

③　階層序列の意識が強く、目上の者に媚び、目下の者を軽く見る

④　よそ者や異質なものに不寛容で、排他的

そして山口さんは、こうした「劣化したオッサン」たちによる不祥事として、「日大アメフト部監督による暴行指示と事件発覚後の雲隠れ」「財務省事務次官や狛江市長などの高位役職者によるセクハラ」「大手メーカーによる度重なる偽装・粉飾・改竄」などを挙げるのです。

また「五十にして天命を知る、六十にして耳順《したが》う（五十代では自らが果たすべき社会的な使命を認識し、六十代ではどんな意見にも素直に耳を傾けられるようになった）」と書き残した孔子を引き合いに出しながら、「一方で現代の日本に目を転じてみれば、私たちの社会の五十代・六十代のオッサンたちは、社会的使命を認識するどころではなく、まるで幼児のように些細なことにキレて暴れまわっているわけです。この人たちが人間的に成熟するのは、いったいいつなのでしょうか」と、散々です。

オッサンの「喪失」

もっとも、私はオッサン批判をしたいわけではありません。ここで触れたいのは「どのようにしてオッサンは生まれたのか」です。これもコーホート分析の理解に役立つからです。キーワードの一つは「大きなモノガタリの喪失」です。

昭和の高度経済を支えた一流のリーダーたちが、二十代・三十代を戦後の復興と高度経済成長のなかで過ごしたのに対して、現在の「劣化したオッサン」たちは、同じ年代をバブル景気の社会システム幻想、つまり「会社や社会が示すシステムに乗っかってさえいれば、豊かで幸福な人生が送れる」という幻想のなかで過ごしてきたのです。これは人格形成に決定的な影響を与えたと思います。

しかし1990年代に入り、会社や社会が示すシステムに乗っかってさえいれば、豊かで幸福な人生が送れるという「大きなモノガタリ」は喪失しました。

「大きなモノガタリ」の喪失前に二十代という「社会や人生に向き合う基本態度＝人格のOSを確立する重要な時期」を過ごしたのちに、社会からそれを反故にされた世代なのだということを考えれば、彼らが社会や会社に対して「約束が違う」という恨みを抱えたとしてもおかしくありません。

もう一つ、山口さんが指摘しているのはオッサンが「70年代に絶滅した『教養世代』と、90年代以降に勃興した『実学世代』のはざまに発生した『知的真空の時代』に若手時代を過ごしてしまった」ということです。

1970年代まで、学生たちは難解な教養書を日常的に読んでいました。文学や哲学をはじめとする、リベラルアーツに親しみ、その習慣は社会人になっても続きました。ところが、70年代から80年代にかけて「大学のレジャーランド化」が進み、教養世代は絶滅。知的真空の時代がやってくるのです。

そして1990年代、今度は「実学」の時代がやってきます。大学では経営学や会計、英語、プレゼンテーションスキルなどの実学重視の動きが進みました。なぜ実学が求められたのか。ここにも時代的背景があります。

ソコソコの大学を出てソコソコの会社に入ってソコソコに頑張っていればお金持ちになって幸せになる、という昭和の「大きなモノガタリ」が喪失したあと、社会で支配的になった「新しいモノガタリ」が「グローバル資本主義」でした。

あらゆる国のあらゆる産業が世界中の競争相手と戦い、ごく一部だけが勝ち残り、残りすべては敗者となって社会の底辺に沈んでいく、という過酷な「モノガタリ」です。

実学世代とは、つまりグローバル資本主義という「新しいモノガタリ」に適応した世代だと言えます。そして知的真空の世代＝オッサンは「会社や社会が示すシステムに乗っかってさえいれば、豊かで幸福な人生が送れる」という「古いモノガタリ」を信じ、適応した世代でした。

のツールとして使うこと、そして、このツールを「相手を色メガネで見る」ことに使わないことなのです。そこで参考になるのが、マーケターとしての牛窪さんの「傾聴・受容・共感」という姿勢やプロセスなのです。

牛窪さんが得意としている「強さ（及び鋭さ）と優しさ」のバランスは、マーケティング全般においても重要なことです。そして、この特性は、ナマの声を傾聴し、そのまま受容し、共感するという、カウンセリングにも似たそのプロセスから生み出されています。ナマの声からインサイトを得ているから鋭い。そこに共感があるから、優しい。マーケティングにおいても、人とのコミュニケーションにおいても実践していきたいことなのです。

最終章——なぜアマゾンはすべてを破壊しようとするのか？

1　最新レポート編

文・田中道昭

アマゾンに学ぶべきこと

本書もいよいよ最終章です。ここではアマゾンを取り上げます。

アマゾンは今、最もベンチマーク（比較し分析すること）するべき会社の一つだと言えるでしょう。現在の時価総額は80兆円以上。アップルやマイクロソフトらと時価総額ランキングの首位を争う、「世界最強」の座に近い企業です。

また、これからその一端をご紹介するように、アマゾンは、ミッション、ビジョン、バリュー、戦略、リーダーシップやマネジメントに非常に優れた企業でもあります。株主からの評価も、顧客からの評価も、ブランドとしてのイメージもトップクラス。あまりの強大さゆえに、リアル書店をはじめとする多くの小売店を廃業に追い込む「デス・バイ・アマゾン

（アマゾンによる死）」が問題視されるほどです。

そのため賛否両論の激しいアマゾンですが、今語るべき材料が極めて多い企業であることは、間違いないと思われます。私自身、これまで長年にわたり、アマゾンの動向をフォローし、アマゾンの創業者かつＣＥＯのジェフ・ベゾスの発言を分析してきました。その蓄積は一部『アマゾンが描く２０２２年の世界』（ＰＨＰビジネス新書）などでも発表しています。

本書のテーマである「マーケティング」の観点からも、アマゾンに学ぶべきことは多いと私は考えます。

アマゾンが「最強」である五つの理由

先ほど私はアマゾンを「語るべき材料の多い企業」と評しました。それだけに、個別のニュースを追いかけているうちは、「なぜアマゾンはすごいのか」「そもそもアマゾンとはどのような会社なのか」を把握することはかないません。

そこで本章では、アマゾンの強さを5点に整理することから始めたいと思います。

アマゾンは、何がすごいのか。

第一にそれは「地球上で最も顧客第一主義の会社」というミッションとビジョンに対する

こだわりです。顧客第一主義といえば、今さら珍しい言葉ではないかもしれません。ですが、凡百の会社とアマゾンが異なるのは、その徹底ぶりです。アマゾンにおいて、顧客第一主義は決してお題目ではありません。組織の末端まで顧客第一主義は浸透し切っており、相手が上司だろうと誰であろうと「それは顧客第一主義なのでしょうか」と反論することが推奨される文化があります。

第二に、顧客第一主義と表裏一体であるカスタマー・エクスペリエンスへのこだわりです。ジェフ・ベゾスは創業前、紙ナプキンにアマゾンのビジネスモデルを記しました。そこにもすでに「カスタマー・エクスペリエンス」という言葉が登場するのです。このエピソードは、アマゾンにおいてカスタマー・エクスペリエンスの追求がビジネスモデルの核、絶対的な位置に埋め込まれていることを示すものです。

第三に、カスタマイゼーション(パーソナライゼーション)です。ベゾスの定義によると、顧客第一主義とは「(顧客の声を)聞く」「発明する」「パーソナライズ」の3点で構成されています。顧客の声に耳を傾け、それに応えるべく発明とイノベーションを行うこと。再びベゾス自身の言葉を借りるなら、「put them at their own universe」、つまり「顧客をその人の宇宙の中心に置く」ことがパーソナライゼーションだと語っています。あらゆる商品・

サービスは、顧客から生み出される。「まず製品ありき」で発想し、商品を購入する顧客を深く知ろうとしない従来の大企業とは、対照的な態度です。

第四に、ビッグデータ×ＡＩです。テクノロジー企業にとって、ビッグデータ×ＡＩとは、顧客第一主義と、それと表裏一体であるカスタマー・エクスペリエンス、そしてカスタマイゼーション向上のための手段に他なりません。アマゾンは、ＥＣとリアル店舗における購買データ、アマゾンアレクサなど音声認識ＡＩアシスタントを通じて収集される音声データ、あるいは動画配信サービスを通じての動画視聴データなどを蓄積しています。そうして得られたビッグデータは、ユーザー一人ひとりの行動パターン、心理パターン、属性までをすべて含むものです。これをＡＩによる解析にかけ、徹底的に活用することで、アマゾンは驚異的な精度のリコメンデーション機能や、新商品・サービスの開発、アフターサービスの改善などにつなげています。

第五に、ＡＷＳ（アマゾン・ウェブ・サービス）とアマゾンが表裏一体であることです。アマゾンの強さの理由はいくつもありますが、一つだけ強調するならこれでしょう。ＡＷＳはもともとアマゾンのＩＴ部門です。それがやがて成長し、単独でビジネスを行うようになったという経緯がありますが、今でもＡＷＳは超強力なテクノロジー部隊としてアマゾンの背後にいます。ＡＷＳは今や、クラウドコンピューティングの市場で３割のシェアを握るトップ企業のみならずＡＩの分野でも世界有数の企業。すなわちアマゾンは世界一のクラウドコンピューティングであり、世界有数のテクノロジー企業であるＡＷＳに支えられている企業でもあるということ。またＡＷＳから見れば、同社はアマゾンという世界一の小売ＥＣをクライアントに持つテクノロジー企業とも言えます。ＥＣの本体とＡＷＳがクルマの両輪となって、相乗効果を生み出しているのです。

アマゾンのカスタマー・エクスペリエンス

これら「五つの強み」を、アマゾンはマーケティングにおいても存分に活かしています。以下、本書を通して論じてきた日本企業のマーケティングと、アマゾンのそれとを比較してみましょう。

メルカリを扱った第１章では、「ＳＴＰ（セグメンテーション、ターゲッティング、ポジショニング）」を説明しました。商品を「誰に売るのか」を定めるＳＴＰは、マーケティングの基本中の基本とも言えるフレームワークです。従来、セグメンテーションにおいて「切り口」とされていたのは、年齢や性別、職業、学歴、所得などのデモグラフィック変数でし

図表7-1　「1人のセグメンテーション」・「0.1人のセグメンテーション」

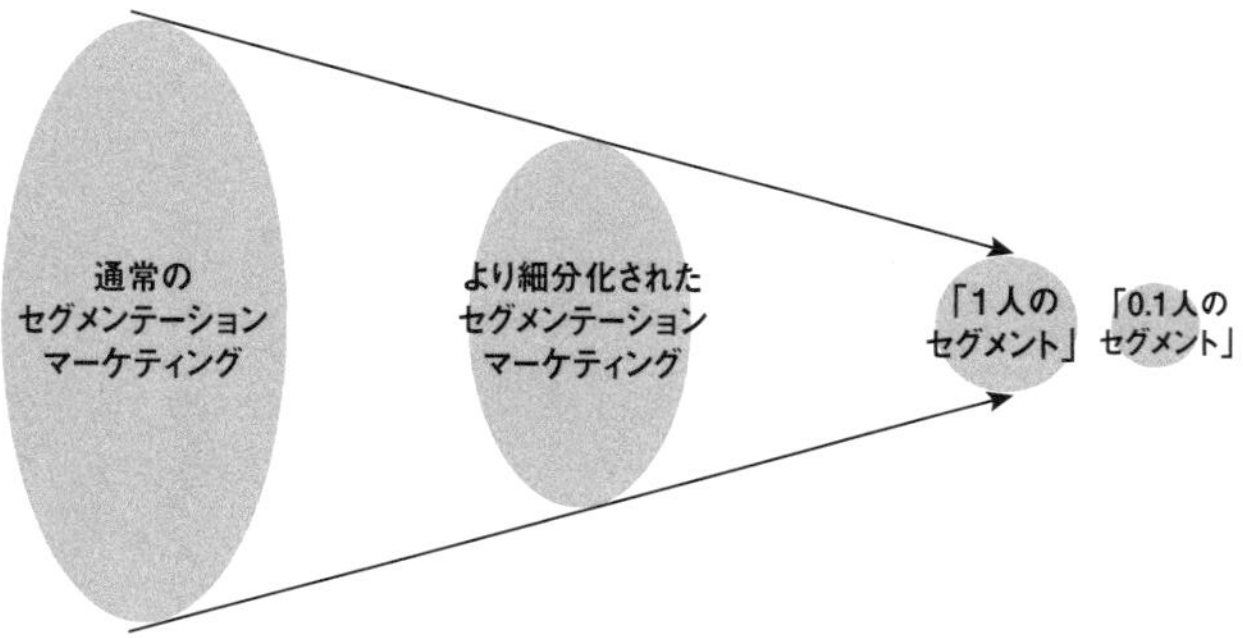

た。しかし何度も触れているように、それだけでは紋切り型のセグメンテーションにとどまり、マーケティングにおいて有効ではありません。

一方アマゾンは、マーケティングにおけるセグメンテーションをさらに先鋭化させてきています（**図表7-1**）。テクノロジー企業が持つ最強の武器である「ビッグデータ×ＡＩ」の掛け合わせは、ユーザー一人ひとりに対するセグメンテーションを可能としているからです。

たとえば、商品の購入履歴や検索語などからユーザー心理パターンや行動パターンをビッグデータとして集積し、ユーザーそれぞれの趣向に合わせたリコメンデーションにつなげています。それだけではありません。アマゾンの元チーフ・データサイエンティストであるアンドレアス・ワイガンド氏は、著書『アマゾノミクス』（文藝春秋）で『0・1人』規模でセグメントするアマゾン」と書きました。すなわち、ユーザー一人ひとりの刻一刻と変化するニーズをも反映したセグメンテーション。「0・1人」のセグメンテーションは、ビッグデータ×AIだけが実現できる、究極のSTPだと言えます。

オイシックスが登場する第4章では、カスタマー・エクスペリエンスについて論じました。そして前述の通り、カスタマー・エクスペリエンスこそは、アマゾン創業時からのこだわり。アメリカでもすでに、カスタマー・エクスペリエンスといえばアマゾンの代名詞になっています。

カスタマー・エクスペリエンスへのこだわりはアマゾンの事業全体にわたりますが、アマゾンのサイトそのものを見ても、それは明らかです。「何を買うにもアマゾン」の時代になって久しく、そのすごさをあらためて実感する機会も少ないかもしれませんが、改めてサイトを眺めてみれば、カスタマー・エクスペリエンスの充実ぶりは目を見張るものがあります。

左の**図表7－2**と併せてご説明します。

まずサイト自体が見つけやすい。アマゾンのサイトに直接アクセスしなくても、グーグルなどで欲しい商品名で検索すればアマゾンの商品ページがヒットします。他のサイトに貼ら

図表７-２　CX（顧客の経験価値）の構成要素：購買心理10過程×７バリュー

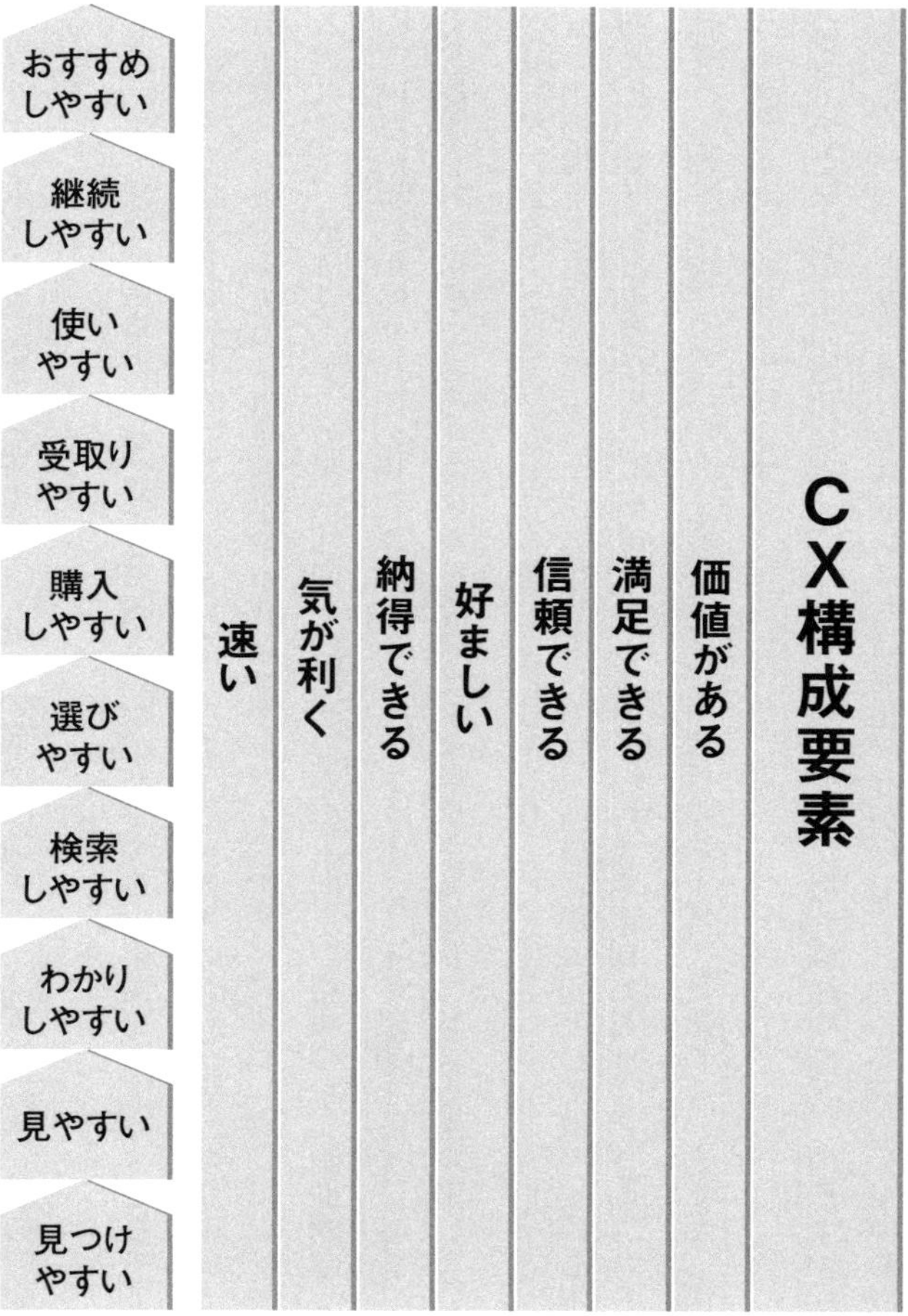

れたアフィリエイトから飛ぶこともできる。「欲しい商品を買えるページ」に、一瞬でたどり着けるのです。

サイトのデザインは見やすく、どこに何があるかわかりやすく、検索しやすい。そしてアマゾンがもたらした革命の一つが「ワンクリック」です。買い物のたびにメールアドレスや住所、カード番号などを入力する手間が省かれ、「欲しいものがすぐ買える」ようになりました。このスピード感はユーザーの利便性向上の意味でも売上向上の意味でも、画期的なことでした。商品購買に至るすべての過程においてストレスがなく、その結果として、速い、気が利く、好ましい、信頼できる、といったカスタマー・エクスペリエンスを生み出しています。

アマゾンが提供するカスタマー・エクスペリエンスは、消費者が人間として持っている本能や欲望にどこまでも応えようと、年々高度になっています。ベゾスは長年、「低価格」「豊富な品揃え」「迅速な配達」の三つを「変わらない消費者のニーズ」と語っていますが、消費者のニーズは年々先鋭化しています。

なぜなら、テクノロジーの進化によってサービスの利便性が増せば増すほど、消費者の欲望が満たされなかったときに感じるストレスも高度化するからです。決して満足しない消費者の期待に応えるべく、アマゾンもまた、カスタマー・エクスペリエンスを進化させてきたのです。

そして今、アマゾンは「ビッグデータ×ＡＩ」を駆使することで、人間の欲望を先回りして満たすことができる「察する」テクノロジーを手にしました。高精度のリコメンド機能はその一例です。また後に触れる無人レジコンビニ「アマゾン・ゴー」がそうであるように、買い物をしていること、支払いをしていることすら感じさせないところまで、カスタマー・エクスペリエンスを先鋭化させました。前述の「ワンクリック」も「決済を意識させない」サービスとも言えます。

イノベーションの継続性

ＬＩＮＥを論じた章では、「キャズム」をキーワードにイノベーションの話をしました。他のテクノロジー企業がそうであるように、アマゾンもイノベーションを強く志向しています。それも、キンドルやアマゾンアレクサ、アマゾン・ゴーなど、それまでのサービスのあり方を一変させてしまうような破壊的イノベーションを「継続的に」生み出している点が特徴です。創業間もないスタートアップ企業ならまだしも、アマゾンほどのメガテック企業がこれほどのイノベーションを起こし続けているのは、稀有な例です。

多くの企業は、破壊的イノベーションを志向しながら、それを実現することができません。なぜなら、そこに第1章でも紹介した「イノベーションのジレンマ」があるからです。これは、破壊的イノベーションによって新しい事業を起こした企業が成長し、新たに破壊的イノベーションを起こそうとしても、新旧のビジネスの間で食い合い、いわゆるカニバリゼーションが生じる。そして、破壊的イノベーションは回避され、段階的なイノベーションにとどまる。その結果、別の会社が起こした破壊的イノベーションによって結局は淘汰されてしまう、という現象です。

しかし、ベゾス率いるアマゾンは、破壊的イノベーションを躊躇しません。キンドルがよい例です。アマゾンといえばオンライン書店から始まった会社です。必然的に、書籍部門と、キンドルによる電子書籍部門とは、カニバリゼーションを起こします。しかしベゾスは、それまで書籍部門を任せていた幹部をデジタル部門に移動させ、「君の仕事は、いままでしてきた事業をぶちのめすことだ。物理的な本を売る人間、全員から職を奪うぐらいのつもりで取り組んでほしい」と言い放ちました（『ジェフ・ベゾス　果てなき野望』ブラッド・ストーン、日経BP社）。こうした、あえてリスクを取り、さらなる競争へと飛び込んでいく姿勢から、次なる破壊的イノベーションが生み出されているのです。

また、時価総額80兆円以上のメガテック企業に成長し、「アマゾン帝国」を築き上げた現在も、スタートアップ企業のようなスピーディーで柔軟性の高い企業DNAを守り続けている点も、特筆すべきです。

ベゾスはしばしば「DAY1」という言葉を口にします。アマゾンの公式ブログの名も「day one」、ベゾスのオフィスが入るビルの名も「DAY1」。さらにアマゾン創業年の株主レターであり、毎年のアニュアルレポートに添付されるレターにも「Still DAY1」という言葉が刻まれています。そこに込められているのは「アマゾンにとってはいつでも今日が創業日だ」というメッセージ。アマゾンのようなテクノロジー企業にとって、イノベーションこそは生命線です。そのために何よりも重要なのは、スタートアップ企業のようにスピーディーな企業文化。それを忘れないために、ベゾスは今も「Still DAY1」と語り続けているのです。

4P×4C

スタディサプリを論じた第3章では、4P・4Cというフレームワークを紹介しました。

4Pとは、すなわちプロダクト、プライス、プレイス、プロモーションのこと。これは商品・サービスを提供する側が重視するものです。より「顧客視点」の商品・サービスが求められる時代の流れの中、新たに提唱されたのが4Cという概念でした。4Cとは、カスタマーバリュー（お客さまにとっての価値）、カスタマーコスト（お客さまにかかるコスト）、コンビニエンス（お客さまにとっての利便性）、コミュニケーション（お客さまとの対話）です。

アマゾンは、左の**図表7-3**のように4Pに4Cを加えました。たとえば、プロダクトに対してカスタマーバリューを加える。アマゾンが提供する顧客価値とは、単に商品・サービスの提供を意味するものではありません。顧客が持つ、より高次のニーズを把握し、多くの場合にはそのニーズが顕在化する前のインサイトまでを傾聴し、顧客の経験価値までも含んだ概念になっています。

また、プライスに対しては、カスタマーコストを加える。アマゾンが提供する商品・サービスの価格の意義は、単にその時点で顧客が支払う価格だけではなく、メンテナンスコストなども含めた、顧客が生涯にわたって支払うコストすべてを指しています。あるいは、プレイスに対してコンビニエンスを加える。アマゾンが提供するプレイス戦略は、単にアマゾン

図表7-3　顧客第1主義としての「4P×4C」

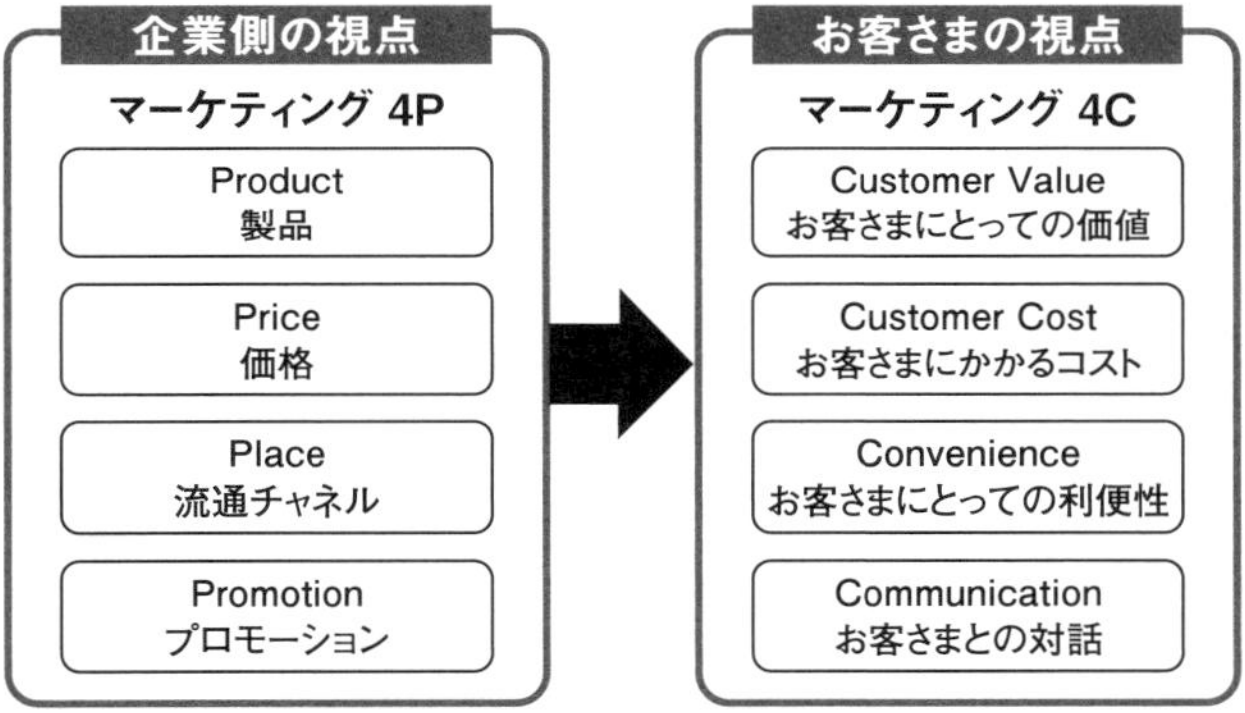

4Pとは商品・サービスを提供する企業側の視点でマーケティングを考えているものに過ぎない。4Pに対して4Cを追加的に考えていくことが本当に顧客志向の経営につながる。

側の都合によるものではなく、顧客の状況なども考慮したうえでの利便性を重視します。そしてプロモーションに対して、コミュニケーションを加える。アマゾンが提供するプロモーションは、単にアマゾン側の都合による一方通行の広告・宣伝、プロモーションに終わらず、「レビューが書ける」など顧客との双方向のコミュニケーションになっています。

ベゾスがアマゾンプライムに固執する理由

エアークローゼットを取り上げた第5章では、サブスクリプションを論じました。

アマゾンもまた早くからサブスクリプションに参入し、相当に先行している企業です。

年額4900円の会費で「プライム会員」になると、映画やドラマが見放題の「プライム・ビデオ」、100万曲以上が聴き放題の「プライム・ミュージック」などが、追加料金なしで利用できます。

ベゾスは2015年の株主向けレターの中で「プライム会員サービスの価値を、会員にならないと自分が無責任だと思うような存在にしたい」と語っています。また17年の株主レターではプライムの会員数を公開しました。通常、数字を公表することのないアマゾンにとって、これは異例のことです。なぜここまでベゾスがプライムに執着するのか。それは、プライムがサブスクリプションモデルだからに他なりません。

プライムは、ユーザーにとっての利便性を飛躍的に向上させました。見るもの・聞くものなどを一つに絞る必要がなくてラク、使えば使うほどコスパがよくなるといった特性を持つサブスクリプションモデルは、人間の本能に強く訴えるものです。また「品揃えの豊富さ」を向上させるにも、サブスクリプションはもってこいです。

たとえるなら、それはレストランの「食べ放題」メニュー。商品の選択肢が増えるほど、ユーザーの満足度は高まります。また「ビッグデータ×AI」を武器とするアマゾンならば、「食べ放題」のメニューの中に顧客一人ひとりの嗜好に合わせたものを揃えることも容易です。こうしてアマゾンはプライムを通じて、顧客との継続的で良好な関係性を築こうとしています。

すなわち、品揃えが増えれば、ユーザーの満足度が増す。ユーザーの数も増えていくことでしょう。すると今度は「そこでモノを売りたい」販売者も集まります。こうしてますます「選択肢が増え」「ユーザーが増える」。プライムに力を入れるほどプライムサービスの質は向上、そしてついにはアマゾンというプラットフォームそのものを拡大させるのです。だからベゾスは、ここまでプライムに力を入れているのです。

「アマゾンがここまでやっている」ことがご理解いただけたでしょうか。多くの企業がアマゾンを脅威に感じ、「デス・バイ・アマゾン」の恐怖に怯えるのも、無理からぬ話ではないでしょうか。

進化するアマゾン①――アマゾン・ゴー

さらなる進化を遂げたアマゾンも、私たちの前に姿を現しています。アマゾン・ゴーとアマゾンブックスです。

367ページの**図表7-4**と368ページの**図表7-5**は、私が無人レジコンビニ、アマゾン・ゴーのシアトル1号店を訪れたときに撮影したものです。1号店で私が目にしたのは、驚くべき光景でした。通り沿いから店内を覗くと、右側にはガラス張りのオープンキッチンが。そこでは何人ものスタッフがサラダやサンドイッチを作っているのが見えます。清潔感を象徴するかのような白いユニフォームの上から、アマゾン・ゴーのロゴが入った緑色のエプロンを身につけ、手際よく作業を進めていくスタッフたち。

アマゾン・ゴーといえば「無人レジコンビニ」が代名詞だったはずです。入店時に自動ゲートにスマホをかざし、あとは商品を手にしてそのまま出ていくだけ。それを実現させている最先端テクノロジーは、店内の至るところにあるセンサーやカメラの数から推測することができます。店頭には「ジャストウォークアウトショッピング（ただ歩いて立ち去るだけで買い物ができる）」というコンセプトが掲げられていました。

しかし私は、アマゾン・ゴーの真価は「無人」とは別のところにあるのではないかと分析したのです。

ロボット化・AI化の急先鋒であり、もともとECとして成長してきたアマゾンが出店するリアル店舗とはどのようなものか。そこにはどのような狙いがあるのか。いずれにせよ、これまでの企業とは決定的に違う狙いがあるはずです。私はそこに、注目していました。

一点めは、「超有人店舗」だったということです。「無人レジコンビニ」というキーワードばかりが注目されがちなアマゾン・ゴーですが、実際には、多くのスタッフがオープンキッチンで働いていました。むしろ「ここで売っているサンドイッチは我々人間が作っている」と、有人店舗であることをあえて見せ、誇示しているかのようでした。ガラス張りの明るいオープンキッチンでの調理は、食材がフレッシュであること、調理に手間暇をかけていることを顧客に訴求する効果が確実にあります。

二点めは、ロボット化・ＡＩ化を推し進めてもなお、「最後の最後まで残る人に残る仕事（人がやるべき仕事）」をロボット化・ＡＩ化の急先鋒であるアマゾン自身が示す店舗だったということです。おそらく現時点でも「ロボットが作ったサンドイッチ」は十分に美味しいものでしょう。もしかしたら、普通の人が作るサンドイッチよりも美味しいかもしれません。

それでもなお人が人に対して望むものは、表から見えないところでロボットが作ったサンドイッチよりも、自分が見えるところで人が作った、まさしく手作りの

図表７-４　アマゾン・ゴー

サンドイッチ。それはロボットがいかに進化しようと、最後の最後まで人に残るニーズではないでしょうか。無人のようで無人でないアマゾン・ゴーは、人間が潜在的に持つ欲望や本能を見抜いているかのようでした。

三点めは、アマゾン・ゴーはコンビニの「温故知新」であるということです。従来からのコンビニエンスストアが担ってきたのは、ポジショニングマップを描けば「便利×美味しい」となるでしょう。この点では、アマゾン・ゴーも同じなのです。左の**図表7-6**のように、便利に美味しいものを手軽に食べたいという顧客のニーズに応えるのが、アマゾン・ゴーのポジショニングです。

図表7-5　アマゾン・ゴー

ただしアマゾン・ゴーの場合、「便利」も「美味しい」も、相当に先鋭化されています。「便利」という点では、単に「さまざまな商品が気軽に購入できる」ということに終わらず、「ただ立ち去るだけ」で買い物や支払いが終わるというスピーディーさや、「買い物をしていることを感じさせない」「支払いを感じさせない」という優れたカスタマー・エクスペリエ

図表7-6　アマゾン・ゴーのマーケティング戦略そのものとも言えるポジショニング

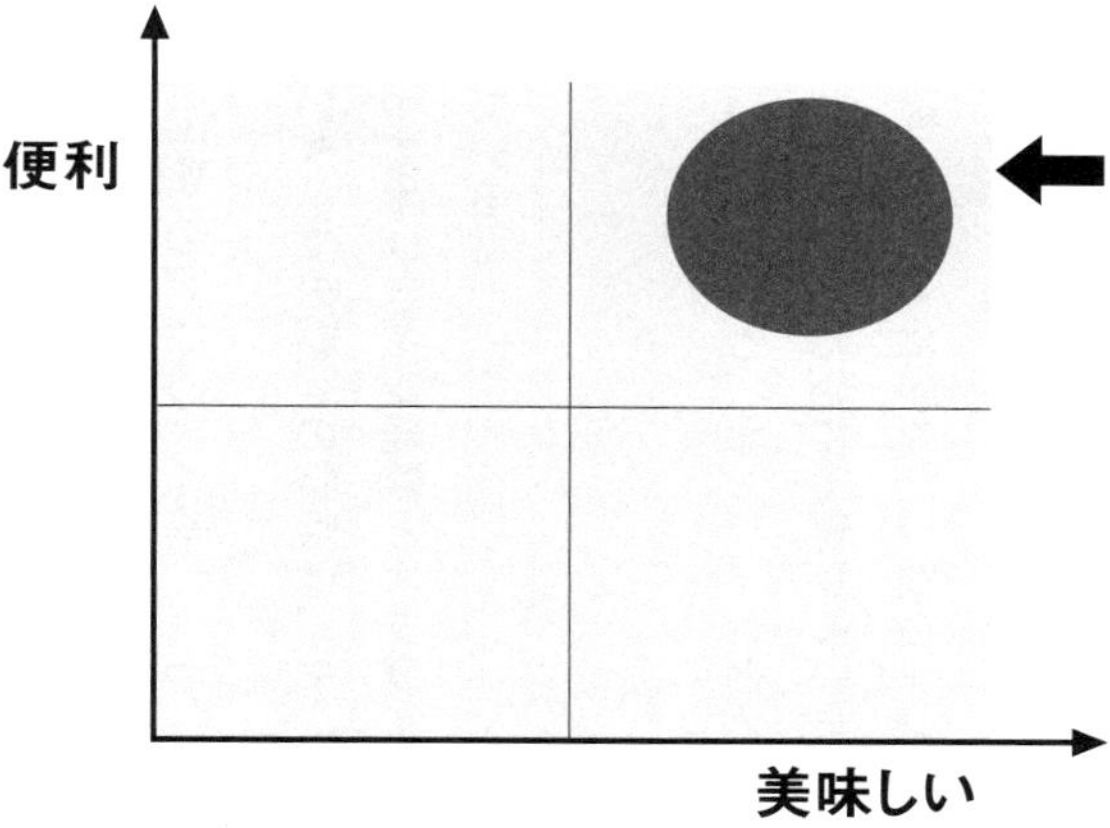

ンスにまで高められています。

「美味しい」という点では、「機械が作る」のではなく、「誰かが知らない場所で作る」のでもなく、「自分が目に見える場所で人が手間をかけて」作っていることがポイントです。優れたカスタマー・エクスペリエンスとしての新たな美味しさが再定義されています。「味」という点においてもハイレベル。近隣のレストランやサンドイッチ屋並みの美味しさが提供されています。スペースなどの制約から店内で調理できるものが「揚げ物」などに限定されている日本のコンビニには提供できない、フレッシュな美味しさがそこにはありました。便利で美味しいコンビニエンスストア。当たり前といえば、当たり前の話です。

しかし、その当たり前を誰の追随も許さないレベルにまで先鋭化したのが、アマゾン・ゴーだと言えるでしょう。

進化するアマゾン②――アマゾンブックス

新しいタイプの顧客の特性は、マーケティングの未来がカスタマー・ジャーニー全体にわたってオンライン経験とオフライン経験のシームレスな融合になることを、はっきり示している。

(『コトラーのマーケティング4・0』より)

ここで語られている、オンラインとオフラインが融合した「マーケティング4・0」は、アマゾンブックスにおいて実現しています。読みたい本が決まっているならアマゾンのECサイトで購入、すぐに読みたいならキンドルで、実際に本を手に取って読みたい本を探したいなら、リアル店舗であるアマゾンブックスへ。左の**図表7-7**のようにアマゾンユーザーは、オンラインとオフラインを自由に行き来することができます。

現在アマゾンブックスは全米に16店舗を展開しています。その多くが、巨大なショッピン

図表7-7　「マーケティング4.0」の本質

「新しいタイプの顧客の特性は、マーケティングの未来がカスタマージャーニー全体にわたってオンライン経験とオフライン経験のシームレスな融合になることを、はっきり示している」

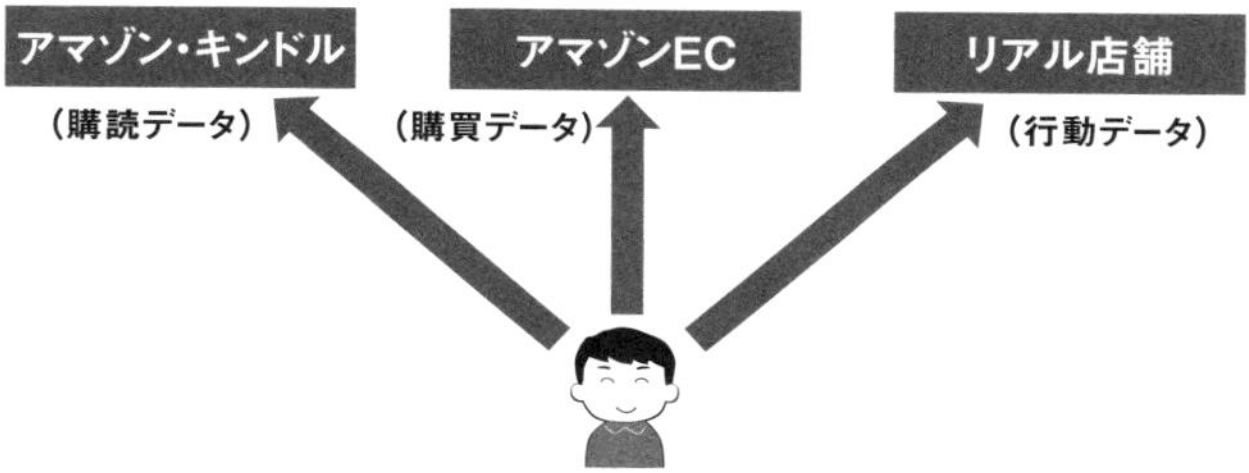

グモール、ショッピングセンターの、キーテナントとして入居しています。

非常に集客力が高く、いつも賑やか。デベロッパーはアマゾンブックスを完全な「キラーコンテンツ」として評価しています。おそらくは、アマゾンブックスを誘致するために賃料を下げるデベロッパーもいることでしょう。店内は大きく分けて三つのエリアで構成されています。一般書籍、子ども向け書籍、そして電化製品です。ここでの電化製品というのは、キンドル端末や、アレクサ関連製品、そしてアレクサを搭載した他社製品です。そのため客単価は通常の書店よりも高いはず。他社製品を陳列するにあたって、広告・宣伝料などを得ている可能性もあります。

以上の条件を踏まえると、この店舗フォーマットやその収益性は現時点で十分にできあがっていると判断されます。書籍の価格には、通常価格とプライム会員向け価格が併記されており、プライム会員がいかに優遇されているかが示されていました。プライム会員を促進する役割も担っているのです。

さて、アマゾンブックスならではのものに、書籍の陳列方法があります。よく知られているのは、次ページの**図表7-8**のように表紙が見えるようすべての本が面展開されていること。顧客にとっては、見やすく、選びやすく、買いやすいというメリットがあります。しかし店舗側にすると、店舗の面積や店頭在庫の制約から、やりたくてもできません。

アマゾンブックスも一昔前のアメリカの大型書店と比較するとそこまで大きな店舗ではないのです。にもかかわらず、アマゾンブックスが面展開できるのは、まさに「ビッグデータ×AI」の力によります。

販売部数に応じた「今月のベストセラーランキング」程度なら、どの書店でも展開できるでしょう。しかしアマゾンブックスを訪れて驚いたのは「シアトルで読まれている本」「アマゾンでレビューが1万件以上ついている本」「キンドルでアンダーラインが最も引かれている本」などのコーナーがあったことです。「ビッグデータ×AI」によって、その店舗でどんな本を面展開すれば売れるのか、解析する技術がアマゾンにはあります。逆にいえば、それ以外の本は在庫に置かなくて済むというわけです。

さらにはもし仮に、顧客が探している本が店頭になかったとしても、スマホを使ってその場でアマゾンに注文すればいい。こうなると、アマゾンの専売特許でしょう。普通の書店では、何を面展開すればいいのかデータをもとに解析することができませんし、もし店頭で在庫がなければ顧客は簡単に他の書店に流出してしまいます。他の書店とはどこか。想定されるのは、その場でアマゾンに注文することではないでしょうか。私は、アマゾンブックスの「書店としてのすごさ」以上に、これはアマゾンが本格的にさまざまな分野においてリアル店舗展開する序章に過ぎないのではないだろうかと脅威を感じました。

図表7-8　アマゾンブックス

アマゾンがあなたの業界に進出してきたら

私は前著『アマゾン銀行が誕生する日』（日経ＢＰ社）において、シンガポールのＤＢＳ銀行を論じました。ＤＢＳ銀行が世界の金融関係者から注目を集めているのは、「世界一のデジタル銀行」という高い評価のためです。金融専門情報誌「ユーロマネー」は2016年と18年の二度にわたって「World's Best Digital Bank」の称号を与えました。また「グローバル・ファイナンス」誌が選ぶ「World's Best Banks 2018」においても、DBS銀行はアジア初の「Best Bank in the World」を受賞しています。

DBS銀行は、旧態依然とした銀行のあり方をデジタルトランスフォーメーションによって「破壊」し、収益向上につなげました。もっとも、ここで論じたいのはDBS銀行がデジタルトランスフォーメーションを推し進めるにあたってベンチマークした企業のこと。それは同じ金融業界の企業ではありませんでした。

「ジェフ・ベゾスが銀行をやるとしたら、何をする?」

DBS銀行のグレッドヒルCIO（Chief Information Officer：最高情報責任者）は、DBS銀行を「世界一のデジタル銀行」に変革するにあたって、そのように考えたといいます。

私自身、『アマゾン銀行が誕生する日』を「ジェフ・ベゾスが銀行をやるとしたら、何をする?」という視点から執筆しました。

現在の日本企業も、同じような視点を持ち、アマゾンを自身の変革のために活用するべきだと私は考えています。実際、私が経営コンサルティングをするうえでも、たとえば「アマ

図表7-9　当たり前だったこと、これから当たり前になること

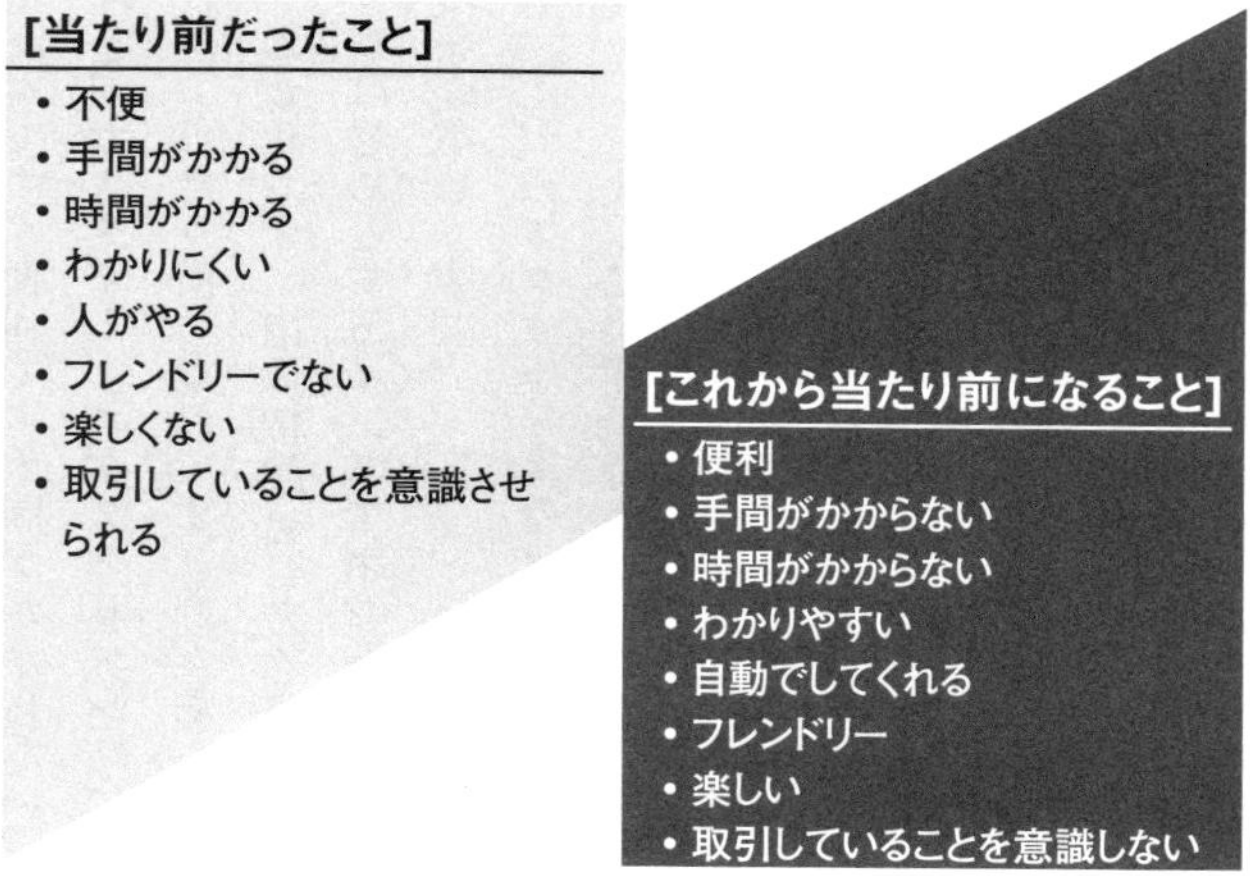
[当たり前だったこと]
• 不便
• 手間がかかる
• 時間がかかる
• わかりにくい
• 人がやる
• フレンドリーでない
• 楽しくない
• 取引していることを意識させられる
[これから当たり前になること]
• 便利
• 手間がかからない
• 時間がかからない
• わかりやすい
• 自動でしてくれる
• フレンドリー
• 楽しい
• 取引していることを意識しない

ゾンが日本でアパレルショップを始めたらどうなるか?」といったテーマで議論をすることがあります。

どのような業界にアマゾンが進出するにしても、共通して言えるポイントが四つあります。

第一に、「当たり前」が変わる、ということです（図表7-9）。『アマゾン銀行が誕生する日』では金融業界を例に挙げました。これまでに日本の金融機関は、端的に不便でした。インターネット化が進んだこの時代にわざわざ店舗に足を運ばなければならず、窓口では待たされ、説明も不親切。それが「当たり前」だったのです。

一方、インターネット企業の「当たり前」

は正反対です。便利で、手間がかからない、楽しい、取引をしていることを意識しないで済むなど、カスタマー・エクスペリエンスに優れています。インターネット企業にとっては、これが「当たり前」なのです。今、あらゆる産業で起こっている変革は、こうした「当たり前」の変化です。旧態依然とした企業であるほど、「不便」が当たり前になっている。アマゾンをはじめとするインターネット企業は、そこに新しい「当たり前」をもたらし、一気に産業を変革します。

第二に、カスタマー・エクスペリエンスの徹底的な追求です。アマゾンは「ビッグデータ×ＡＩ」を武器に人間が持っている本能や欲望をどこまでも満たそうとします。顧客が困っていること、望んでいることを先回りして実現する「察する」テクノロジーを実現させ、ついには「○○取引している」ことを感じさせないレベルにまで、カスタマー・エクスペリエンスを先鋭化させることでしょう。

第三に、垂直統合です。垂直統合とは、新しいプレイヤーが本来の領域ではないところの事業を統合し、覇権を握る動きのことです。それを可能にしているのは顧客との継続的で良好な関係性です。アマゾンはすでにアマゾンドットコムという超強力な顧客接点を持ち、顧客との継続的で良好な関係性を築きました。これを武器に、金融業務など、本来の領域ではないところの事業を着々と統合しつつあります。アマゾンが他産業に進出する、それは同時に「覇権を握ろうとする」動きを意味しているのです。

第四に、温故知新です。本章でも「アマゾン・ゴーはコンビニの温故知新である」と書きましたが、他産業においてもそれは同様だと考えられます。ベゾスはその業界における、長年変わらない「本質」を見抜く能力に長けています。コンビニの本質とは「便利×美味しい」。それをテクノロジーによってさらに先鋭化させるのがアマゾンの戦略です。たとえ「業界の新参者」だとしても、アマゾンはその本質を見抜く力により、顧客の心をつかむでしょう。

「ジェフ・ベゾスがあなたの業界に進出するとしたら?」。これは「アマゾンが実際に、あなたの業界に参入してくるか」という問いよりも、はるかに大切なことです。

アマゾンが新しい「当たり前」を生み出すとしたら、何なのか。

アマゾンが先鋭化させる「○○業界の本質」とはどこにあるのか。

こうしたシミュレーションのもと、アマゾンに先行して各産業がみずから変革することができたら。ＤＢＳ銀行のグプタＣＥＯは「(アマゾンなど)金融ディスラプターと戦うベストな方法は、彼らに先んじて自らを破壊すること」と断言しました。それは日本企業にとっても等しく重要なことだと、私は考えます。

おわりに

田中道昭

牛窪恵さんと「マーケティング」をテーマに共著を書くことにした理由について、本書の最後に記しておきたいと思います。

私は、「大学教授×上場企業の社外取締役×経営コンサルタント」の仕事をしながら書籍・新聞・雑誌・オンラインメディアなどで発信しています。おもな専門はストラテジー&マーケティング及びミッション・マネジメント&リーダーシップであり、マーケティングは日々の仕事の中で常に活用しているものでもあります。同じくマーケティングを専門とする牛窪さんとともに「マーケティングは楽しい！」という事実を、読者の皆さまにお伝えしたいと思いました。また私は教壇に立つ身でもあります。学生たちを前に語るときと同様、

「マーケティングは役に立つ」「マーケティングを使ってみたい」と思ってほしいと願いながら、執筆を進めました。

私が、マーケティングの授業を行う際に、特にこだわっていることが三つあります。本書執筆においても、同じことを念頭に置きました。

一つめは、「マーケティングを正しく理解してほしい」ということ。

マーケティングにまつわる誤解に、「よくわからないもの」「曖昧なもの」「目先のことではない」「売上に関係ない」「一部のセクションの仕事」といったものがあります。しかし、本書を最後までお読みいただいた方ならご理解いただいている通り、実際はそうではありません。マーケティングとは売上に直結しているもの、マーケティングセクション以外の部署も活用できるものであり、非常に実務的な「使える」知識です。

二つめは、「マーケティング解釈ができるようになってほしい」ということ。

マーケティング解釈とは、商品・サービスやテレビCMなどに触れた際に「マーケティング上、どんな意味があるのか」を、STPや4Cといったフレームワークを用いて読み解くことです。こちらも、本書をお読みくださった方なら、最低限できるようになっているのではないかと思います。

三つめは、「『マーケティングを使えるようになってみたい』と思ってほしい」ということ。ここでいう「マーケティングを使う」とは、たとえば自分が企画立案した新商品についてSTPや4Pを組んでみる、といったことです。私が教えている立教大学ビジネススクールの授業では、最終回などにおいて、自分が考えた新商品についてSTPと4Pを設計し、プレゼンテーションしてもらっています。

とはいえ、大学の授業は最低単位でも3時間×7回。本書一冊を読むだけで「マーケティングを使える」ところまで行けるかというと、おそらく難しかったのではないかと思います。しかし少なくとも「マーケティングを使ってみたい」と思っていただけるだけで、私は本望。これをきっかけに、より専門性の高い書籍を読んだり、マーケティングのセミナー講座を自分で受けてみたりと、興味の赴くまま学習を進めていただけたら筆者としては幸いです。

マーケティングとは何か。さまざまな定義が語られています。日米のマーケティング協会による定義もあります。その中で、私が考えるシンプルな定義は、「顧客のニーズに応えてソリューションを提供する」のがマーケティングである、というものです。

一口にニーズといっても、さまざまな切り口があります。たとえば、顕在化しているニーズと潜在的なニーズです。後者の潜在的なニーズは「インサイト」とも呼ばれます。このうち、より重要なのは、まだ顕在化していないニーズ、すなわちインサイトです。インサイトをいち早く見抜くことができれば、誰よりも先に商品やソリューションとして提供できるかもしれません。

マズローの欲求5段階説を重ねてニーズを理解することもできるでしょう。人間の欲求は、食べたい、飲みたい、眠りたいといった「生理的欲求」に始まり、経済面や健康面などで安全な環境にいたいという「安全の欲求」、家族や会社などに所属していたいという「社会的欲求」、自分の存在価値を認められたいという「承認の欲求」、そして自分が持つ可能性を最大限に発揮したいという「自己実現の欲求」へと、5段階に成長していくという考え方です。

またコトラーの『マーケティング3・0』には、「(現代の消費者は)選択する製品やサービスに、機能的・感情的充足だけでなく精神の充足をも求めている」という記述があります。

今や顧客は、商品やサービスだけを見て買うことはまずありません。特に高額で購買頻度が非常にまれな商品においては、その会社の哲学や思い、ミッション、ビジョン、バリューはどんなものか、それが商品やサービスに練り込まれているのか、社員の行動に練り込まれているのか、そこまで知ろうと無意識にするようになってきています。

アマゾンについて述べた際に強調したように、カスタマー・エクスペリエンスもどんどん先鋭化しています。人の本能や欲望を先回りして「察する」また「〇〇している」と気づかせないように自然にスピーディーに快適にソリューションを提供する。こうしてカスタマー・エクスペリエンスが高度になるほど、必然的に、顧客のニーズも高度になります。消費者のニーズには、天井というものがありません。

ニーズを、「顧客が抱えている問題」と言い換えることもできそうです。つまりマーケティングとは「顧客が日常抱えている問題を解決してあげる」ことでもある。そして、顧客一人ひとりが抱える問題の集積が社会的課題だとするならば、社会課題の解決につながるのが、マーケティングとも言えます。


本書最終章において、私は改めて六つの日本企業／サービス（メルカリ、LINE、スタディサプリ、オイシックス、エアクロ）を取り上げ、アマゾンと比較しました。どの企業もそれぞれの領域では決してアマゾンに引けをとりません。しかし、それでもなお、マーケティングの集合体や結集として比較してみると、アマゾンという企業が脅威であり、今もっともベンチマークするべき企業である事実には、変わりありません。

もっとも、決して忘れてはいけないのは、アマゾンは「本質を追求する企業」であるということです。言うまでもなく、テクノロジーは日進月歩で進んでいます。アマゾンはその急先鋒。そして私自身、最先端の企業を研究し、それらの書籍を執筆してきた一人です。

しかしテクノロジーが進むほどに、「実は本質は何も変わっていない」という事実を思い知らされます。ジェフ・ベゾスも「低価格」「豊富な品揃え」「迅速な配達」の三つを「10年前も10年後も変わらない消費者のニーズ」と語っています。また「無人コンビニ」アマゾン・ゴーは、ロボット化・AI化を極限まで突き詰めながらも「目が届く場所で、人が手作りしたものを食べたい」という人間の本質を提示してみせました。

変わらないものイコール、本質です。世の中には、変わるものと変わらないものがあります。また、消費者が変わってほしいと思うものと、変わってほしくないと思うものがあります。言うまでもなく、物事の本質は後者に宿ります。

変革が謳われる時代にあっても、変わってはいけないものがあります。最先端と目される企業も何でもかんでも変えようとしているわけではない。変わるものと変わらないものを峻別することが、あらゆる企業に求められています。今回取り上げた日本企業も、最先端の企業でありながら、同時に本質をついているところが共通点なのではないかと思います。だからこそ、多くの人の心に訴える商品・サービスが提供できるのです。多くのビジネスパーソンに見習うべき価値があるのは、その点です。

本質とは何か。これを探るためにも、マーケティングが役立ってくれます。前述の通りマーケティングにおいて「ニーズ」は最も重要なキーワードです。ニーズに応えてソリューションを提供するのがマーケティングであるならば、人間の本能や欲望、物事の本質を突き詰めて考えざるを得ません。マーケティングとは、どこまでも本質を追求するものでもあるのです。

本書によって、あなたが「マーケティングって楽しい！」と感じることができ、そしてあなたの求める「本質の追求」に貢献することができたとしたら、筆者としては最高の喜びなのです。

田中道昭（たなかみちあき）

立教大学ビジネススクール（大学院ビジネスデザイン研究科）教授。シカゴ大学経営大学院MBA。著書に『GAFA × BATH』（日本経済新聞出版社）、『アマゾン銀行が誕生する日』（日経BP社）など。

牛窪恵（うしくぼめぐみ）

世代・トレンド評論家。インフィニティ代表取締役。立教大学大学院・ビジネスデザイン研究科にてMBA取得。著書に『恋愛しない若者たち』（ディスカヴァー携書）など。テレビ番組のレギュラーも多数。

なぜ女《おんな》はメルカリに、男《おとこ》はヤフオクに惹《ひ》かれるのか？

アマゾンに勝《か》つ！　日本企業《にほんきぎょう》のすごいマーケティング

2019年8月30日初版1刷発行
2019年9月20日　　2刷発行

著　者 ―― 田中道昭　牛窪恵
発行者 ―― 田邉浩司
装　幀 ―― アラン・チャン
印刷所 ―― 堀内印刷
製本所 ―― ナショナル製本
発行所 ―― 株式会社光文社
東京都文京区音羽1-16-6（〒112-8011）
https://www.kobunsha.com/
電　話 ―― 編集部03（5395）8289　書籍販売部03（5395）8116
業務部03（5395）8125
メール ―― sinsyo@kobunsha.com

ISBN 978-4-334-04427-5

999
12階から飛び降りて一度死んだ私が伝えたいこと
モカ　高野真吾

自殺から生還した経営者、漫画家、元男性のトランスジェンダーであるモカが、壮絶な半生の後に至った「貢献」の境地とは。取材を続ける記者が伝える。本人の描き下ろし漫画も掲載。

978-4-334-04406-0

1000
「%」が分からない大学生
日本の数学教育の致命的欠陥
芳沢光雄

いま、「比と割合の問題」を間違える大学生が目に見えて増えている。この問題の本質とは何か。現在の数学教育に危機感を抱いてきた著者が、これからの時代に必要な「学び」を問う。

978-4-334-04407-7

1001
1964東京五輪ユニフォームの謎
消された歴史と太陽の赤
安城寿子

気鋭の服飾史家が、豊富な史料と取材に基づき、闇に葬り去られようとした赤いブレザー誕生の歴史を発掘。また、なぜ歴史は消されかけたのか、詳細に分析する。

978-4-334-04408-4

1002
辛口評論家、星野リゾートに泊まってみた
瀧澤信秋

年間250泊するホテル評論家が、「星のや」「界」「リゾナーレ」22施設を徹底取材。熱狂的ファンを持つ星野リゾートの強さの秘密に迫る。星野佳路代表の2万字インタビューも収録。

978-4-334-04409-1

1003
ルポ 人は科学が苦手
アメリカ「科学不信」の現場から
三井誠

科学大国・アメリカで科学記者が実感したのは、社会に広がる「科学への不信」だった。その背景に何があるのか。先進各国に共通する「科学と社会を巡る不協和音」という課題を描く。

978-4-334-04410-7

1004
「食べること」の進化史
培養肉・昆虫食・3Dフードプリンタ
石川伸一

人類と食の密接なつながりを科学、技術、社会、宗教などの視座から多面的に描く。サルと分かれてヒトが誕生してから「SF食」が実現する未来までの、壮大な物語。

978-4-334-04411-4

1005
人生100年、長すぎるけどどうせなら健康に生きたい。
病気にならない100の方法
藤田紘一郎

「後期高齢者」で「検査嫌い」の名物医師が、医者や薬に頼らずに免疫力を上げる食事と生活習慣を徹底指南。人生100年、死なないのならば生きるしかない、そんな時代の処方箋。

978-4-334-04412-1

1006
ビジネス・フレームワークの落とし穴
山田英夫

SWOT分析から戦略は出ない?!／作り手の意志満載のPPM。／NPVは、なぜ少しだけプラスになるのか?――意思決定が歪む「危うさ」を理解し、フレームワークを正しく使う。

978-4-334-04413-8

1007
「糖質過剰」症候群
あらゆる病に共通する原因
清水泰行

緑内障、アルツハイマー、関節症、がん、皮膚炎、不妊、狭心症…全身を着々と蝕む糖質の恐怖。七千を超える論文を参照しつつ、現代に増え続ける様々な疾患と、糖質過剰摂取との関係を説く。

978-4-334-04414-5

1008
クジラ博士のフィールド戦記
加藤秀弘

シロナガスクジラの回復にはミンククジラを間引け?!――長年、IWC科学委員会に携わってきた著者による鯨類研究の最前線。科学者の視点でIWC脱退問題も解説。

978-4-334-04402-2

1009
世界の危険思想
悪いやつらの頭の中
丸山ゴンザレス

最も危険な場所はどこか？――それは、人の「頭の中」である。「世界各国の恐ろしい考え方」を「クレイジージャーニー」出演中の危険地帯ジャーナリストが体当たり取材！

978-4-334-04415-2

1010
愛する意味
上田紀行

あなたはなぜ、愛の不毛地帯にいるのか――長年、生きる意味を見失った現代社会への提言を続けている文化人類学者による、生きる意味の核心である「愛」に関する熱烈な考察。

978-4-334-04416-9

1011
太陽は地球と人類にどう影響を与えているか
花岡庸一郎

太陽は変化しない退屈な星？――「変わらない存在」として認識されてきた太陽が、いま、「変わる存在」として社会で注目を集めている。豊富な観測データで綴る「太陽物理学」入門。

978-4-334-04417-6

1012
女医問題ぶった斬り！
女性減点入試の真犯人
筒井冨美

医学部人気の過熱で女医率も高まる中、なぜ「女医は要らない」と言われてしまうのか。女医は医療崩壊の元凶か、救世主となるか？ フリーランスの麻酔科女医が舌鋒鋭く分析する。

978-4-334-04418-3

1013
喪失学
「ロス後」をどう生きるか？
坂口幸弘

家族やペットとの死別、病、老化……私たちは「心の穴」とともに歩んで行く。死生学、悲嘆ケアの知見、当事者それぞれの向き合い方を学ぶ。過去の喪失から自分を知るワーク付き。

978-4-334-04419-0

1014
「ことば」の平成論
天皇、広告、ITをめぐる私社会学
鈴木洋仁

天皇陛下のおことば、ITと広告をめぐる言説、野球とサッカーが辿った道……。「平成」の形を、同時代に語られた「ことば」を基に探る極私的平成論。本郷和人氏推薦。

978-4-334-04420-6

1015
「家族の幸せ」の経済学
データ分析でわかった結婚、出産、子育ての真実
山口慎太郎

母乳育児や3歳児神話……。出産や子育てにおいて幅をきかせるエビデンス（科学的根拠）を一切無視した「思い込み」を、気鋭の学者が最先端の経済学の手法で徹底的に論破する。

978-4-334-04422-0

1016
不登校・ひきこもりの9割は治せる
1万人を立ち直らせてきた3つのステップ
杉浦孝宣

「8050問題」につながる若者の不登校・ひきこもりという社会課題に30年以上向き合ってきた教育者が語る、親子で生活を立ち直らせるための3ステップ。

978-4-334-04424-4

1017
教養としてのロック名盤ベスト100
川﨑大助

現代人の基礎教養とも言えるロック名盤100枚を、これまでにない切り口で紹介・解説。著者の主観・忖度抜き、科学的な手法で得られた驚愕のランキングの1位は？

978-4-334-04425-1

1018
発掘！　歴史に埋もれたテレビCM
見たことのない昭和30年代
高野光平

こんなモノがあったのか！　ナゾだらけの草創期テレビCMの実態とは？　「名作」とはひと味ちがう、無名の発掘物でたどる「もうひとつのテレビCM史」。CM史研究の第一人者が解き明かす。

978-4-334-04426-8